Jörg Fauser

Caliban Berlin

KOLUMNEN 1980–1984

Mit Nachworten von
Werner Mathes und Ambros Waibel

Diogenes

Covermotiv: Foto von Philipp Keel, ›Bowling Pins, 2016‹

Textnachweis am Schluss des Bandes

www.diogenes.ch
20/19/852/1
ISBN 978 3 257 07071 2

Inhalt

Calibans Kolumne

Wie es euch gefällt

Weitere Kolumnen

Calibans Kolumne

Blick in die Zukunft

Die Gegend wurde immer trostloser. Hochhauswaben, Ausfallstraßen, Autobahnzubringer, dazwischen in ergrautem Grün Mietskasernen, Reihenhäuser, Einkaufszentren, der TÜV, die Großtankstelle, die Bowlingbahn, die Pizzabude, der ganze Plunder, den die Stadt aufs Land kippt, um es sich einzuverleiben – aber Stadt wird diese Gegend nie. Sie bleibt Zwischenzone. Niemandsland.

Als das Taxi hielt, hätte ich am liebsten gesagt: Warten Sie hier, aber dann fiel mir ein, dass der Mann, den ich aufsuchte, Telefon hatte, also zahlte ich, und das Taxi fuhr weg. Der Himmel zwischen den TV-Antennen war wie eine dunkle Ahnung.

Das Haus war Teil eines Blocks im Stil des sozialen Wohnungsbaus der frühen 50er Jahre – flache Dächer, Treppenhausfenster wie Schießscharten, Anstrich von der Farbe verdünnter Hühnersuppe. Es fehlten nur die Roller vor der Haustür, der Adenauer an der Litfaßsäule und die Capri-Fischer im Radio. Von ihrem Hochsitz im dritten Stock beobachtete mich eine Frau mit blauen Lockenwicklern im Haar. Ein seltsames Lächeln zog an ihren Mundwinkeln. Wusste sie, zu wem ich ging? Ich starrte zurück. Sie zog die Gardinen zu. Ich klingelte.

Der Mann, der mich an der Wohnungstür empfing, war

mittelgroß, ziemlich massig, mit einem weißblonden Haarkranz und dicken Brillengläsern. Ich schätzte ihn auf etwa sechzig. Seine Kleidung und die Einrichtung des fensterlosen Zimmers, in das er mich führte, erinnerten auch an alte Zeiten, als die Leute noch mit simplen Gebrauchsgegenständen ausgekommen waren. Der altmodische Bücherschrank enthielt Lexika und Klassik, darunter der ganze Goethe. In einer Ecke stand ein Koffer, als sei der Mann erst gestern eingezogen und erwarte keinen langen Aufenthalt. Wir setzten uns. Mir fiel auf, dass er asthmatisch keuchte. Seine Hände zitterten. Er sah mich an.

»Sind Sie zum ersten Mal bei einem Astrologen?«

Ich steckte mir gerade eine Zigarette an und blies den Rauch weg, um seinem Asthma das Gröbste zu ersparen. Meine Antwort fiel wohl etwas undeutlich aus, denn er sagte mit unnötig lauter Stimme: »Ich bin schwerhörig, ich trage zwar ein Hörgerät, lese aber von den Lippen ab, bitte sprechen Sie deutlich.«

»Sind Sie Astrologe im Hauptberuf?«, fragte ich. Ich ertappte mich dabei, dass ich auf seine Lippen starrte.

»Ja«, sagte er und breitete Papiere aus, »ich mache das, seit ich 18 bin. Vor 30 Jahren hab ich fünf Mark für ein Horoskop bekommen, heute bin ich natürlich teurer. Und nun sagen Sie mir Ihren Geburtstag, Ihre Geburtsstunde und Ihren Geburtsort.«

Ich sagte sie ihm. Dann begann er, mein Horoskop zu erstellen. Bei den Berechnungen benutzte er keinen Taschenrechner. Alte Schule. Seine Hände zitterten zwar, aber er konnte mit dem Zittern umgehen. Ich drückte die Zigarette aus und rauchte dann nicht mehr. Während er berechnete und die Zeichen eintrug, stellte er mir Fragen. Ich hatte nicht vorgehabt, ihm meinen Beruf zu sagen, aber er bekam ihn auch so heraus. Dass ich nicht verheiratet war, machte ihm zunächst zu schaffen, bis er schließlich sagte: »Sie sollten überhaupt nicht heiraten, auf keinen Fall vor Oktober 1981, und nur eine Frau, die geistig zu Ihnen passt. Bei Ihrem Leben kommt nichts andres in Frage.«

Das war mir natürlich schon seit längerem klar, aber gerade weil mir eigentlich fast alles, was er mir sagte, irgendwie schon klar war, hatte ich allmählich das Gefühl, dass er mich ganz schön einkreiste. »Jemand wie Sie kann kein Angestellter sein. Ich wollte auch immer selbständig sein, aber das Leben ist dann schon schwerer, nicht wahr?« Seine Brille funkelte. Ich trug auch eine Brille, aber ich glaube nicht, dass sie funkelte. Ich bekam allmählich einen heftigen Durst und hörte zu, wie er mich auseinandernahm.

»Millionär werden Sie nie werden ... Glücksspiel? Vergessen Sie's ... Kinder? Passen nicht zu Ihnen ... Die nächsten Jahre werden Sie schon überstehen, Jupiter und Mars sind da recht günstig ... Der Wassermann als Ihr Aszendent, der sorgt natürlich für Unruhe ... Hab ich Ihnen gleich angesehen, den Wassermann ... Hände weg von der Politik, falls Sie nach Bonn gehen wollen, die lassen Sie auflaufen ...«

Ich fragte ihn, ob es Krieg geben werde. Er blickte vom Horoskop hoch und sagte ruhig und bestimmt, mit der Erfahrung, die eher dem Überleben zuzuschreiben ist als der Astrologie: »Vergessen Sie nicht, dass wir Deutschen 1941 in Russland eingefallen sind und zig Millionen Menschen umgebracht haben. Die Russen haben für immer ein Misstrauen, aber Krieg werden sie nicht machen, sie haben viel zu sehr gelitten. Ja, der Krieg. Jeder wollte durchkommen. Mit dem Spaten haben sie gekämpft, mit den bloßen Händen. Jeder musste kämpfen.« Er schwieg eine Weile, dann betrachtete er sein Werk: »Sie müssen auch kämpfen, Ihnen bleibt nichts anderes übrig, sehen Sie doch« – er zeigte mir das Horoskop –, »wie sich das alles zusammenballt, das ist Ihr Leben, da müssen Sie durch.«

Ich sah es mir an. Es ballte sich wirklich zusammen. Das tat es bei den meisten anderen auch, ob im Horoskop oder im Leben. Oder waren Horoskop und Leben das Gleiche? Das Horoskop konnte man einstecken. Ich steckte es ein, bezahlte und ging. Draußen war es jetzt dunkel. Ich hatte vergessen, ein Taxi zu bestellen. In der Pizzabude saßen sie bei Bier und Pizza, lachten, starrten ins Leere, stritten sich und machten jedenfalls Feierabend. Ich war von ihnen getrennt. Ich kannte mein Horoskop. Machen die Sterne auch Feierabend? Ich fühlte mich unruhig. Warum hatte er mir nichts Genaueres gesagt? Ich hatte einen Blick in die Zukunft werfen wollen, aber nur das erfahren, was ich schon zu kennen glaubte. Konnte das alles sein? Morgen hatte ich einen Termin bei der Wahrsagerin. Ein Taxi fuhr durch die Zwischenzone. Schon ging der Kampf weiter. Ich stellte mich auf die Straße und winkte. Diesmal hatte ich Glück, das Taxi hielt …

Auch die Wahrsagerin wohnte am Rand der Stadt, wo die Zusammenhänge sich verlieren. Diesmal klingelte ich an einem Appartementhaus im Stil der 60er Jahre, die Gegensprechanlage war schon eingeführt, der Müllschlucker noch kein Allgemeingut. Die junge Frau, die mir öffnete, war recht groß und gut gebaut. Sie hatte dunkle Locken, die ihr

Gesicht besonders blass machten. Sie trug eine weiße Bluse über einer schwarzen Hose und bat mich, einen Augenblick zu warten. Ich wartete ziemlich lange vor einem Schrank, der mit Spiegeln verkleidet war. In einer Ecke lag ein Stapel Frauenzeitschriften. Auf einem Tischchen lag eine Zahnbürste über der Telefonrechnung. Ich kam mir lächerlich vor. Die Wände waren dünn, und ich hörte die Wahrsagerin und ihre Kundin in angeregtem Gespräch. Es hörte sich an wie ein Tratsch unter Nachbarinnen. Einmal sagte die Frau: »Wenn der Richter von oben runterblicken würde …« Ich dachte an Jehova, aber die Wahrsagerin ergänzte den Satz: »… er schaut bestimmt von oben rauf.«

Endlich kam ich dran.

Das Wohnzimmer wirkte behaglich. Mir fielen zwei Schreibmaschinen auf und eine Menge Bücher. Durch die hohen Fenster sah man zumindest Höfe und Balkone, den Himmel zwischen den Slips, die an den Wäscheleinen schaukelten. Wir setzten uns an einen Tisch, auf dem ein Manuskript und die Karten lagen, die meine Zukunft wussten.

»Hoffentlich krieg ich's zusammen«, sagte die Wahrsagerin, »ich bin nämlich voll mit Chinin.« Ich tippte auf Malaria, sie hatte aber nur eine Grippe. Sie sagte, sie sei andauernd krank. Sie gab mir die Karten. Ich mischte. Ich fragte, wie sie zu dem Beruf gekommen sei. Sie sagte natürlich, sie hätte sich schon immer dafür interessiert. Sie sah auch so aus. Sie hatte lange Nägel und viele Ringe an den Fingern und große dunkle Augen, und wenn sie sich beim Weissagen über die Karten beugte und mich fixierte, kam sie meiner Vorstellung von einer kartenlegenden Zigeunerin schon ziemlich nahe. Ich fragte, wie ihr Geschäft ginge. Sie war ausgebucht. Wahrsagen ist eine Wachstumsbranche, wie wir alle sie uns wünschen sollten, und sie hatte eine große Stammkundschaft. Kein Wunder mit diesen Augen. Und sie nahm 60 Mark pro Sitzung. Dafür ließ sich eine Menge Chinin kaufen.

»Ich sage alles, was ich sehe«, sagte sie, bevor sie die Karten aufdeckte. »Ich habe einmal einem Freund prophezeit, dass er in eine tödliche Gefahr geraten wird, und als das eingetreten ist und er überlebt hat, hat er eine Anzeige in die Zeitung gesetzt mit meinem Namen und meiner Telefonnummer. Seitdem ist das mein Beruf, und ich bin auch beim Gewerbeamt gemeldet.« Sie betrachtete die Karten und lächelte. »Sie haben ein ganz schön chaotisches Leben. Und demnächst kommt ein großer Bruch …«

Eine gute Wahrsagerin ist eine Mischung aus Hexe, Krankenpflegerin, Drogenpusher und Lebensberatung. Wenn sie dazu noch eine Frau ist, die gut aussieht, kann das, was sie weissagt, noch so vage sein, der Kunde wird sich nie geneppt fühlen. Er bekommt am helllichten Tag gesagt, was er im Dunkeln schon immer gespürt haben will, und das ist mehr als das mit dem Schampus und der Schickse, die auf Liebling macht.

Als wir durch waren, sagte die Wahrsagerin: »Jetzt lächeln Sie so süffisant.«

»Süffisant? I wo …« Mein Lächeln war nur ein Reflex auf ihr Lächeln, aber genauso gut hätte ich ihr sagen können, dass ich vom Finanzamt wäre. Dabei hatte das, was sie mir weissagte, einen höheren Wahrheitsgehalt als jede Steuererklärung. »Ich habe nur bedacht, was Sie mir gesagt haben.« Es klang ausgesprochen lahm. Vielleicht hätte ich lieber sagen sollen, ich bitte um Ihre Hand, Madame, und mich dann über diese gebeugt wie ein ausgebuffter Handleser, dachte ich. Ich war schon ganz kirre von all der Zukunft, die ich nun wusste.

»Interessieren Sie sich vielleicht für Gedichte?«

»Oh«, sagte ich, »warum nicht?« Ich wusste schon, was kam, und wirklich nahm sie das Manuskript und blätterte darin.

»Ich schreibe nämlich Gedichte«, sagte sie, »das habe ich schon immer getan, und jetzt habe ich sie ins Reine getippt. Darf ich Ihnen eins vorlesen?«

Sie las mir drei vor. Die Gedichte waren nicht ganz so gut wie ihre Augen, aber das sind Gedichte ja selten. Die Worte verschwammen in meinem Hirn, schmolzen wie Schneeflocken in lauen Lüften.

»Das letzte ist das beste«, sagte ich schließlich entschieden. Sie schien sich zu freuen. Wir verstanden uns schon ganz gut. Zwei Profis am helllichten Tag. Im Flur war der dritte Profi zugange. Es war der Mann von der Staubsaugerfirma. Der Staubsauger lief wieder. Das freute die Wahrsagerin noch mehr. Mit dem Staub haben wir ja wirklich Probleme. Ich ging dann. Der nächste Kunde wartete schon. Eine ältere Frau. Sie saß mit einem Ausdruck vor dem Spiegel, den wir vom Wartezimmer der Zahnärzte kennen. Die Zukunft ist eine schmerzliche Sache …

Ich erzählte meine Erlebnisse einer Dame, die sich für alles Außergewöhnliche interessiert. Sie war Feuer und Flamme. »Das möchte ich auch machen! Ich melde mich gleich an!«

»Mach es lieber nicht«, sagte ich.

»Warum?«, wollte sie wissen.

»Weil die Zukunft eine Droge ist«, erklärte ich ihr, »die genauso süchtig macht wie Fernsehen, Koks, Macht, Müßiggang. Ich spüre es ja schon, ich gehe durch die Straße und möchte den Leuten zurufen: Ha! Ihr wisst nicht, was euch blüht! Aber ich, ich weiß, was mir blüht! Und in drei Monaten gehe ich wieder zu der Wahrsagerin, die dann noch ausgezehrter sein wird vom Schicksal ihrer Kunden, und hole mir wieder eine Ladung Zukunft! Und so fort! Das ist ein besondrer Stoff, der Stoff der Zukunft! Der Astrologe warnt mich vor der Politik – wollt ihr nicht auch zu ihm gehen? Die Wahrsagerin prophezeit mir Chaos und Läuterung – habt ihr etwa keine 60 Mark dafür? Glaub mir, die Zukunft ist ein seltsames Gefühl.«

»Und diese Droge soll ich nicht probieren?«, fragte die Dame.

»Das Leben reicht doch«, sagte ich.

(*tip* 2/1980)

Menschen auf Malta

Es ist bald Mitternacht, aber das kleine Hotel in der Nähe des Grand Harbour von Valletta bebt immer noch unter dem Getöse der Handwerker, und die Reisende aus der Schweiz in Zimmer 12 mit den eisengrauen Haaren und der schmalen Börse (schmäler zumal, seit ihr ein Moped-Ganove in Sizilien die Handtasche mit dem Geld fürs Schiffsbillett entrissen hat) nimmt eine zweite Schlaftablette und beschließt, morgen doch ein ruhigeres Quartier zu suchen. Vorübergehend wird das Cumberland Hotel *(»quiet family residence«)* dann nur noch einen Gast haben, den Dauermieter aus Pakistan, dessen Papiere so unklar wie seine Geschäfte sind, und der lange Stunden des Tages vor einer Tasse Beuteltee im Britannia Restaurant oder auf einem Korbstuhl im Vestibül des Cumberland verbringt, einen Stapel zerlesener Nummern von *This Month in Malta* im Schoß und viele hundert Jahre Einsamkeit in den Augen. Aber Peter Montebello, Manager eines Reisebüros und seit kurzem Geschäftsführer des Cumberland, dessen mittelalterlicher Charme bisher von der Installierung eines Wasserklosetts nur unwesentlich beeinträchtigt worden ist, weiß, dass er in diesen Wochen auf die Nachtruhe seiner Zufallsgäste keine Rücksicht nehmen kann, wenn er pünktlich zum Saisonbeginn im März der Familienkundschaft mehr bieten will als gruftähnliche Schlafgewölbe, blutgierige Moskitos und einen Blick in den »spanischen Innenhof«. Auf Malta war schon im Mittelalter nicht viel Platz.

Mr. Montebello ist ein Mann Mitte 30, dessen angenehme Manieren von seiner hektischen Betriebsamkeit nur selten durchkreuzt werden. Er ist ein alter Hase in der Tourismus-Branche (seine erste Auslandstour hat er mit 15 Jahren auf die Beine gestellt) und bringt mit der gleichen Selbstverständlichkeit Malteser zu den Fußballeuropameisterschaften nach Italien, mit der er für englische Kunden mit dem Flair für das Besondere sogenannte *»medieval evenings«* organisiert. Wenn er bei der Modernisierung des Cumberland Hotels zunächst einmal das Büro von Viaggi Montebello auf Hochglanz bringt, dann zeigt sich darin die glückliche Natur des mediterranen Geschäftsmannes, das menschlich Naheliegende mit dem Vorteilhaften zu verknüpfen und es mit lateinischem Augenmaß dekorativ zu gestalten. Dabei hat Montebello in diesen Nächten einen Arbeitstag von 14 Stunden hinter sich. Aber nicht für ihn und nicht für die ebenso hart arbeitenden Ladeninhaber und Marktleute, die Handwerker, die Kneipiers und die fliegenden Händler am Bus-Terminal ist das Denkmal gedacht, das der Minister für Arbeit und Sport am 27. Januar 1980 in Msida der staunenden Öffentlichkeit enthüllt und das auf dieser Insel im Herzen des Mittelmeers einen in Stein gehauenen Gruß von den Stalinalleen dieser Welt hinpflanzt: »Die Werktätigen sind es, die dieses unser geliebtes Land in jeder Hinsicht auf der Straße zu Fortschritt und Frieden vorwärtsbringen.«

Workers' Monument heißt das Ding also, und wenn es auch nicht sehr viel kitschiger ist als einiges, was man in den zahllosen Barock- und Neobarockkirchen des Archipels sehen kann, ist es doch um vieles geschmackloser: Denn natürlich sind es nicht die »Werktätigen«, die das Land regieren, sondern es ist die Labour Party, an deren Spitze seit 30 Jahren Dom Mintoff steht, Ministerpräsident mit autoritären Neigungen, Vertrauter des Obersten Gaddafi, Leader einer populistischen Bewegung, die das winzige Land auf gefährliche Weise gespalten und an jene Klippe manövriert hat, von der es zum Verlust der bürgerlichen Freiheiten und der staatlichen Unabhängigkeit nur noch ein winziger Schritt ist.

Einer der Arbeiter, die das Workers' Monument eigentlich ansprechen soll, nennen wir ihn Johnny, geht abends mit mir auf einen Drink in die Strait Street, und weil wir dabei in der Republic Street, dem Corso der Stadt, am Club der Labour Party vorbeikommen, sagt er: »Dieser *fucking* Labour Club hat wieder einmal alle Lichter an, und der National Club« – wir gehen am Queen's Place vorbei, und er deutet auf eine verrammelte Tür aus solidem Gusseisen – »hat wieder zu. Da sind diese *fucking* Labour-Typen letzten Oktober mit Benzinkanistern eingedrungen und haben alles in Brand gesetzt, und die fucking Polizei hat lächelnd zugeschaut, und dann sind sie zum Haus von Eddie« – Dr. Eddie Fenech Adami ist der Chef der oppositionellen National Party – »und haben seine Frau verprügelt, und dann haben sie die *Times* in Brand gesetzt. *Fuck 'em.*« Er spuckt aus.

»Und warum?«

»Weil irgendein Spinner mit einer Knarre im Büro von Mintoff aufgetaucht ist und rumgeballert hat.«

»Ein Spinner?«

»Vielleicht war er auch ein Agent. Zeugen, die im Prozess ausgesagt haben, wurden im Gerichtssaal von Labour-Typen zusammengeschlagen. In diesem *fucking* Land ist eine ganze Menge Scheiße am Kochen, *al-madonna*!«

Al-madonna ist im Maltesischen ein ziemlich obszöner Fluch, und selbst manches Mädchen in der Strait Street hört ihn nicht so gern. Die Strait Street ist eine enge Gasse, die so etwas wie die »sündige Meile« von Valletta sein soll. In Valletta gibt es womöglich fast so viele Bars wie Kirchen, und in der Strait Street gibt es auf jede Bar fast so viele Mädchen wie Kakerlaken, aber wenn in der Strait Street die Sünde ansässig sein soll, dann muss sie so durchsichtig wie Abendluft und so sanft wie die Lilien auf dem Felde sein, von denen schon Jesus sprach, wenn er an die Liebe dachte. Ich habe mich dort umgesehen und nichts Sündigeres entdeckt als zwei Kakerlaken, die im Playgirl in einer alten Wurlitzer auf Elton Johns Titel *Don't go breaking my heart* in den Clinch gingen, eine aus dem Leim gegangene Veteranin mit gebleichtem Haar und einer Schwäche für deutschsprachige Fernfahrer (»Prost, Schätzken!«) und eben die Girls, die, statt etwas so Unökonomisches zu tun wie zur Schule zu gehen, mit ihrer unaufhörlichen Litanei – »*Buy me a drink?*« – die Menschen der Strait Street vor noch größerer Armut bewahren.

In der Strait Street versaufen Jungs wie Johnny ihren Lohn, bevor sie wieder in die Wüste geschickt werden. Johnny gehört zu den 10 000 Maltesern, die auf den Ölfeldern arbeiten (während andre von Gaddafis Polizei im Umgang mit leichten Maschinenwaffen ausgebildet werden), und er verdient in jeweils sechs Wochen Schufterei umgerechnet 2500 Mark. Viel für maltesische Verhältnisse, aber nicht genug, findet Johnny, für sechs Wochen Libyen.

»Magst du denn eure arabischen Freunde nicht?«

»*Al-madonna*«, sagt Johnny und bestellt eine neue Runde.

Die meisten Malteser, mit denen ich gesprochen habe, mögen die Araber nicht, und sie haben Angst davor, dass ihre Regierung sie an das Gaddafi-Regime ausliefert. Die Malteser fühlen sich als Europäer, und ihre Geschichte gibt ihnen recht. Auf diesen Inseln gibt es Zivilisation seit 3000 Jahren, trafen Karthager auf Phönizier, Römer auf Griechen, Araber auf Italiener, hier war Odysseus bei Calypso zu Gast (»*Buy me a drink?*«), predigte der schiffbrüchige Paulus, malte Caravaggio sein Meisterwerk *Die Enthauptung Johannes' des Täufers*. Malta, in der Mitte des Mittelmeers, auf halbem Weg von Gibraltar nach Zypern, war ein Vorposten Europas und das strategische Herzstück des britischen Empire im Mittelmeerraum. Über Malta leiteten die Alliierten im Zweiten Weltkrieg die Invasion Italiens ein, und im War Museum kann man zwischen den Minen und Stuka-Fetzen und Spitfire-Propellern auch Photos von den Bombenangriffen besichtigen, die die Luftwaffe in der »Schlacht von Malta« flog.

Obwohl seit 1964 unabhängig, hat Malta sich wie wohl alle Länder des alten Empire seine britischen Eigenheiten bewahrt, bis hin zu den roten Briefkästen, dem lauen Ale, dem abartigen Geschmack von *Liver & Bacon with Chips & Peas*. Bizarr, hier im Herzen des großen europäischen Meers den Fraß aus den billigen »Cafés« von Dover bis

Aberdeen vorgesetzt zu bekommen; angenehm zu erleben, wie die Originalität der Malteser durch englische Korrektheit bereichert, aber nicht verwaschen wurde; interessant zu erfahren, dass auch das britische Establishment die Insel nicht aus den Augen verloren hat. An der Bar des Phoenicia, eines Hotels im alten Kolonialstil, treffe ich den Herausgeber einer Londoner Manager-Zeitschrift, der nebenbei Kunst- und Reisebücher schreibt. Er war seit zwei Jahren nicht mehr hier, heute hat er einen Vortrag vor Geschäftsleuten gehalten. Die Spannungen sind ihm natürlich geläufig, die Atmosphäre, sagt er, ist gefährlich, die Schüsse, die jetzt am Hindukusch fallen, sind in Malta deutlicher zu hören als anderswo in Europa, so winzig das Land ist, so unbeträchtlich seine wirtschaftliche Bedeutung, Europa steht auch hier auf dem Spiel.

Ich stehe auf der alten Schussrampe von Mdina und blicke über die Insel. Mdina war die Hauptstadt Maltas, als es zum Königreich Aragon gehörte, hier lebten die städtischen Adligen in einer mit hohen Bastionen bewehrten, engen und dunklen Feste und kontrollierten von dieser einzigen Anhöhe Maltas aus das Land. Mit ihrer Herrschaft war es vorbei, als 1530 Karl v. dem von den Türken aus Rhodos vertriebenen Johanniterorden Malta als neue Heimstatt schenkte. Die Johanniter – eine Art Fremdenlegion Gottes, die sich aus europäischem Adel rekrutierte – sahen richtig voraus, dass die Türken den Versuch machen würden, Europa auch im Westen anzugreifen, es über Italien und Spanien aufzurollen. Die Große Belagerung Maltas durch die Armee Suleymans des Prächtigen im Sommer 1565 ist eine der Sternstunden europäischer Geschichte geblieben.

Dass es den Rittern mit ihren maltesischen und europäischen Hilfstruppen, insgesamt kaum 9000 Mann, gelang, die Elitetruppen des Osmanischen Reichs, 40 000 Janitscharen und Spahis, die auf 190 Schiffen gelandet waren, entscheidend zu schlagen, wobei die italienischen, spanischen, deutschen und englischen Höfe so gut wie tatenlos zusahen, ist eines der Wunder, die unsre Zeit nicht mehr kennt, wie sie den Glauben nicht mehr kennt (oder nur noch in der *Tagesschau* wahrnimmt), der dem Schwur der Ritter zugrunde lag: »Wir für unsern Teil sind die auserwählten Soldaten des Kreuzes, und wenn der Himmel von uns verlangt, unser Leben zu opfern, dann gibt es keine bessere Gelegenheit als jetzt. Lasst uns, meine Brüder, zum Heiligen Altar eilen und unsre Gelübde erneuern und durch unsern Glauben an die Heiligen Sakramente uns jene Todesverachtung zueignen, die allein uns unbesiegbar macht.«

Unten liegt das kleine Land, jeder Fußbreit Boden wichtig, gehegt, bewohnt, genutzt, Gozo im Dunst, und ringsum das tiefblaue Meer, manchmal ein weißer Schimmer, ein Schiff. Seltsam, aber vielleicht zwingt gerade die Enge des Raums auch den flüchtigsten Touristen dazu, jeden Schritt seines Wegs achtsamer zu gehen und die Straßen und Häuser, die Gärten und Felder mit dem wenigen, was wächst, genauer ins Auge zu fassen. Dass Reisen zu uns selbst führt, wenn es nicht bewusstlos macht, ist eine alte Wahrheit, die jeder immer neu erfahren darf. Seltsam, auf diesem Felsen im Meer zu stehn und die Schiffe der Eroberer zu sehen, die den Strand verlassen, und dort im blutigen Sand liegt der Körper eines Fremden, der kam, um zu töten, und selbst getötet wurde, und einer nimmt ihm den Armreifen aus Gold, und ein andrer liest die arabische Inschrift vor: »Ich komme nach Malta nicht des Ruhms oder des Reichtums wegen, sondern um meine Seele zu retten.«

(*tip* 4/1980)

Durch Deutschland

Eine Frau in einem Goldlaméanzug zog einen dicken Jungen aus einem Modegeschäft. »Bis nächstes Jahr reicht das, und dann soll Papi dir was kaufen!« Der Junge stand schon vor dem nächsten Schaufenster. An der Ecke erbrach sich ein Bleicher in den Papierkorb. Zwei Polizisten tauchten aus dem U-Bahnschacht auf. Eine verkrüppelte Taube hinkte ihnen hinterher. Der am Papierkorb wischte sich den Schmant von der Lackléderjacke. Die Polizisten beachteten ihn nicht. Mutter und Sohn verschwanden in einer Boutique. Jedes zweite Geschäft war eine Boutique, jedes dritte eine Apotheke. Der Bleiche ging ins Terrassencafé. Früher hatten dort die Pelzhändler und Grundstücksspekulanten ihre blonden Frauen mit Torte gefüttert. Jetzt fütterten die Heroinhändler ihre Kunden mit dem bitteren Zucker des Todes. Ich war wieder in Frankfurt. Auf der Nikolaikirche stand neben dem obligaten Ⓐ – *madness* …

Durch Deutschland reisen heißt auch, seine Zeitungen zu lesen. In Frankfurt gibt es drei, die diese Stadt und die ganze Republik repräsentieren: FAZ, *Rundschau* und *Pflasterstrand*. Liest man alle drei hintereinander, hat man den Zynismus und die Menschenverachtung, mit der das Geschäft der Politik und die Politik des Geschäfts betrieben werden; man hat den Humus, auf dem die Union von Bonzenbürokratie und Big Business gedeiht, die jeder Demokratie hohnspricht und in deren Sumpf auch unser Gemeinwesen umzukommen droht; man kann bis in seine dekadentesten Verästelungen den kulturellen Überbau verfolgen, den sich die Kartelle leisten, solange die Geschäfte nicht gestört werden; und man kann darüber verzweifeln, wie die Sprache der Subkultur in den Sponti-Gazetten verkommt, wo mit andrer Menschen Meinungen umgegangen wird wie weiland, als die morschen Knochen zittern sollten. Der rüde Ton, der dort gepflegt wird, entspricht so perfekt dem Zynismus mancher Leitartikel der FAZ, dass man darüber ins Verwundern kommen könnte, wüsste man nicht, dass alle Politik den Charakter verdirbt, sobald sie ihn mit der Ideologie in Berührung bringt. Dass die Deutschen immer noch Meistertenöre stellen, was die Idealismus-Arien angeht, erfuhr man nach der Wahl in Baden-Württemberg, als Herr Hasenclever vom Lebensraum sprach, den der Deutsche, auf dass sich die Welt begrüne, wiederherstellen müsse. Vielleicht hatte er auch Hitlers Tischgespräche gelesen. *Der Spiegel* servierte sie uns ja gerade in Appetithäppchen. So gedeiht Wachstum eben aus jeder Kloake.

Ich sah den Vertreter der grünen Schwaben im Fernsehen in einer Imbissstube in der Schillerstraße. ›Zur Tagespresse‹ hieß der Laden. Ich war ganz überrascht, dass es ihn noch gab. Hier hatte ich schon vor 20 Jahren das eine oder andre Bier getrunken, ein Junge mit großen Augen, Samstagabend in der Stadt, später noch eine Bratwurst im Central und ein Spielchen mit dem Automaten, während in der Box *Tom Dooley* lief, und hatte man alle Groschen verloren, ein langer Heimweg zu Fuß durch die Amisiedlungen und Laubenkolonien unter einem Himmel, der noch frei von Satelliten war.

Die ›Tagespresse‹ schien der einzige Ort in Frankfurt, an dem keine Veränderungen gewütet hatten. Die alten Fettflecken auf der alten Wand, die alten Evergreens in der alten Box, die alten Würstchen auf dem alten Rost. Das wohlige Gefühl von Geborgenheit im vertrauten Dunst von Pisse, Bier und Bratfett. Der alte Fernseher mit seinem wackligen Schwarzweißbild, die alten Typen im Tran davor, die alte Sache mit den alten, aber ewig jungen Frauen, und auch der junge Herr Hasenclever schwärmte von den alten, aber ewig jungen Werten. Vor lauter Rührung bestellte ich ein Rippchen mit Kraut. In der Box sang Heino vom alten Wald. Mochte die Stadt ihre Türme immer höher bauen und mochten ihre Banken vollends futuristischen Bordellen gleichen, mochten die Volksvertreter das Land längst an die Kartelle abgetreten und die Kartelle unsre Zukunft an die schnelle Mark verpfändet haben, mochten die Straßen bald so unbegehbar wie Todesstreifen und die Menschen so vergiftet wie die Erde sein – in der ›Tagespresse‹ war man bei der Zivilisation aus Zeiten geblieben, in denen der Krebs der Geldkultur erst unsre Mägen anfraß und noch nicht unsre Seele zerstört hatte. Das Rippchen schmeckte entfernt, wonach, blieb zu ahnen. Herr Hasenclever holte Luft, und dann ging jemand aufs Klo, und wir hatten Bildstörung. Niemand schien es etwas auszumachen. Eine Frau mit eingefärbten blonden Strähnen in ihrem grauen Haar knabberte am Ohr ihres Begleiters, der bewegungslos auf den Bildschirm starrte. Dann flackerte wieder der Grüne über die Mattscheibe und sagte: »Eine Umwertung aller Werte«, und ich ließ alles liegen und ging ...

Wenn man durch unser Land fährt, merkt man es bald: Wie Frankfurt »die Stadt« ist, so ist die BRD »der Staat«. Der Staat ist überall, und alles ist Staat. Nach den Gesamtschulen haben wir nun den Gesamtstaat. Und wenn wir erst die fälschungssicheren Ausweise haben, werden auch die fälschungssicheren Gehirne nicht mehr lange auf sich warten lassen. Mit den Personaldaten sind dann auch die Personalgedanken gespeichert. Sie werden jeden Morgen mit der Zeitung und jeden Abend mit dem Fernsehen abgerufen und gezählt, dass der Staat weiß, es sind noch alle da. Es darf keiner fehlen, aber hinzukommen darf erst recht keiner. Damit das sichergestellt wird, liegt über dem Gesamtstaat und hinter der Gas-, Ruß- und Bleisphäre noch eine Sphäre, die Kultur. Wir haben, wie jetzt auch von der »liberalen« Presse endgültig festgestellt wurde, zwei Kulturen, d.h. eine Gesamtkultur. Es ist eine Wachstumsbranche. Je mehr Maschinen und je weniger Arbeit es gibt, desto umfassender muss die Zerstreuung organisiert werden. Je weniger sie ausdrückt, umso lauter dröhnt die Musik. Je weniger wir zu sagen haben, desto rabiater gibt sich die Sprache. Was der Gesamtstaat uns wegnimmt, muss die Gesamtkultur uns scheinbar zurückgeben. Die Fabriken dröhnen, die Discos dröhnen, die Politiker dröhnen, die Politisierten dröhnen, die Städte dröhnen, die Himmel dröhnen, die Kultur dröhnt am lautesten – von Dröhnung zu Dröhnung hetzen die Bosse, die Regisseure, die Bandenführer, die Betriebsprüfer, die Pauschalreisenden, die Poeten, die Fernsehpfarrer, die Karnevalsorganisatoren, die Kulturverwalter, die Haus-, Stadt- und Staatsbesorger samt Kind, Kegel und Sicherungsgruppe, eine ganze Bevölkerung wie die Beat Generation, immer *on the road* – nicht aber auf der Suche nach dem bengalischen Feuer der Ich-Verbrennung, sondern um der Stille zu entgehen, die immer zu sagen scheint: Und siehe, alle deine Werke sind nichts.

Auch ich war unterwegs, mochte nirgendwo innehalten, war zum Kaffee noch in Frankfurt und in Köln schon zum Bier und musste immer weiter. In Oberhausen erwischte mich die Nacht. Die Luft schmeckte nach verkohlten Knochen. Ein eisiger Wind fegte von den Straßen, was nicht im Auto saß. Aber an jeder Ecke standen Türken in ihren Plastikjacken oder Fischgrätmänteln wie im Glanz einer Sonne, die nur für sie schien. Im Hotel Ruhrland lag ein Buch neben der Bibel. Ich schlug es auf. Es war Lyrik, *Gottes Hausschuh* von Walter Buhrow, Oberhausen 1976. Ich las: »Die Erde hat noch Angst. Der Wind, / der durch die Äste pfeift, ist eisig, / doch ist der Schnee schon harsch wie Grind. / Vor Knospen singt ein Zeisig.« Wer je seiner Ziele so überdrüssig wie seiner Wege in einem typisch westdeutschen Provinzhotel abgestiegen ist, zu müde, um zu schlafen, und zu durstig, um zu trinken, der weiß, dass so ein Buch einen Abend retten kann. Ich las jede Zeile: »Du kannst / eine Seele nicht trinken, / sie läßt / sich nicht keltern wie Wein, / du kannst nur in sie versinken – der Durst / wird unendlich sein.«

Zwei Tage später erwachte ich in einem andren Hotel in einer andren Stadt und wusste nicht, wo ich war. Die Tapete kam mir bekannt vor, auch der Himmel, ein Fetzen bleiches Laken im Fenster, und natürlich das ferne Dröhnen des Verkehrs. Meine Zunge war schwer wie ein Reibeisen, meine Kehle trocken wie ein Kamin. Also durchgemacht, aber wo? Ich wagte einen Blick hinaus. Alle deutschen Städte sehen, wo der Reisende absteigt, fast gleich aus, immer steht da ein

Finanzamt, ein Bahnhof, ein Supermarkt, ein Sexkino, und in der Fußgängerzone fiedeln die Straßenmusikanten und piepsen die Computerkassen. Hier stand nun ein Verwaltungstrakt der RWE. Da bist du ja richtig, dachte ich. Weiter hinten schien aber Sonne zu sein, Bäume, ein feiner Dunst zwischen Kirchtürmen und Horizont, und schon fiel mir ein, wo ich abgeblieben war: Wesel, Kreisstadt am Niederrhein, Schillerdenkmal, Willibrordidom, und gestern hatte ich auf einem Parkplatz ein Aquarium mit lebenden Haien gesehen und dann ein Bier getrunken … oder zwei?

Es waren Ammenhaie, wie die Stimme uns mitteilte, die von einem Tonband ablief, fünf fahle Fleischfresser, die in dem engen Gefängnis ihre Runden drehten, bis ihnen der Vorführer mit einem Haken ihr Fressen verabreichte – rohe Brocken Heilbutt. Die Ammenhaie hatten ziemlich große Zähne. Es war die erste Show mit lebenden Haifischen in Europa. »Können die da auch nicht raus?«, fragte ein Steppke seine Mutti. »Nee«, sagte Mutti, »da ist doch lauter Glas drum.« Der Kleine schien nicht überzeugt. Er wusste noch nicht, dass die gefährlichsten Raubtiere um ihn standen.

Auch Wesel hat seine Fußgängerzone, auch in Wesel steht auf dem Dom das schon fast alberne Ⓐ, auch in Wesel heißt die Nachtbar Tabu und gibt es den Scotch Club, wo ich dann mit der Bedienung über das Leben als solches und im Detail palaverte, bis der Laden dichtmachte. Also ging ich mit meinem Nachdurst in die altdeutsche Pilskneipe neben dem Hotel. Es war Samstagmittag, und am Tresen drängten sich die Männer mit den Hüten und den roten Gesichtern. In der Box dröhnten die Pink Floyd: »*Just another brick in the wall …*«

»Woher sind Sie? München? Menschenskind, und wir hatten gerade Strauß in der Niederrheinhalle. Klar, gerammelt voll, alles für Franz Josef, was trinken Sie, Mann? Ich will Ihnen mal wat erzählen – wenn's die CDU mit Strauß nicht schafft, braucht sie erst gar nicht mehr anzutreten, dann haben wir nochmal 20 Jahre Sozi, und ich mach dicht und geh nach Australien …«

Auch die Jugoslawen hatten Sorgen, Tito lag immer noch im Koma. »Tito stirbt für uns! Aber wenn die Russen kommen, dann kämpfen wir bis zum letzten Mann! Ja!«

»Dann kommen wir auch wieder«, machten ihm die Routiniers Mut, »dann gibt es glasklar Krieg.«

Das fanden alle in Ordnung. Noch mal Pink Floyd: »*We don't need no education …*«

Ich ging dann durch das Städtchen. Wollte zum Rhein. Machte noch in den Marktstuben am Dom Station und kam mit einem seltsamen Mann ins Gespräch. Einer von den letzten Stillen im Land, Reisender für obskure Waschmittelfirmen, klapperte die Wochenmärkte ab. Alles an ihm war gedämpft: das braune, ordentlich gescheitelte Haar, das rostrote Hemd, der dunkelbraune Schlips, der noch dunkelbraunere Anzug aus einem billigen Ersatzstoff, der grünbraun changierende Regenmantel, auch das wettergegerbte Gesicht mit den braunen Falten und den sanftblauen Augen. Er musste weit über 50 sein. Einer mit einem Beruf, den es bald nicht mehr geben wird. Ein Reisender für Firmen, die keiner mehr haben will. Ein Veteran der Bummelzüge und Landstraßen, der Christlichen Hospize und der Stehausschänke im Schatten der Kirchen und Präsidien. Ein Mann ohne Familie, ohne Haus, ohne Zukunft. Aber er machte nicht viel davon her, er trank sein Pils in kleinen Schlucken, rauchte seine Reval mit gedämpftem Behagen und sagte: »Ich brauch ja nicht viel. Um den Kopf wo hinzulegen, ja. Ich hab da einen alten Wohnwagen vorm Wald. Nachher geh ich nach Haus, mach mir meine Bratkartoffeln, ein Ei dazu, und lese. Das genügt doch. Manchmal fahre ich nach Holland rüber, kaufe ein, was es billiger gibt, Zigaretten. Viel ist es ja nicht mehr. Früher hab ich eine Woche Urlaub gemacht, das brauch ich jetzt nicht mehr. Wissen Sie, was der Mensch braucht? Ein Stück Erde, um verbuddelt zu werden. Was machen Sie beruflich? Ah ja, also auch mal hier, mal dort – immer auf Tour ...« Wie er das sagte, blickten wir auf alle staubigen Landstraßen der Welt, auf die Busse, die uns dorthin brachten, woher wir gekommen waren, in die alten vier Wände mit den alten Flecken und dem Warten auf den alten Tag.

Wir gingen zum Rhein, standen an einem Kiosk und betrachteten den Strom. Ihm war alles gleich. Die Westfalen tuckerte vorbei, und auf Deck standen die Wochenendausflügler und grölten. Immer muss Lärm sein, überall waren wir ihm ausgeliefert. Unser Grundgesetz sagt im ersten Satz, die Würde des Menschen sei unantastbar, aber das Leben wird immer würdeloser, nur selten trifft man noch einen, der allein mit der unendlichen Schmach des Menschen fertig wird, der verurteilt ist zu Gesamtschule, Gesamtstaat, Gesamtkultur und dem ewigen Gedröhn der Menge. Hier in Wesel hatte ich einen getroffen, schon verschwand er in der Dämmerung am Rhein – hätten wir alle, wir Reisenden, einen solchen Abend.

(*tip* 9/1980)

Box-Abend

> »Dann, zum Durchqueren der
> Stadt bereit,
> in ihren weichen Wagen
> Die Dichter und die Boxer …«
> *Arthur Cravan, Poet & Boxer*

Aber außer ihnen durchqueren nicht allzu viele Schaulustige an diesem Abend vor dem Vatertag die Stadt München, um in der Olympiahalle Zeuge zu werden, wie der Mittelgewichtler Georg Steinherr, genannt »Hammer-Schorsch«, als erster Münchner Berufsboxer überhaupt nach dem Lorbeer und der Gage eines Europameisters greift.

Und das stimmt die Freunde des Boxsports nachdenklich und traurig. Wenn sich bei einem solchen Ereignis in der Olympiahalle nur an die 2500 zahlende Zuschauer verlieren, dann wird die Misere schon an den leeren Sitzen greifbar. Walter Staudinger, der mit seiner Peep-Show und dem Las Vegas so etwas wie eine Münchner Entertainment-Größe geworden ist, ist der Manager des melangebraunen Besatzungskindes, und er schustert seit Jahren daran, mit Steinherr als Zugpferd München zu einer Metropole im dahinsiechenden deutschen Berufsboxsport zu machen. Wenn daraus bisher nichts geworden ist, liegt das weniger an Staudingers fehlender Fortüne noch an mangelnden Fähigkeiten des Hammer-Schorsch, der immerhin als sauberer Stilist gilt; eher schon daran, dass das spezifische Münchner Ambiente für den ursächlich proletarischen Boxsport nicht gerade einen gesunden Nährboden abgibt; und wohl auch an der allgemeinen Übersättigung mit blutigen Sensationen, neben denen ein Boxmatch, ausgetragen nach den Regeln des internationalen Boxsportverbandes, wie ein Gänseblümchen in einer Welt von fleischfressenden Pflanzen wirkt. Wenn man dazu noch am Tag des Fights in einer Münchner Tageszeitung liest, dass die Veranstalter Staudinger und Graf im Falle eines finanziellen Misserfolgs daran denken, in Zukunft Boxkämpfe nur noch vor geladenen Gästen aus der ›High Society‹, verbunden mit Galadinner, Preis 500 Mark, zu veranstalten, dann wendet sich der Boxsportfreund mit Grausen. Boxen als Zugabe zur Modenschau oder zur Vernissage, als Anheizer für Schickeria-Soirees und Blutstropfen in den Champagnerkelchen der Boutiquen-Barone – »gestern hatten wir diesen herrlichen Travestie-Abend, heute stellt Konsul Weyer sein Schattenkabinett vor, und morgen boxt dieser wahnsinnig echte Nigger um die Weltmeisterschaft im Silbergewicht, sind wir nicht Spitze, Fonsi?« –, dann lieber gleich den Laden dichtmachen und ein Brett an die Hütte nageln: DAS BOXEN FINDET IN DER BUNDESREPUBLIK ERST WIEDER NACH DEM NÄCHSTEN ZUSAMMENBRUCH STATT.

»Wenn die Menschen wieder Hunger haben«, pflegte Ernst Wagner zu sagen, der bis zu seinem Tod im Februar 1980 Deutschlands älteste Boxschule führte, »dann lernen sie auch das Boxen wieder.«

Nun sind die Dichter versammelt, nun auch in der malvenfarbenen Dämmerung Cravans Geist, nun auch die Herren samt Damen der dem Boxen immer noch in fast rührender Treue verbundenen Gewerbe, nun auch die Männer und Frauen der jugoslawischen, türkischen, italienischen Kolonien – ohne sie sind Boxveranstaltungen in München überhaupt nicht mehr denkbar –, nun auch die Vertreter der Europäischen Box-Union und andere Funktionäre, nun aber nur schwach vertreten der Glitzer, der Möchtegernglamour dieser Provinzstadt – ob Herr Staudinger wirklich an die Bereitwilligkeit dieser Kreise glaubt, den dahinsiechenden Boxsport an ihre Silikontitten zu nehmen? Und nun schlägt auch schon der berühmte Gong.

Kenner sagen, dass die Vorkämpfe oft das Salz in der Suppe sind. Das könnte schon auf den ersten Kampf des Abends zutreffen: Wolfgang Lechner (Erding) – Brahim Ferizović (Jugoslawien), Mittelgewicht, 4 Runden. Zwei robuste Kämpfer, angefeuert von ihren Lokalfans. Der Jugoslawe mit gewaltigen Narben auf dem Bauch. Magenoperation, Messer, eine obskure makedonische Tätowierung? Kein schöner Kampf. Zwei Klopper am Werk. In der 3. Runde macht der Mann vom Balkan Ernst, drängt den Erdinger in die Seile, erwischt ihn voll am Kinn. Die Ecke wirft das Handtuch. Immerhin, ein erdnaher Auftakt. Vielleicht als Augenweide zwischen dem Kaviar und dem Trüffelparfait? »Kellner, räumen Sie ab.« Ein Boxer, der geschlagen in die Kabine geht, hat immer noch mehr Ehre als ein Achtgroschenjunge in Amt und Würden.

Durch die Fenster der Halle, in der so unterschiedliche Veranstaltungen wie das Sechstagerennen oder der eucharistische Weltkongress abgehalten werden, wo Udo

Lindenberg nie richtig gehört wird und Didi Thurau allen davonfährt, sickert das letzte Licht. Um den Ring kommt Stimmung auf, als Toni Habermayer (München) in seinem ersten Kampf als Profi den Türken Ethem Özekalin, einen Veteranen zahlloser Vorkämpfe, langsam aber sicher über die 6 Runden niederkämpft. Auch das ist Boxen, wird Boxen immer sein: Für ein paar Mark Gage kämpfen diese zwei von keiner Gnade beseelten und von keinem Stern erleuchteten Männer achtbar, nach Maßgabe ihrer Kräfte, ehrlich und im Einklang mit den Regeln ihres Sports um einen Sieg, der den Sieger nicht reich und den Geschlagenen nicht zuschanden macht. Kämpfen sie am Ende nicht darum, sie selbst zu sein?

»Toni, arbeite jetzt!«

»Toni, du musst entschlossen sein!«

»Toni, marschieren!«

Toni marschiert, Toni ist entschlossen, Toni arbeitet jetzt, und Toni siegt: Dies ist das Salz, das kein Austernsoufflé je bereichern wird.

Im dritten Vorkampf tritt Frank Wissenbach an, amtierender deutscher Meister im Mittelgewicht, einziger Deutscher in den Weltranglisten von WBA und WBC. Ihm genügte eine mäßige Leistung, um vor einigen Monaten seinen Titel gegen Steinherr, den um vier Jahre älteren, aber um viele Kämpfe unerfahreneren, zu verteidigen. Wissenbach ist ein idealer Mittelgewichtler, groß, sehnig, mit Puncherqualitäten, ein schnauzbärtiger Berliner, die Hoffnung. Dass nicht er, sondern Steinherr heute um die Europameisterschaft kämpft, gehört zu den Eigentümlichkeiten des Sports, der eben auch eine Branche ist. Wissenbach fertigt seinen Gegner, den italienischen Meister Lassandro, der sich sämtliche

Sympathien schon dadurch verscherzt, dass er fünf Minuten zu spät in den Ring klettert, in zwei Runden ab – mit Nasenbeinbruch, k.o. Ein Kampf, der in der Pause schon vergessen ist. Auch das ist Boxen.

Nach der Pause – dem Pappbecher Bier, den Pikkolos für die Damen, den Toiletten, den Tête-à-tête, dem Branchengeflüster, den letzten Wetten – die erste Überraschung des Abends: Nachdem die Matadore den Ring betreten haben, Steinherr mit seinem italienischen Trainer, dem ›Boxpapst‹ Branchini samt Dolmetscher, und Kevin Finnegan, der Titelverteidiger aus England, steigt Ivan Rebroff in den Ring und singt mit allem Gusto, dessen er fähig ist, die Hymnen – ehrlich: Das Deutschlandlied aus dieser Brust rührt auch den hartgesottensten Vaterlandsverächter. Donnernder Applaus, vielleicht umso lauter, als keiner mitgesungen hat. Ring frei zur ersten Runde.

Und zur wirklichen Überraschung.

Kevin Finnegan ist ein 32-jähriger »no-nonsense«-Nordire, starker Techniker, das weizenblonde Haar korrekt gescheitelt, das Gesicht gezeichnet von harten Fäusten, den Ringschlachten einer Karriere, die große Siege und vernichtende Niederlagen kennt. Wer ihn beim Sparring gesehen hat, gibt dem Herausforderer Steinherr, der dafür bekannt ist, nicht nachsetzen zu können, keine Stamina zu haben, nur minimale Chancen – auch wenn Staudinger einen fast schon aufreizenden Optimismus verbreitet.

Aber schon in den ersten zwei Runden zeigt Steinherr, dass er bei seinem neuen Trainer eine Menge gelernt hat. Der Hammer-Schorsch, wegen einer zwielichtigen Frauengeschichte vor kurzem noch wochenlang in U-Haft, beginnt den Kampf in großer Manier – gute Beinarbeit, die Jabs kommen genau, er erwischt Finnegan kalt: Der Brite blutet. Das Publikum wittert die Sensation. Finnegan rettet sich nur mit Mühe in die 3. Runde, die auch an Steinherr geht. Aber der Schorsch bringt seinen Hammer nicht an, Finnegan wird stärker, der Routinier zeigt seine Erfahrung. Die 5. Runde geht an ihn. Jetzt kommt er, raunen die Fachleute. Die englischen Fans fassen Tritt. Selbst die ständigen Begleiterinnen begreifen, dass sie keine Show, sondern einen Kampf sehen.

Und der Kampf kommt in seine entscheidende Phase – wenn der Titelverteidiger noch einmal seine Krone versilbern will (Finnegan bekommt für den Kampf 85 000, Steinherr 30 000 Mark), dann muss er mehr zeigen. Aber Finnegan bleibt merkwürdig blass. Das ist der Mann, der all die grandiosen Weltmeisterschaftsschlachten gegen Marvin Hagler und Alan Minter geschlagen hat? Der in Paris Gratien Tonna schlug und zum zweiten Mal nach 1974 den Europameistertitel gewann? Das englische Fernsehen ist dabei. Der Kampf wird auf der Insel übertragen. Muss Britannia auch an diesem Abend geschlagen ihre Wunden lecken? Finnegans linkes Auge ist fast zu. Aber trotzdem geht er. Und Steinherr – eine kleine Sensation schon dies – weicht dem Fight nicht aus, er riskiert den offenen Schlagabtausch, der Mann der Technik und des Schulbuchstils entdeckt sein Kämpferherz.

Das Hemd des Ringrichters ist rot vom Blut des Titelverteidigers.

Wer jetzt noch wettet, setzt alles auf Steinherr.

Und der Kampf geht weiter.

Nach der 10. Runde sagt jeder: Jetzt hat der Schorsch ihn. Wenn er jetzt durchhält, hat er ihn. Alle haben ihn vorn – 7:3, 6:4, jedenfalls vorn. Der Brite muss einen K. o. machen. Und Steinherr wehrt sich erbittert, mehr – er sucht immer noch seine Chancen, bleibt am Mann, bleibt schnell, steckt keinen entscheidenden Treffer ein, bringt zwar auch selbst nichts mehr unter, aber beim letzten Gong ist er ungezeichnet, er hat den Kampf gemacht, weiß Finnegan noch, wo er ist?

Steinherrs Ecke triumphiert. Die Fans stehen Kopf. München hat seinen Europameister. Wir brauchen keine 500-Mark-Shows. Wir dürfen weiter unsre Pappbecher haben, unsre Zigarren auf dem Boden ausmachen, Ivan Rebroff wird die Bayernhymne singen.

Auch Finnegan wird auf den Schultern durch den Ring getragen, aber das ist natürlich Mache, jeder, der nicht am Boden liegt, zieht diese Nummer ab, sie gehört dazu, *forget it.*

Der Ringrichter gibt das Ergebnis bekannt:

Unentschieden.

Einen Augenblick lang – einen Herzschlag, einen Lidschlag, einen Nervenriss lang – Totenstille, dann bricht der Sturm los. Schiebung, heißt es. Wer kann das schon sagen. Wenn der Herausforderer in seinem Revier den Kampf macht und ihn doch verliert (denn mit dem Unentschieden bleibt Finnegan Europameister), dann heißt das: Seine Fäuste trafen zwar, doch lag kein Gewicht dahinter. Das Gewicht, das wirklich zählt. Mit Steinherr hat der ganze deutsche Boxsport den Titel verfehlt, ist diese Republik dort geblieben, wo sie im Berufsboxsport schon so lange steht: draußen vor der Tür.

Und die Münchner Fans sind eben auch Bundesrepublikaner, auch ihrem Protest fehlt die Stamina, in Spanien, in Italien, in Mexiko müsste die Polizei einschreiten, die Richter wären ihres Lebens nicht sicher, die Halle brennte lichterloh – wir bleiben schön, was wir waren und sein werden, Staatsbürger. Vielleicht verdienen wir doch den 500-Mark-Abend für die Schickeria-Schicksen, Boxen als Body-Show für müde Mädchen, München machts möglich: Und wenn alles nichts hilft, ziehn sie den Boxern Rollschuhe an und machen auch aus der Arena eine Discothek.

Bleibt zu erwähnen, dass im letzten Kampf – diesem undankbarsten aller Kämpfe, wenn die Leute schon gehen und die Putzkolonnen die Eimer aufbauen – Rüdiger Bitterling, eine junge Hoffnung aus Düsseldorf, ein Alternativ-Artist im Ring, seine Fans mit einem schwachen Kampf enttäuschte. Aber er bekam ihn zugesprochen. Auch das ist Boxen – der bittere Geschmack im Mund, wenn dein Favorit enttäuscht und dennoch gewinnt, obwohl der Gegner besser war.

Und der Boxer, der geschlagen ist, er ist eine lange Stunde – manchmal für immer – der einsamste Verlierer auf der Welt. Der Spieler kann sich erschießen, und der Politiker hat die Fernsehroboter, in die er seine Phrasen kotzen kann – »Auch an dieser Stelle möchte ich, Herr Nowottny, meinen Parteifreunden und Wählern danken«, »was unsere Verluste betrifft, Herr Schättle, ergeben die sich ja schon aus unseren letzten Gewinnen« –, aber der Boxer in seiner Kabine hat nur seinen Masseur. Und auch Masseure kneten lieber einen Sieger. Der Beobachter aber, der vor der Olympiahalle schon die ersten Wahlplakate an den Bäumen sieht, wünscht sich, dass auch Politiker dies durchzustehen hätten, allein im Ring mit allem, was sie haben, zwölf Runden, nach den Regeln des internationalen Boxsportverbandes, und, wie Hemingway wusste, *winner take nothing*.

(*tip* 12/1980)

Der hohe Besuch

Der Arzt führte eine Kanüle in meine Nase, schloss sie an einen Schlauch an, schob meinen Kopf über eine Schale und nahm die Kieferspülung vor. Ich war etwas enttäuscht, ich hatte mehr erwartet – mehr Schmerz, mehr Schmant. Der Arzt sagte: »Das ist ja so wenig, da verzichte ich auf die andere Seite.« Er entfernte die Kanüle und wusch sich die Hände. Er sah mich an und sagte: »Aber Bettruhe! Und jeden Tag eine Inhalation!« Ich suchte einen Abfallkübel für den Tupfer, den er mir gegeben hatte, fand aber keinen und steckte den Tupfer in die Hosentasche, die schon ganz ausgebeult war von den Papiertaschentüchern voll Schmant. Ich dachte zusammenhanglos: Warum immer ich?, und sagte: »Aber sonst geht es mir ausgezeichnet.« Der Arzt sagte: »Bettruhe!«, und als ich draußen in der Sonne stand, dachte ich: Dann ist es ja Essig mit dem Papst, aber wenigstens hast du keine offene Tb.

Außerdem gab es ja immer noch das Fernsehen.

Ich hatte schon lange nicht mehr mittags im Bett gelegen, und dann noch ohne Zigarette, ich wurde ziemlich unruhig. Ich ertappte mich dabei, wie ich meinem Körper zuhörte, bald bekam ich es mit der Angst – die deutsche Sprache gefällt mir besser als die Körpersprache. Zum Fernsehen war es noch zu früh, selbst der Papst musste mal eine

Pause einlegen, oder die Gewerkschaft hielt auf ordentliche Arbeitszeiten, jedenfalls las ich ja gerade Ernst v. Salomons *Der Fragebogen*, das waren über 650 Seiten und außerdem ein Buch, das ich jedem ungeniert empfehlen kann, der sich, wie ich, immer öfter fragt, was das war, ein Deutscher. In dem Kapitel über Salomons Zeit als Internierter bei den amerikanischen Besatzern 1945/46 fand ich dann eine nette und dem Tag gemäße Stelle: »Von überquellender Munterkeit hingegen quinkelierte Herrn Voltas Kollege, der zweite Kreisleiter der Stube, Herr Fandrey, fröhlich vor sich hin, auf unseren Nerven mit ständig zitierten höchst albernen Versen eigener Dichtkunst herumreitend. Er war Kreisleiter und Bürgermeister von Alt-Ötting, dem bekannten niederbayrischen Wallfahrtsort, er wurde ›zu seiner Zeit‹ der ›Mutter-Gottes-Kreisleiter‹ genannt und hielt sich nicht wenig zugute, dass er anlässlich der Heiligsprechung des heiligen Konrad von Alt-Ötting, eines Pförtners des dortigen Klosters, als Norddeutscher, Protestant und Nationalsozialist nach Rom gereist war – in voller Uniform –, um vor dem Heiligen Vater Kreis und Ort zu repräsentieren; schwerwiegender Andeutungen voll über seine Zulassung zu Hand- und Fußküssen meinte er, ihm könne so gut wie nichts mehr geschehen.«

Das glaubte ich gern. Endlich kam der Papst, und Heinz Bäuerlein, der ARD-Reporter vor Ort, der sich schon reichlich damit abgemüht hatte, uns über den »Hintergrund der Marienverehrung« zu informieren, konnte endlich zu großer Form auflaufen. Er sagte: »Sein Sinn für Werbung ist erstaunlich, wenn man bedenkt, dass er aus einem Land kommt, in dem die Werbung seit Jahrzehnten unterentwickelt ist, weil sich da ja alles von selbst verkauft«, und ich dachte: Holla, der ist ja fast so gut wie Ludwig Maibohm samstagnachmittags in *Heute im Stadion*, aber da ahnte ich noch nicht, dass die ARD diesmal wirklich in die Vollen gegangen war, der Papst in Martin Luthers Land, da war die Olympiade nebbich, dies war Olympia in Fromm, mit Direktschaltung in die Ewigkeit. Ich betrachtete aber den Papst inmitten seiner Schäfchen, und mir dämmerte nun, warum er auch hier so populär werden musste, so waren doch Auschwitz und Treblinka und all die Polenmädchen in den Polenstädtchen in höchster Instanz vergeben, wenn der Polacke unter sie trat als Papst und sie sagen durften: *Amo te*.

Ich schlief tief und vielleicht selig diese Nacht und verpasste prompt die Übertragung von der Theresienwiese, kam aber umso ausgeruhter zurecht zur Direktsendung *Begegnung mit Künstlern und Publizisten*. Im ARD-Studio saßen der römische CSU-Korrespondent Wolf Feller und der Prälat Wilhelm Schätzler, und unser Mann in der Residenz war kein anderer als Heinz Burghart, in Bayern wohlbekannt durch die Wirtshaus-Sendung *Jetzt red i*, wo er immer die Klagen der Grantler den zuständigen Ministern in die Amtssprache übersetzen darf. Aber erst jetzt, im Herkulessaal, kam Herr Burghart zum Leuchten, er durfte aufblättern, was der Heilige Vater zum Vortrag zu bringen gedachte, dies war nun endlich und am helllichten Tag und bundesweit die Stunde der christlich-sozialen Kultur, jetzt durften sie zeigen, was sie durch jahrzehntelange Kuscherei vor den kulturbolschewistischen Speckjägern da droben im Norden gerettet hatten, und es war dies: »Die Kirche hat den Journalismus aufgewertet. Aber sie sagt ganz deutlich, dass jede Kommunikation der Gemeinschaft zu dienen hat.«

Ich merkte auf, aber die 3000 Vertreter von Kunst und Publizistik riss es förmlich von ihren Stehplätzen, als der Hl. Vater eintraf, es zog sie an ihren frisch gewellten und gefönten Künstlermähnen einen ganzen Ruck nach oben, ich fand dies doch erstaunlich, wie sie da nun alle verzückt applaudierten und Hände ausstreckten und jubilierten, diese Geistesheroen, diese erlauchten Eminenzen auf dem Gebiet der kritischen Analyse der Gewalten unserer Zeit und der schonungslosen Darstellung der Wunden, die sie schlagen, unter ihnen auch ein so bekannter Künstler wie der Ertl-Sepp, zuständig für Lebensmittelvergiftung und Tierquälerei. Es kam aber alles noch besser.

Heinz Burghart sagte: »Man kann heute schon sagen, dass sein Besuch ein Jahrhundertereignis ist«, an welche Ereignisse mochte er noch denken, mir fiel nur 1974 ein, als der FC Bayern zum ersten Mal den Europacup holte. Kaiser Franz war zwar nun nicht in der Residenz, aber doch Herzog Albrecht von Bayern, und dem Papst hatte man den Sessel Ludwigs I. hingestellt, es ging also schon ganz schön dynastisch zu, München war eben München, nämlich nobel, und zum Sprecher hatten sich Musen und Blätterwald, Thespis und Verkabelung den Staatl. Bayerischen Chef-Künstler August den Flotten Everding erwählt. Everding brachte auch noch die nichtigste Sentenz wie eine hübsche Seifenblase aus dem frohsinnig gewölbten Genussmund hervor, er schmeckte jeder Seifensentenz hinterher – welch Aroma! »*Les fleurs du mal* sind verlockender als Rosenkränze«, wie da die Kulturcrème sich delektieren durfte! Aber es kam noch besser, denn mit jenen Löwenpranken, die er in der Literatur unserer Tage wie nichts vermisst, bearbeitete sodann Herr Staatsminister Hans Maier die Orgel zu einer *Phantasie*, die wahrlich so phantastisch klang wie seine Kulturpolitik, freundlicher Applaus dankte es ihm, aber am nächsten Tag bekam er doch keine Kritik von Joachim Kaiser, so weit war er noch nicht!

Während nun der Papst über die Nebelfelder der Kunst und Publizistik wandelte, hatte ich reichlich Gelegenheit, die immer wieder ins Bild gerückten Versammelten zu studieren, und ich sagte mir: Es ist also Preußen untergegangen, es ist eine deutsche Republik untergegangen, es ist eine Diktatur untergegangen, die ja ebenso viele Herzen zum Erglühen wie sie Leben zum Tode brachte, es ist schließlich ganz Deutschland untergegangen; missbraucht und untergegangen auch andere Hoffnungen, das Abendland, der Weltfrieden, der Kommunismus; im Hauptquartier des Polizeidenkers Herold alle Utopien eingegeben in die letzte Utopie, den Bruder Computer; und nun, in der Götterdämmerung auch der sozialen Demokratie, dieses Büttels der Weltzerstörung, darf ich hier in der Glotze die Büttel der BRD-Kultur erleben, wie sie in den hölzernen Sentenzen eines polnischen Geistlichen wieder einmal die Gnade und den Ausweg eines Weltbilds entdecken – eine ›Wahrheit‹: »Man nehme das Christliche weg, und was bleibt?« Rauschender Beifall, und am kalten Buffet erklärte später Heiner Kipphardt eilends, der »christliche« sei doch gar nicht so weit vom »sozialistischen Realismus«, und die *Abendzeitung* schrieb es mit.

Ja, in vielen nachdenklichen Mienen glaubte ich schon jenen lüsternen Ausdruck wahrzunehmen, der die Kulturträger immer befällt, wenn sich ihnen wie fernes Wetterleuchten ein neuer Trend am Himmel zeigt – und da käme gewiss das Christliche gerade recht. Ich dachte freilich unwillkürlich an andre Medienspektakel, z. B. den »Holocaust« – wie sie da jubelten: »14 000 Anrufe in einer Stunde! Auch SS-Männer! Tränen! Und die Frauen! Bereuen! Auf den Knien! Jetzt! Endlich! Katharsis!« Aber soweit heute zu erkennen ist, sind mehr Nazis aktiv als seit der Einführung der Demokratie, und zu allem übrigen Terror ist aus dem fruchtbaren Schoß auch der braune Terror wieder gekrochen, also was die Bekehrung zum Christentum betrifft, da bin ich doch skeptisch, der »christliche Realismus« als Trend der Saison, da erneuere ich lieber mein Abonnement der Zeitschrift *Roulette*.

Heinz Burghart aber fragte: »Was bleibt?«, und gab dann zurück zu den Experten in die Zentrale, und so gelangten wir noch in den Genuss eines kleinen Lehrstücks des Absurden Theaters, nämlich es fragte Wolf Feller den Prälaten: »Ja, warum beschäftigt sich die Kunst nur so wenig mit der Kirche?«, und der Prälat antwortete: »Ja, das hängt, um ein Buch zu zitieren, mit dem Verlust der Mitte zusammen, wissen Sie, die Kunst ist so artifiziell geworden! Sie hat so viele Gestaltungsmodalitäten entwickelt, aber sie hat die Mitte verloren«, und als Feller etwas ratlos blickte, fügte der Prälat jenes Wort hinzu, das in diesen Kreisen die Kunst noch immer und ad aeternum zur Ordnung ruft: »Sie hat«, sagte Prälat Schätzler, »den Sinn fürs Gemeinwohl verloren.«

Es kam noch besser. Nun kam nämlich der Mann von der CSU auch auf ein Anliegen zu sprechen, es waren dies die Kollegen, er sagte: »Im Vorfeld des Besuches ist doch auch diese Kritik an seinen Kosten laut geworden«, schon flocht der Prälat den Gedanken weiter: »Ach wissen Sie, diese 20 Millionen, jetzt sage ich Ihnen, es sind ja schon 30 Millionen wieder gesammelt worden, aber das kann man ja nicht so einfach in die Dritte Welt leiten, das wäre ja so, nehmen wir mal die Kosten für den Polizeieinsatz, sollen wir das Geld der Dritten Welt geben?« Er zögerte, kam dann vollends auf den Genuss des Absurden, sagte: »Das ginge natürlich, man könnte ja die Polizei in die Dritte Welt transferieren, bezahlt wäre sie ja«, aber hier trat nun Feller entschieden den Rückzug an, er sagte: »Ja, diese Kritiker!«, und der Prälat sagte, abschließend: »Da wollen sich manche profilieren, bei denen es sonst nicht reicht.«

Der Papstbesuch geriet dann noch in die mythischen Bereiche des Marathonlaufs, einer gegen die Zeit, den Wind, sich selbst. Da stand er unter dem Baldachin auf dem Flugplatz und erhob die Stimme gegen die Vergangenheit, gegen den Flugverkehr, gegen den Bundespräsidenten, gegen die Letzten, die noch nicht bekehrt waren und nicht wussten, woher nun die Zukunft kommen soll; denn sie wird ja kommen, dieser Mann wusste es, oh ja, wir werden eine Zukunft haben, in Menschenwürde werden wir essen das vergiftete Brot und führen den ewigen Krieg, dies war die geschichtliche Antwort der Zukunft, nun fasste der Heilige Vater noch einmal alles zusammen – und auch die Evangelischen durften hoffen, wozu denn auch Herr Prof. Carstens wohltemperiert nickte.

Ich dachte: Und alles dient dazu, dass die Deutschen sich Stück für Stück weiter von sich entfernen dürfen, nun haben wir es auch vom Papst, dass wir nur ganz normale Sünder sind wie alle. Der Papst in Luthers Land? Ach nein, er war wohl zu Gast in der BRD, so verzweifelt geschäftlich, so reklametüchtig, so professionell nett zueinander machte dies Land auch seine Gäste, und ich dachte: Es ist doch lange her, dass die Deutschen nicht Geld, sondern Gedanken in die Welt setzten, mögen sie auch noch so grausam gewesen sein, sie waren aber vielleicht nicht so ärmlich, wie wir heute sind mit allem Geld, und der hohe Besuch hat uns auch nicht reicher gemacht. Vielleicht ahnte der Papst das und wich deshalb noch nicht, er wankte und wich nicht, längst war die Zeit überschritten, schon hatte Kaltz in Hannover das 1:0 gegen Frankreich geschossen (wenn uns nur der Fußball bleibt!), auch im Fernsehen musste man jetzt nervös werden – wie lange wollte er denn noch bleiben? Aber immer noch rollte er seine Rs und schickte Salve auf Salve in den Novemberabend: »Gott! Segne! Europa! Und seine Zukunft!« Nun ging er die Treppe zum Flugzeug hoch, und auch dieser letzte Gang effektvoll in Szene gesetzt, Geste für Geste, Schritt für Schritt, und an der Mauer in Berlin und an der Mauer in Zürich und an der Mauer in Rom und an der Mauer in New York schnüffelten die Ratten an dem frischen Spray, NO FUTURE stand auf allen Mauern, und der Papst winkte noch einmal, bis ihn der Wind, der mächtiger war als er, ins Flugzeug drückte, und ich drückte auch, ich drückte auf den Knopf, das Bild verschwand.

Himmel, war mir schwer im Gemüt. Ich beschloss, am nächsten Tag aufzustehen. Bettruhe, das bekam mir nicht. Und ich dachte an Benn, an Dr. med. Gottfried Benn, an den Künstler und Publizisten dachte ich, der geschrieben hatte (an Oelze, aus dem Hofbräuhaus, am 18. April 1952):

»Der Süden ist sehr eindrucksvoll, aber der Norden auch. Die Liebe ist sehr eindrucksvoll, aber der Hass auch. Die Tugend ist sehr eindrucksvoll, aber die Sünde auch. Ich finde nicht mehr durch, ich kann immer wieder nur sagen, die Produktivität ist das Einzige, das einen sichert und führt.«

(*tip* 25/1980)

Pappnasen

In ihrem obligaten Preußen-Artikel zitierte die *Zeit* einen Mann des 20. Juli, Henning v. Tresckow: »Der sittliche Wert eines Menschen beginnt erst dort, wo er bereit ist, für seine Überzeugung sein Leben hinzugeben.« Eine harsche, aber angemessene Lektüre, fand ich, auch für Karriere-Politiker, an diesem Donnerstag in Berlin, an dem festzustellen war, ob das schon wieder im Sumpf steckengebliebene letzte Aufgebot der Sozial-Liberalen noch einmal klar Schiff machen konnte. So lange war es schließlich noch nicht her, dass besiegte Generäle oder korrupte Großwesire die Konsequenzen ihres Tuns mittels Strick oder Pistole (und jedenfalls nicht durch Zuweisung eines noch höheren Amtes und fetterer Pfründe) zu tragen hatten. Auch durfte ja einige Tage zuvor P. Zadek mit satten 1,8 Millionen Steuergeldern zeigen, wie süß es sich noch am Dauerlutscher des ästhetischen Faschismus schlecken ließ. So kam in Berlin wieder einmal alles aufs schönste zusammen, die Skandal-Saison und die Schmieren-Saison, das Preußen-Jahr und das Leck im Senatsschiff, die Misere der kleinen Leute und die Verschwendungssucht der städtisch lizenzierten Künste, indes Herr Garski sein Debüt als Phantomas gab und Mr. Haig sein Debüt als Menetekel, ja, dieses »Wir müssen nicht im Frieden leben« des Großen Bruders konnte man sich auch schon auf der Bühne denken, vielleicht aus dem Munde von Hark Bohm im Duett mit David Bowie, in der Ausleuchtung einer Riefenstahlschen Fassbinder-Inszenierung, vor dem brennenden Reichstag, nachgebaut auf dem Bavaria-Gelände im Geiselgasteig, in München gab es schließlich auch Transvestiten, und das Kulturzentrum dort hatte ja auch erst 362 Millionen verschlungen ...

Inzwischen war Berlin die Stadt mit der schlechtesten Luft in Deutschland, weltweit überhaupt nur noch übertroffen von Mailand und Bilbao, letzte Nacht hatte der Funk auch noch vor Fahrten in den Westen gewarnt, unablässig fiel der Schnee, und ich musste an den Regierenden Bürgermeister denken, der dem Abend auf die Frage, warum es gerade in Berlin mit dem Filz so dick sei, geantwortet hatte: »Weil wir hier so viel aufeinanderhocken.« Bevor der Tag sich neigte, würde Stobbe wissen, ob alles Aufeinanderhocken ihm und der SPD noch einmal genutzt hatte, dieser Partei, von der eigentlich doch immer wieder nur zu sagen blieb, dass sie 1919 die deutsche Revolution niedermachte und 1980 die Regierung der FDP übertrug. In Berlin aber, das länger die Hauptstadt der SPD als die des Deutschen Reiches war, musste sich jetzt entscheiden, ob die Partei noch regierungsfähig und das heißt in der Lage war, ihrer Klientel, dieser längst brüchigen Koalition aus Selbstversorgern und Sozialempfängern, aus akademischer Intelligenzija und Staatsapparatschiks, aus Privatabholern und Mutanten der Öffentlichen Hand, noch einmal die Futterkrippen zu füllen und die Kohleöfen, die Heiligen Kühe sattzukriegen und die Verhärmte Linke, Reformkurs also, mit der einen Hand sanieren, was die andre demoliert hat, der berühmte Mittelweg mithin – oder ob der ganze Verein Konkurs anmelden, die Firma verschrotten und die Spieler wie Sauerbier verhökern musste. Dazu freilich hätte es auch eines Konzepts bedurft, einer Neuen Heimat gewissermaßen, diesmal nicht aus den Mitteln der Beitragspflichtigen, sondern aus dem geistigen Fundus der Zeit. Nur: Mochte diese Zeit sich noch mit der alten Message der Verteilerapparate zufriedengeben? Und: »Wenn einst Gott Abraham verheißen hat, er werde Sodom nicht verderben, wenn auch nur zehn Gerechte darin seien, so hoffe ich, dass Gott auch Deutschland um unseretwillen nicht verderben wird«, konnte H. v. Tresckow noch sagen. Gott hat Deutschland trotz seiner zehn Gerechten verdorben, und an diesem kalten Donnerstag mochte sich Herr Stobbe fragen, ob er in seinen Reihen noch zehn Gerechte hatte.

13 Uhr. Spannung im Hohen Haus. Gedränge bei der Presse, Unruhe im Publikum, alle Plätze im Saal besetzt. Anders als das Theater hatte die Politik wenigstens in ihren Krisen ein volles Haus. Auftritt der Ex-Senatoren Lüder und Riebschläger. Warum sie nur immer lächeln mussten! Technokraten brauchten so wenig zu lächeln wie Computer, und als Technokraten waren sie angetreten, als Polit-Profis, die dem Berliner Filz, wenn sie ihm schon keine neue Duftmarke verpassen konnten, wenigstens die ärgsten Läuse austreiben sollten. Aber nun hatten sie auch gemauschelt und gedeckt und geschoben und gemauert wie die alten Bosse, nun hatte Lüder sich bequemen müssen, über politische Moral nachzudenken, und Riebschläger, auf den Posten des Fraktionsvorsitzenden gehievt und mit der Pfründe eines Vorstandsmitglieds der WBK versorgt, er hatte ein Debüt in

der Rolle des politischen Naivlings geben müssen: »Ich bin einer völligen politischen Fehleinschätzung erlegen.« Nun wieselte er zwischen den Bänken seiner Fraktion, und sein Lächeln wirkte so gefroren, als hätte er Paraffin gespritzt. Harry Ristock hingegen, der geschasste Bausenator, ein Mann, der wahrscheinlich nie begreifen wird, warum sich Kreuzberg 1980 nicht so düngen ließ wie die Blumenrabatte in seinem Schrebergarten, Ristock also in seinem zerknitterten Anzug erinnerte unter all den farblosen Figuren seiner Fraktion, wie er sich mit Küsschen und Schultertätscheln fortbewegte, an den berühmt-berüchtigtsten aller lebenden und toten Verdienten Bonzen des Volkes, an Bürgermeister Daley aus Chicago – ein Fels, an dessen geduldigem Fettgestein sich alle Kloakenwirbel gebrochen hatten. Ja, Ristock und Peter Glotz, der sich in Berlin zum Neuen Guru seiner Partei und, folgt man diesem Trend ins Transzendentale, zu ihrer Letzten Hoffnung gemausert hatte und dem Treiben dieses Nachmittags mit einem Mienenspiel folgte, das immer ein bisschen so wirkt, als hätte er es sich unter beträchtlichen Strapazen im Verfolg seiner Recherchen über die Jugendkultur in allzu verstunkenen Programm-Kinos beim Bogart-Betrachten erworben – Ristock und Glotz, im Typus diametral entgegengesetzt und damit in der politischen Logik die zwei Seiten ein und derselben Medaille, sie waren in jenem Augenblick die einzigen Männer in diesem verlorenen Haufen, der die Berliner SPD nunmehr in ihre dunkelste Stunde zu stoßen sich anschickte.

Bei der CDU sah man viele Anzüge in gedeckten Farben. Im Übrigen stellte sie den Präsidenten, Herrn Lummer, der nun in die Tagesordnung eintrat. Als er aber dem Abgeordneten Lekutat zu dessen Geburtstag die Glückwünsche des Hauses aussprach, erwies es sich, dass die Unruhe im Publikum nicht von ungefähr kam. Im Berliner Parlament sitzen nur Präsidium und Senat erhöht, die Abgeordneten, Presse und Publikum in dieser Reihenfolge wie Blöcke hintereinander auf gleicher Höhe, und bei entsprechend besetztem Haus ergibt sich bald eine drangvolle Enge und eine dem Filzmief ähnliche ›dicke Luft‹. Vielleicht war dem Bürger Kunzelmann diese Luft von vornherein eine böse Erinnerung an andre Düfte, vielleicht hatte er eine alte Aversion gegen Herrn Lekutat oder auch nur eine Verabredung zum Tee – jedenfalls erhob er alsbald seine den meisten Parlamentariern gewiss überlegene Stimme zu einem Schrei, der sich anhörte wie ein Angriffssignal der Filmindianer aus *General Custers letztes Gefecht*. Was folgte, kannten viele im Publikum, bei der Presse, ich bin sicher: auch unter den Abgeordneten, aus alten, fröhlichen Tagen, und es endete, wie es nicht anders enden konnte, unter den Fernsehkameras der *Abendschau* und den Polizeigriffen und dem üblichen Gejohl, mit Kunzelmanns Hinauswurf »nach Paragraph 83 der Geschäftsordnung«, die Präsident Lummer später auch noch gegen Fritz Teufel mit obligater Pappnase und Vertreter der Alternativen Liste mit obligatem Spruchband und Versgut anzuwenden beliebte: »Eins, zwei, drei, lasst die Leute frei!«

Gewiss. Nur: Nach einer halben Stunde stand ich wie gelähmt, und es war nicht nur der Mief, der in der Luft und der in der Tagesordnung. Sondern dies beklemmende Déjà-vu. Wird sich denn nie etwas ändern? Bei den einen nicht, bei den andern nicht? Die alten abgeleierten Rituale hier wie dort: »Herr Stobbe, Sie lügen!« – »Muss ich nach Paragraph 83 …« – »Meine Damen und Herren! Was wir heute hier …« »Eins, zwei, drei …« – »Zur Geschäftsordnung!« –»Alle Pappnasen raus!« – »Ich verbitte mir diese Unterstellung!« – »Alle Pappnasen dieser Welt!« Ja, Pappnasen, ihr habt sie alle auf; nehmt sie aber mal ab und fasst euch an das, was wirklich da ist, dann merkt ihr, wie ihr euch gleicht. Die Technokraten mit ihrer Politik und die Alternativler mit ihrer Anti-Politik, Kinder! Auch nur zwei Seiten derselben Medaille, und auf der steht: Eene meene muh, Müllers Kuh bist du. Aber der Staat ist keine Kuh, der Staat ist ein Konzept, er ist ein Konzept nicht für Pappnasen, sondern für eine Nation. Freilich, Konzepte gilt es zu entwickeln und auch durchzusetzen, im Vakuum verfällt die Gesellschaft. Ich sah zu, wie sie verfiel.

Stobbe. Um ihn ging es. Er hatte ja sogar ein Konzept, die *Zeit* hatte es heute auch veröffentlicht, er meinte, der Regierende, Berlin sei »trotz allem« noch regierbar. Allerdings hatte das Konzept einen unschönen Haken: Es stand seit vier Jahren zur Verwirklichung an, und Herr Stobbe stand nun vor keinem Neuen Ninive, sondern vor einem desolaten Senat, einer feindlichen Presse, einem Skandal, der womöglich nur die Spitze eines Eisbergs war, einem ganzen Stadtteil im Aufruhr, einer verunsicherten, resignierten, verbitterten Bevölkerung, einer Partei, die den Namen, den sie führte, kaum noch verdiente. Man konnte Sympathie mit ihm haben – er war, sicher viel zu jung, auf diesen Posten auch nur gekommen, weil seine Partei politisch und personell ausgebrannt war. Er hatte es mit einem Team aus Alt-Bonzen und Jung-Managern versucht, aber es erwies sich, dass ein Konzept, sobald es aus den Chef-Etagen in die Verwaltungsbüros gelangte, so verkam wie die Sprache, die dort gesprochen wird. Nach 30 Jahren war die politische Kaste in dieser »Demokratie« nicht mehr in der Lage, sich politisch gegen die Kasten der Produzenten und der Verwalter durchzusetzen. Der Kanzler hatte es weit von sich gewiesen, der Nation und ihrem Bedürfnis nach Werten Zeichen geistiger Führung zu setzen; er wollte nur der Macher in der Chef-Etage sein; aber auch wo es noch Zeichen politischer Führung gab, wirkten sie nur mehr wie unbeholfene Bewegungsversuche eines atavistischen Apparates. Hier, auf der regionalen und lokalen Ebene, zeigten sich die Krankheitssymptome des Systems ›Unser Staat ist eine Firma‹, dem sich, wenn die politische Führung versagte, eine geistige auch nicht mehr zeigen und eröffnen wollte. Und dann? Man konnte trotz des Miefs ein Frösteln bekommen; wenn sich das System nicht erneuern kann, ist es zur Dekadenz verurteilt – zu einer langen, schauerlichen, einer amerikanischen Agonie, ausgerüstet mit allen Waffenarsenalen der Apokalypse.

Der Regierende Bürgermeister wollte geliebt werden (er liebte ja schließlich seine Stadt). Auch nur den Hauch von Kritik erfuhr er – man sah es deutlich – mit allem körperlichen Schmerz des zurückgewiesenen Liebhabers. Und seine Partei litt mit. Kritik, gar Abwahl, war für sie »ein Schlag gegen die Demokratie«. Sie litt an ihrer Geschichte, sie litt an ihrer Führung, sie litt an sich selbst, nun litt sie auch noch an Liebesentzug. Schon bevor der Präsident das Ergebnis der Wahl für die fünf neuen Senatoren verkündete, wussten alle, was die Stunde geschlagen hatte. Es fehlten diesem Senat aber nicht bloß ein paar Stimmen von Desperados oder Ausgeflippten; es fehlten ihm zehn Gerechte.

Als das Feuer der Blitzlichter Stobbes Gesicht verwüstete, war er nur noch ein Loser wie wir alle, und ich ging. Draußen in der Wandelhalle verglomm in einem Ascher eine Zigarre. So, wie sie inmitten der Kippen und des Drecks lag, sah sie aus wie die letzte Zigarre, die der letzte Bonze beim sehr schnellen letzten Abgang zurückgelassen hatte – eine inszenierte Zigarre. Aber ich wusste, dass die Bonzen weitermachen werden, wie auch die Städte weitermachen werden, und wir in ihnen, in Berlin im Preußenjahr und lange danach und überall sonst, wenn der große Rauch vergangen ist und in den Ruinen einer die Stimme erhebt, zitternd vielleicht, aber sich zum Wohlgefallen: »Zur Geschäftsordnung!« Und ein andrer wird antworten: »Pappnase!«

(*tip* 3/1981)

Mit Sakko, Schlips und guter Laune

»Also, die große Tour«, sagt der Mann am Telefon, »die kostet bei uns 98 Mark. Da kriegen Sie aber auch eine Menge gezeigt, und das Gedeck ist natürlich inklusive.«

»Dann hole ich mir die Karte gleich am Montag.«

»Kennen Sie sich in Berlin aus?«

Ich druckse ein bisschen herum.

»Aber Meinekestraße/Ecke Ku'damm, das finden Sie doch?«

»Ja, sicher.«

»Gut.« Er sagt mir, wann er Mittagspause macht, und dann geht er noch einmal auf die Tour ›Berlin bei Nacht‹ ein und fragt schließlich: »Sie sind doch weltoffen?« Donnerwetter, denke ich; also da steht dir ja einiges bevor.

Am Montag gehe ich hin und finde ihn auch gleich, er ist nicht zu übersehen in seinem weißen Kittel, wie ein Drogist sieht er aus, der an der Straßenecke die neuen Antibabypillen verhökert, irgendwo in Kasachstan, er verhökert aber Sightseeing: »East Berlin, hier East Berlin, you English? Fransäh? Ich nix fransäh, er fransäh, komm, du kannst doch, ach, Sie sind das? Ja, die Große Nachtklubtour, unsere beste Tour überhaupt, am Donnerstag? Also da machen wir was ganz Spezielles, kommen Se mal hier mit, haben Sie es passend? Da machen wir das im kleinen Kreis, ganz exklusiv, bestes Publikum, Schauspielerinnen, ich sage Ihnen … Alles inklusive. Vergessen Sie den Schlips nicht. Sakko, Schlips und gute Laune!«

Am Donnerstag trete ich pünktlich an, aber außer mir ist vorläufig nur ein Reisender aus Hannoversch Münden da – »meine Kumpels kucken alle Fußball, aber heute spielen wir ja nicht, und wenn ich schon in Berlin bin, wo kommen Sie denn her?« – und wir warten etwas nervös, bis schließlich ein Herr auftaucht, der in Hannoversch Münden bestimmt als Lebemann durchginge: so soigniert blass um die Augen und dazu das weiße Haar, wo er doch höchstens Mitte 50 ist, ein Hauch von Bitterkeit um den weichen Mund. Er ist aber nicht der Reiseführer, schade, er sammelt uns nur ein, ein merkwürdiger Beruf immerhin auch dies, nach fünf Minuten hat er schon wieder Feierabend, da gleitet nämlich der Bus an die Ecke, einer von denen, die leicht hundert Leute fassen, und nun stellt sich heraus, dass wir nur zu sechst sind, zwei mittelalterliche Ehepaare aus England, der Mann aus Hannoversch Münden und ich und Maurice, unser Führer durch Berlin bei Nacht, Engländer auch er und zusammen mit dem Fahrer elf Jahre im Geschäft. Er stimmt uns gleich auf das Hauptthema dieses Abends ein, es ist aber nicht die Weltoffenheit des Nachtlebens, sondern die Krise: »Also noch letztes Jahr hatten wir immer 30, 40 Leute auf der Tour, aber heute drehen die Leute ihr Geld zweimal um, well, ich hoffe, wir haben trotzdem einen netten Abend.« Ich hoffe noch auf die Schauspielerinnen, es kommt aber keine. Wir fahren los.

»Ich bin ja Klempner«, sagt der Mann aus Hannoversch Münden, »eingeführtes Geschäft, wir merken von der Krise also noch nicht so viel. Außerdem, einmal im Jahr macht unser Stammtisch ein Fass auf in Berlin, da will ich doch nix von Krise hören, Sie?«

Ich höre den ganzen Tag nur noch Krise, Depression und Gift im Salat, in dieser Branche sind inzwischen ja anscheinend viele die reinen Experten im Raketenzählen und im Giftzählen geworden, ich möchte auch mal etwas anderes, und möglichst weltoffen. Da sind wir schon im Zoopalast und steigen aus, um die erste Etappe des Abends anzusteuern: das Hofbräuhaus.

Ich weiß nicht, wie die Engländer das finden, der Mann aus Hannoversch Münden amüsiert sich jedenfalls königlich in diesem Hofbräuhaus. Ich habe selten etwas Bizarreres gesehen. Die Kapelle sitzt ja mit dem Rücken zur Wand, aber die Gäste haben Blick auf die Gedächtniskirche, und mit den Tischreihen und den spärlichen Girlanden, den reifen Damen, die mit den reifen Herren schmachtende Blicke tauschen, dem stiernackigen Einzeltrinker, der wie ein Wärter aussieht, ein Affenwärter oder ein Irrenwärter, und dem betrunkenen Mann mit dem grünen Filzhut, der mit seinen Tanzeinlagen alle zum Lachen bringt, stellt sich das Berliner Hofbräuhaus wie eine Mischung aus Betriebsausflug der offenen Abteilung einer Nervenheilanstalt und Bayrischem Abend der Berliner Bereitschaftspolizei anno 1957 dar. Ich würde gern Maurice fragen, ob ich mir noch etwas Weltoffenheit für den späteren Abend aufheben soll, er hat sich aber, nachdem er uns je mit einem Hellen mit Schnaps bzw. einem Glas Mosel versorgt hat, an einen anderen Tisch verzogen und mit zwei Blondinen die Köpfe zusammengesteckt. Ich trinke den Schnaps. Ich hätte ja gern einen Obstler gehabt, es ist aber Kümmel. Ich weiß nicht, warum ich an Schulausflüge denken muss, organisiertes Leben, also versuche ich, mit den Engländern ins Gespräch zu kommen. Maurice hat ihnen ja schon klargemacht, dass bei uns jetzt die Krise greift, auch das Hofbräuhaus ist ja schlecht besucht, aber sie sind doch skeptisch: In der Krise sind die Engländer Weltmeister, und wenn ich mir ihre alterslosen Anzüge, ihre Zahnlücken, ihre mit Stärke aufpolierten Kragen betrachte und die beinharten Ladies an ihrer Seite, Maggie Thatchers eiserne Reserve, dann fürchte ich, wir wissen gar nicht, was eine Krise wirklich ist.

Ist die Krise nicht vielleicht auch eine faule Ausrede? Für Maurice ist sie jedenfalls ein willkommener Anlass, um Düsteres noch und nöcher auf uns abzuladen, speziell auf der Rundfahrt, zu der wir uns nach der Halben im Hofbräuhaus begeben, Berlin am Abend. Bundesverwaltungsgericht: »Und gerade heute hat dieses Gericht entschieden, dass die Peep-Shows geschlossen werden müssen«, Ernst-Reuter-Platz: »Ernst Reuter, Bürgermeister, als Berlin in Ruinen lag.« Schwangere Auster: »Vor zwei Jahren eingestürzt.« Reichstag: »Großes Monument deutscher Geschichte«, und man sieht ja um die Ecke, wohin sie geführt hat: »Die dritte Generation der Mauer.« Die roten Fahnen am Brandenburger Tor beeindrucken im Zwielicht, und auch die Fahrt zur Innenstadt zurück (»Hier wurde Stauffenberg erschossen«) pflastert Maurice mit Informationen, die einiger Aufmerksamkeit wert sind (»Die Schweizer sind die Einzigen, die heute noch Geld haben.«), aber als Einstimmung auf das Berliner Nachtleben käme ein Marlene-Dietrich-Schlager

(»Ich bin von Kopf bis Fuß auf Liebe eingestellt.«) doch besser. Der verhärmte Mond zwischen den Satelliten sieht auch schon nach Krise aus. Der Mann aus Hannoversch Münden rutscht unruhig hin und her.

Aber im ›La vie en rose‹ rutscht er nicht mehr hin und her. Da sitzt er ganz gespannt auf seinem Stuhl und vergisst sogar das Glas Sekt, das es hier für uns gibt, und er hat recht: Wo, wenn nicht hier, sollte die Weltoffenheit angesagt sein, wann, wenn nicht jetzt, ein bisschen Spannung in die Hose kommen? Oben im Europa-Center werden die Jeus gemacht, und hier unten im Keller gibt es auch ein Jeu, das erotische Jeu, und das ist genauso eine harte Arbeit wie das mit den Jetons und den Plaques – nur Greenhorns glauben, sie kämen mit einem Streich ans große Geld oder an die Königin der Nacht.

Besonders der Star der Truppe, eine große, schöne Engländerin, tut es uns an. Sie kann schon mit ihrer Stimme viel, und mit dem, was sie sonst noch kann, kann sie im Cabaret fast alles. Man kann den Damenimitator vergessen – der allerdings eine schön zynische *Tod in Venedig*-Szene genau auf der Rutsche zur Klamotte hält –, und man muss sich nicht unbedingt jedes der anderen Gesichter merken, aber die Engländerin! Die hat den gewissen Kitzel. Wie sie mit dem älteren und offensichtlich gut betuchten Herrn in der ersten Reihe umgeht, der heute Nacht noch abgezockt werden wird, das ist nicht unangenehm, das hat Stil – sie hält ihm in der Leder-Szene die Champagnerflasche mit der roten Flüssigkeit hin, er denkt, es ist vielleicht Erdbeerwein, Hausmarke Krimsekt, macht schon vorher ein ödes Gesicht, sie schnappt sich die Flasche: »*We drink only Campari*«, da ist eine Menge drin, und der Klempner aus Hannoversch Münden wischt sich den Schweiß von der Stirn.

Ein zusätzlicher Drink kostet 12,50 DM, und die Wasserhähne in der Toilette sind von Colani gestylt. Vielleicht sind die Pissbecken und die Klopapierrollen auch von Colani gestylt, vielleicht ist das ganze ›La vie en rose‹ von Colani gestylt, aber auf den Wasserhähnen ist sein Namenszug. Colani. Doll. Ich fühle mich selbst auch schon ganz gestylt und komme noch rechtzeitig zum Ende der Show. Als die Lichter an sind, werfen die Artisten eine Menge rosa Luftballons ins Publikum, und ich bin schon wieder mit dem Bizarren konfrontiert – etwa ein Dutzend meist älterer Herrschaften, die sich gegenseitig rosa Luftballons zuschnicken, und wenn die Engländerin das gemeint hat, als sie gesagt hat: »Jetzt geht eure Show los«, dann hat sie damit bei ihren Landsleuten eine Saite zum Klingen gebracht – oder eine Wunde berührt, wie man es nimmt. Denn die bisher so Stillen und Braven können überhaupt nicht genug Luftballons bekommen, sie veranstalten eine wahre Luftballon-Fiesta, sie wirbeln mit Luftballons, wackeln mit Luftballons, pusten, blasen, stoßen, kicken, köpfen die rosa Dinger über Sektkelche und Champagnerkübel, bis sie schließlich mit hochroten Köpfen und fliegendem Atem sich wieder um Maurice sammeln – *the show must go on*. Erstaunlich, diese Leute. Dagegen der Mann aus Hannoversch Münden: Er knöpft seine Jacke zu mit der selbstverständlichen Sicherheit eines Mannes, der weiß, was sein Geld wert ist, Krise zu Krise. Mark zu Mark.

Die hat er auch nötig, denn im ›New Eden‹ kosten die Drinks eine ganze Stange mehr, und der Mann aus Hannoversch Münden versichert mir ein ums andre Mal: »Scheiß der Hund drauf. Hier schlagen wir zu!«

Vorläufig schlägt aber die Truppe zu, und zwar mit viel nacktem Fleisch, solchem, das man gern ansieht – bei all der Joghurt- und Körnerkultur mag man doch wieder ein bisschen was Nahrhaftes dabei. Wie ich meinem Blick etwas Erholung gönnen will, fällt mir das Bildnis von Wilhelm II. an der Wand auf – bizarr, dieses Berlin bei Nacht, wohin man auch kommt. Die Show ist gute Laune, gewiss, aber mir werden allmählich die Augen satt, nach diesem gewaltigen Überblick aufs Große und Ganze, auf Tal und Berg, Burg und Zinnen samt wehenden Bannern, wäre einem jetzt ein Detail ganz lieb, etwas Naheliegendes wie ein loser Knopf, ein kleiner Finger, ein hübsches Knie. Oder die Rose, die röteste Rose des Rosenverkäufers. Ich kaufe sie. Meine Nachbarin hat ein hübsches Knie. Ich sehe es nicht, aber es gibt Sachen, die weiß man. Und wenn die Shows zu Ende sind, geht das Leben allemal weiter. Manchmal sogar ohne Schlips und Sakko: aber hoffentlich nicht ohne gute Laune.

(*tip* 16/1982)

Griechischer Stein

tip-*Kolumnist Caliban über einen Tagesausflug während seines Griechenland-Urlaubs – über einen Kapitän wie aus dem Bilderbuch, Touristen wie aus dem Bilderbuch, eine Insel wie aus dem Bilderbuch und einen Pelikan, der da überhaupt nicht hinzupassen schien.*

In der Nacht hatte der Meltemi zu blasen angefangen, der trockene Nordwind, der im Sommer die Ägäis beherrscht, und so wunderte ich mich nicht, als der Kapitän der »Naousa« morgens zu den Passagieren sagte: »*Sit down, please, the sea is a little rough.*«

Wir waren vielleicht drei Dutzend Touristen und Sommerfrischler vom Festland, gebucht für einen Tagesausflug Paros–Delos–Mykonos und zurück, und die meisten wollten natürlich auf Deck sein, möglichst an der Reling, im Fahrtwind, in der Sonne, und so lächelten sie nur zufrieden, als der Kapitän beim Auslaufen wiederholte: »*Please to sit down, please!*«

Der Kapitän war nämlich ein Bilderbuch-Kapitän – dunkel gebrannt, blaue Hose mit Bügelfalte, kurzärmeliges gestreiftes Hemd, schwarze Haare, die der Wind über die Stirn strich, Hakennase und grauer Schnurrbart, der über den Mundwinkeln schon weiß wurde – und sein Gehilfe und

Mädchen für alles war ein Bilderbuch-Gehilfe inklusive Pockennarben und hörte auf den Namen Manoli und rauchte ›Milde Sorte‹, weil das Leben nun wirklich hart genug war, und die ›Naousa‹ war ein Bilderbuch-Kaiki, das mit zehn Knoten durch den Meltemi schnitt, und es war natürlich ein Bilderbuch-Tag auf einer Bilderbuch-See, und später hielten sie sich fast alle an ihren Bilderbuch-Plastiktüten fest.

Waren wir Bilderbuch-Touristen? Es waren jedenfalls fast alle Stereotypen vertreten – der sportive Franzose, der so aussieht, als könnte er gegen Björn Borg über fünf Sätze gehen, und nachher hängt er als Erster an der Plastiktüte und ist ganz grün unter der braunen Haut; der forsche Engländer, der immer einen guten Rat für den Käptn bereit hat (»*Take her easy on the inside, old boy!*«); der smarte griechische Geschäftsmann, der sich auch mal einen Tag Erholung gönnt und dabei in einer alten Ausgabe von *Newsweek* jeden Artikel so liest, als wolle er ihn auswendig lernen; und die Jungvermählten aus Stade, die ihre Reiseführer studieren (»also auf Delos freuen wir uns richtig«), ihre Pflaumen penibel mit Wasser säubern (»also in Stade das PVC-Werk, ungut, ungut«) und überall, wohin sie kommen, Heimat bringen (»In Naousa ist es richtig gemütlich, nicht, Sabinchen?«).

Und in einer Ecke hinter dunklen Brillen Caliban und sein Kater.

Leute, die dabei waren, schildern es so: Als Griechenland den Sprung vom 19. ins 20. Jahrhundert, also den Sprung vom Einzelreisenden mit dem Homer im Rucksack zum Massentourismus für Individualisten machen wollte – von Schafskäse allein wird niemand mehr glücklich –, kam die damit beauftragte Reklamefirma zu dem Schluss, dass das Land einfach ein anderes Image brauchte – selbst Griechen fällt es schwer, die *Ilias* im Urtext aufzusagen. Das Ergebnis war natürlich der Film *Alexis Sorbas* oder *Sorbas der Grieche*, und wen störte es schon, dass Anthony Quinn ein mexikanischer Hollywood-Gringo war, der die Berge Makedoniens so wenig kannte wie Homer die altsprachlichen Gymnasien in BRD und West-Berlin? Selbst die faschistischen Militärs, die mit Hilfe der CIA nicht lange nach dem Erfolg des Films Griechenland ein ganz anderes Gesicht zu geben versuchten, konnten die Entwicklung nicht länger als sieben Jahre und ein paar tausend Tote aufhalten. Heute ist Athen eine der teuersten Städte der Welt, Griechenland zählt seine Touristen in Millionen, die neue sozialistische Regierung verteilt eine 23-prozentige Inflation, an vielen Stränden spült die See statt Muscheln und Tang Coladosen und Pampers an Land, und die alten Damen aus den Athener Vororten sehnen sich nach der guten alten Zeit zurück, wobei sie offen lassen, wie weit sie dabei zurückdenken – bis zum Sturz der Junta oder bis zu jenem unglückseligen Tag, da in den Kinos zum ersten Mal Anthony Quinn den Griechen spielte und in Millionen überzivilisierter Männlein und (vor allem) Weiblein der Wunsch wach wurde, ach, könnte ich nur einmal auch den Sirtaki tanzen?

Die Insel Mykonos hat heute – so heißt es – ein größeres Pro-Kopf-Einkommen als Kuweit. Sieh mal an, dachte ich, als ich das hörte – vom »einfachen Leben« kann man auch ganz schön reich werden. Das schätzte ich an den Griechen: Sie wussten seit langem, dass Geld allein auch nicht unglücklich macht. »Dadam … dadammm … da-da-

da-dam …« Vielleicht lag es auch am Meltemi, der die Steine so zurechtfeilte, dass in der starken Sonne ihre Glasierung glänzte wie Gold.

Die See war in der Tat »*a little rough*«. Der Kapitän rauchte jetzt Kette, er hielt sich an Papastratos Export, und zwar so, als wollte er einen Wettbewerb der Tabak-Industrie gewinnen: »Gesucht wird der furchtloseste Raucher Europas.« Mit einem Wort, er war ein Bilderbuch-Raucher, und als die See wirklich rauh wurde, zeigte er, dass er tatsächlich auch eine Art Bilderbuch-Kapitän war – er hockte auf einem Barhocker, gegen den Manoli beide Füße stemmte, und hielt, Zigarette im Mundwinkel, das Steuer mit beiden Händen gepackt, er ritt die See, er wohnte ihr bei. Und die See ließ sich reiten, sie stöhnte wohlig und seufzte innig, sie gab sich hin, sie streute ihren Schaum übers Schiff, und ich verstand, was die alten Griechen meinten, wenn sie von ihrer Liebesgöttin sprachen, »Aphrodite, schaumgeboren«.

Aber als es dann später von Delos nach Mykonos ging, auf dieser kurzen Strecke zwischen ein paar Felsen hindurch, zeigte sie dem Kapitän, wer wen beherrschte, sie schnappte sich seine Zigaretten und spritzte seine Passagiere nass, dass sie schrien, sie kippte seinen Barhocker um und klatschte ihm die Haare ins Gesicht, sie war eine Bilderbuch-See und ein bisschen mehr, und fünfzehn lange Minuten musste El Capitano ohne Zigarette auskommen. Ich wette, dass er bei seiner Frau nicht halb so lange pausiert.

»Jetzt müsste es doch kommen!«

»Das ist es ja auch!«

»Ich hab mir es viel kleiner vorgestellt.«

»Ich glaube, das ist es auch noch nicht.«

»Nach der Karte müsste es doch links sein.«

»Ach, du und deine Karte!«

»Siehst du, er biegt doch links ab.«

»Ja, aber jetzt rechts.«

»Tatsächlich – da ist es.«

»Bist du sicher?«

»Bei den Tempeln?«

»Du siehst ja ganz enttäuscht aus.«

»Ich versteh diese Karte nicht …«

»Vielleicht müsstest du sie verkehrt rum lesen …«

»Mensch, sieht das toll aus!«

Es war jetzt Mittag und so heiß auf Delos, dass die weißen Marmorsäulen und die braunen Kuppen der Hügel und die grünen Sträucher zwischen den Tempelresten alle wie von einem flüssigen Grau überzogen wirkten. Verbotstafeln verkündeten drakonische Strafen, falls man auch nur den unscheinbarsten Gegenstand mit von der Insel nahm, und der Mann, der in der Bretterbude am Eingang die Tickets verkaufte, sah aus wie einer der Pistoleros in einem Sam-Peckinpah-Film. Vom Set von *Alexis Sorbas* hätte man ihn verscheucht wie nichts Gutes mit seinen tückischen Augen und seinem fasrigen Schnurrbart und seinem lauten Hemd und seiner Gringo-Imitation: *»Eighty Drachmas – yeah!«*

Delos, diese fünf Quadratkilometer große, unwirtliche Düsternis inmitten der strahlenden Ägäis, ist, so will es die Mythologie, die Insel Apolls. Es war nämlich so, dass das Sternenmädchen Asteria, um den Nachstellungen des Zeus zu entgehen, sich in einen Stein verwandelte, der im Meer trieb. Und als der Göttervater, unersättlich wie alle Griechen (*»It's money and sex, sex and money for us«*, sagte Ion abends in der Taverne und zog mit den Blicken die Bedienung aus), sich mit Leto getröstet hatte, verbot seine Frau Hera dem ganzen Erdkreis, die Schwangere gebären zu lassen, nur Asteria erbarmte sich ihrer, tauchte aus dem Meer auf und wurde Delos, »die Sichtbare«. Als Heiligtum Apolls gewann dieser karge Fetzen Land für lange Jahrhunderte größere Bedeutung als alle mächtigen Nachbarinseln, eine »Mischung aus Lourdes und Tanger«, wie ein Reiseführer vermerkt, denn Delos war nicht nur heilige Insel, sondern auch Freihafen. Zu seiner größten Blütezeit lebten 30 000 Menschen auf Delos; an einem Tag wurden 10 000 Sklaven verkauft.

Ich versuchte mir das vorzustellen, indes ich zwischen Disteln und den Sockeln der Säulen herumstrich und auf die düsteren Hügel starrte, aber ich kam nicht weit. Was von unserer Phantasie noch nicht von den genormten Bildchen besetzt ist, mit denen unsere Bewusstseins-Industrie uns versklavt, das späht ja nur noch ängstlich in die Zukunft und sucht den Himmel nach Atompilzen ab. Vielleicht auch ganz gut so, dachte ich, als ich die Touristinnen zwischen den Säulen des Poseidon-Tempels für die Heimkino-Apparate ihrer Ehemänner posieren sah, bleiben wir, wenn wir an Griechenland denken, lieber bei Sorbas und Sirtaki, anstatt uns die Gemetzel auszumalen, auf denen diese Wiege Europas, der abendländischen Gesittung beruht. Freilich, wenn man die letzten marmornen Löwen betrachtete, musste man ahnen, woher wir gekommen sind (und gewiss auch, wohin wir gehen), aber besser vielleicht, es so zu sehen wie der deutsche Familienvater, Typ progressiver Zahnarzt, der zu seinen Lieben sagte: »Das Wesentliche haben wir jetzt gesehen – oder?«, es war aber keine Frage.

In Mykonos kostete der Kaffee mehr als in Athen – nur zu, dachte ich, lasst sie bluten. In einem Café kam ich mit einer Dame in weißen Gewändern ins Gespräch, die einen blauen Pudel auf den Knien hielt und von ihrer Icecream essen ließ, sie sagte: »Und Sie, was machen Sie hier? Sie gehören hier doch nicht hin.«

Und ich sagte: »Sie haben recht, Madame; mich hat Mr. William Shakespeare aus der Wildnis Patagoniens nach Europa geholt und am 1. November 1611 auf die Bühne des Londoner Whitehall-Theaters gestellt, und seitdem röchle ich in dreißig Sprachen: ›Ich muss gehorchen‹, und ›O Freiheit! Freiheit! Freiheit!‹«

Sie packte ihr Pudelchen und sagte: »Und beim Film werden Sie auch nichts werden«, und ging.

Ich fand dann doch noch ein freundliches Wesen auf Mykonos, es war ein alter, erbärmlich verschmutzter Pelikan unten am Hafen. Er stand tief im Sand neben einem fast ebenso schäbigen Ruderboot und fuhr sich mit seinen zerzausten Flügeln durchs Gefieder, und dazwischen sah er mich an, und es schien mir, als nicke er mir zu. Kein Wunder, dass die alten Griechen den Pelikan für die Verkörperung des Steins der Weisen hielten. Mir war, als hörte ich ihn das einzige Wort sagen, das mir für diesen wie für viele Tage das letzte vernünftige schien, da es alle Weisheit zu enthalten verhieß: »Eben.«

(*tip* 18/1982)

Wie es euch gefällt

Der unanständige Deutsche

Jörg Fauser über das umstrittene »Verbrecher«-Zitat des CDU-*Generalsekretärs und Bundesfamilienministers Heiner Geißler.*

Neulich erschien mir im Traum Heiner Geißler – ja, der heiße Heiner mit der Cäsarentolle und der Stentorstimme eines Heilsarmisten, dem die Gefolgschaft wegläuft – und drohte gleich: »Alle anständigen Deutschen distanzieren sich jetzt von der SPD – aber dalli, dalli!«

Nun war dies, ich gestehe es gern, das erste Mal, dass mir ein Leibhaftiger im Traum erschien – ich meine, ein leibhaftiger Bundesminister, und noch dazu der für Familie und Jugend. Jetzt geht es hart auf hart, dachte ich. Härte zehn, also fragte ich ohne Umschweife: »Ja, Herr Geißler, muss ich nun aber erst anständig werden und mich dann von der SPD distanzieren, oder werde ich durch das Distanzieren als solches – durch dieses unser Distanzieren – ein anständiger Deutscher?«

Aber das passte ihm nun gar nicht, er wurde ganz fuchtig, und wenn Sie Herrn Geißler schon mal erlebt haben, dann wissen Sie, was ich mit fuchtig meine, er belferte wie ein Dackel: »Da sieht man ja, wie auch bei Ihnen die materialistische Dialektik, der Marxismus Frankfurter Schule, ha!

Haben Sie überhaupt Familie? Das sieht man doch gleich! Also sputen! Sie haben noch eine Nacht! Distanzieren! Distanzieren!«

Und schon war er weg, mit dem Fallschirm wahrscheinlich, mit dem Starfighter, wie eine Wahllokomotive, der Dampf war überall, die heiße Luft. Mich hatte er aber tüchtig angesteckt mit seinem Tempo, mir blieb ja auch nichts anderes übrig, schon hatte ich Bonn an der Strippe. CDU-Zentrale, Konrad-Adenauer-Haus, das ist da, wo sein Enkel Helmut Kohl jetzt die Rabatte harkt und sein Generalsekretär, der heiße Heiner, mit dem Läusepulver tätig ist, mir beschied indes eine freundliche Dame: »Ja, am einfachsten wird es da doch sein, Sie treten gleich in die CDU ein, damit sind Sie dann automatisch ein anständiger Deutscher, soll ich Ihrer Frau auch gleich ein Formular mitschicken?«

»Ja, das geht tatsächlich so einfach? Und ich dachte immer, Filbinger wäre auch in der CDU …«

Ihre Stimme wurde merklich kühler. »Herr Ministerpräsident a. D. Filbinger ist schließlich auch Ehrenvorsitzender des Dachverbandes Besonders Anständiger Deutscher (DBAD) in der CDU …«

»Ja, ich verstehe. Aber ob ich gleich besonders anständig werden sollte, ich meine, ich mit meinen Büchern kann doch unmöglich so einfach Marinerichter werden … ich weiß nicht recht … und verheiratet bin ich ja nun auch nicht … gibt es denn nicht eine einfachere Möglichkeit, ich meine, die CDU ist schlussendlich doch auch eine demokratische Volkspartei …«

»Ich verstehe«, sagte die Dame und klang gleich wieder

eine Spur freundlicher, so was wie mich kannte sie schon, »warum erledigen Sie die ganze Sache nicht einfach mit einer Parteispende?«

»Ach nein, so geht das auch?« Mein Blick fiel ganz zufällig auf eine alte Nummer des *Spiegel*, ja, diese Manie mit den Printmedien, so wurde auch nie ein Postminister aus mir! Als ich das Titelbild sah, erbleichte ich, direkt am Telefon.

»Aber sagen Sie mal, bekomme ich da nicht furchtbare Umstände, ich meine, wenn ich da an Flick denke, plötzlich wird dann mein guter Name durch den Schmutz gezogen, und ich möchte Ihnen doch auch keine Umstände machen, also meinetwegen sollen die jungen Leute doch nicht den ganzen Staat in Bausch und Bogen … und Herr Geißler legte die Betonung doch sehr auf anständig!« Die Dame von der CDU hatte längst aufgelegt, aber nun war ich einmal in Fahrt und recherchierte knallhart durch. Soll ich verschweigen, was ich herausfand? Kommt nicht in Frage. Der Bundeskanzler sagt das ja auch, und zwar täglich: Wir müssen der roten Erblast ins Auge blicken! Also: Herr Dr. Sanitschewsky vom Hausbesitzerverband: »Alle Mieter wollen billiger wohnen! Unanständig durch die Bank!« Eine Frau Plötz-Niesgen vom Bundesverband der Industrie: »Denken Sie mal an, jetzt entlassen wir schon so viele Leute, und die anderen wollen immer noch Lohn! Direkt unanständig!« Ein Herr vom Bundesnachrichtendienst, dessen Namen ich nur in Anwesenheit des Innenministers preisgeben werde: »Das ist doch absolut unanständig, wenn die Leute verlangen, wir sollten auch so viele Maulwürfe wie die Tommies haben, nur damit das Niveau des neuen deutschen Spionageromans angehoben wird!« Eine Frau Dr. Dr. Nullinger von

Allensbach: »Der deutsche Wähler hat, unter uns gesagt – und dies ist off the record –, einen Grad von Unanständigkeit erreicht, den dieses unser Institut rechnerisch schon gar nicht mehr ermitteln kann!« Ein Herr Bahro von den Grünen: »Unanständig, was die Systemparteien da machen! Und noch mehr als das: falsch!«

Mir kam das plötzlich auch ganz falsch vor, was ich da machte. Es kam doch nur darauf an, die wenigen Deutschen zu finden, die noch anständig waren, die mussten mir doch einen Weg aus der Gefahr zeigen können, in die ich mich mit all meiner Unanständigkeit gebracht hatte. Und was lag näher, als bei der Regierung anzufangen?

Als die Feuerwehr mich schließlich vom Dach holte, wohin ich mich in meinem Alptraum geflüchtet hatte, ich weiß auch nicht mehr recht, warum, wollte ich Dachlatten – und wofür? –, brüllte ich in einem weg, und ich brülle es jetzt noch: »Lasst mich lieber unanständig bleiben!« Oh ja, ich hatte dort oben am Abgrund gestanden und dem anständigen Deutschtum ins Auge geblickt, und mir war, als ob meine Freunde schon mit dem Finger auf mich zeigen: Ich war verfemt. Da beschloss ich, Herr Geißler, lieber unanständig zu bleiben – und dafür keine Meineide zu schwören und mich nicht im Amt zu bereichern, keine Rakete aufzustellen und keine Überwachungskameras, und einen Verrat auch weiterhin einen Verrat zu nennen statt moralische Erneuerung. Der heiße Heiner hat sich seither nicht mehr bei mir gemeldet. Er hat wohl viel zu tun in diesen Tagen.

(*tip* 3/1983)

Einer, der es aushielt

Wie immer die Wahl am 6. März ausgeht – einer wird dem nächsten Deutschen Bundestag nicht mehr angehören: Herbert Wehner. Der »Onkel« war die umstrittenste politische Persönlichkeit dieser Republik.

Neulich war er noch mal im Fernsehen. Es geht ja nun überall um die Machtergreifung, Kinder, jetzt wird aufgearbeitet, also auch Herbert Wehner wieder im Spotlight: »Ja, Herr Wehner, wie war das nur möglich?« Und Wehner hielt noch einmal hin, im *heute-journal*, so bald kriegen wir das nicht mehr so zu sehen, ein deutscher Politiker, der noch aus einer Zeit stammt, als Politik bedeuten konnte, das Leben zu riskieren für eine Sache, die Gerechtigkeit hieß.

»Ich habe damals von Anfang an als Illegaler gearbeitet«, sagte Herbert Wehner, »ich war ein Verfolgter, ein Gesuchter«, das sind die seltenen Augenblicke, in denen man direkt glücklich ist, dass es Fernsehen gibt, Herbert Wehner, wenn er die Brille geraderückt und in die Kamera donnert: »Ich habe von Königsberg bis zum Saarland organisiert, die Verhafteten kümmern ja heute niemand mehr, das war meine Lage, ich kann über diese Zeit nicht fortgesetzt stammeln.« Es durfte natürlich die Frage nicht fehlen, ob er denn glaube, dass es wieder dahin kommen könne, und Wehner sagte:

»Politik hat nichts mit Glauben zu tun! Ich fürchte, dass es wieder zu Schwierigkeiten kommen wird«, dann legte sich der alte Fahrensmann noch einmal ins Geschirr: »Aber damals hatten die Arbeitslosen acht Mark fünfzig die Woche, das war das System!« Und der »bedingungslose Sozialdemokrat« (wie Helmut Schmidt ihn genannt hat) nahm auch gleich noch einmal die eigene Partei ins Gebet: »Kinder, gebt den Mut nicht auf und werdet nicht flach, kümmert euch!«

Alles, was danach noch über den Bildschirm flimmerte, war irgendwie *Dallas*; an diesem Abend zog man sich früher als sonst zurück, blätterte vielleicht noch in alten Schmökern, wie war das denn? Eine Revolution hat es nie gegeben in Deutschland. Dafür haben wir jetzt Herrn Kohl, der ungestraft behaupten kann, das mit den Nazis, das sei ja eine Revolution gewesen, und überhaupt – übers Wollen komme der Mensch ins Tun. Also Politik wieder als kapitalistische Räuberpistole; Herbert Wehner, war alles umsonst?

In den letzten Jahren war er merklich stiller geworden. Dass er nun nicht mehr für den Bundestag kandidiert (und sein Wahlkreis prompt an den Sonnyboy Klose fällt), löste auch kein Erdbeben mehr aus. In Parlamentsübertragungen sah man ihn noch auf seinem Platz ausharren, diesen demütigen Demokraten mit seinen Butterbroten, seiner Thermosflasche, der Aktentasche, die in Wehners Händen immer so aussah, als sei da auch alles für den Notfall drin, die Zahnbürste und die unentbehrlichen Dokumente für den Grenzübergang bei Nacht und Nebel. Er, der in diesem Parlament so lange ausharrte wie sonst niemand, war immer auch bereit, noch einmal mit diesem Auftrag in die bitteren Kämpfe unseres Jahrhunderts einzugreifen: »Unter Freiheit versteht er das gerade Gegenteil von Libertinage und Anarchie. Sie impliziere das Recht, und wo Recht ist, könne es liberalistisches ›*laisser-faire*‹ nicht geben, denn dieses erlaube jedem, seine etwaige Überlegenheit schrankenlos auf Kosten der Schwächeren auszunutzen. Ein Staat, dessen Recht der Freiheit aller dienen soll, habe Ordnungen zu schaffen, die selbst innerhalb der Notwendigkeiten und der Sachzwänge des Arbeitsprozesses allen ermöglichen, in ihrer Lebensführung zu verwirklichen, was die besondere Würde des Menschen ausmacht.« Man kann es natürlich auch knapper als Carlo Schmid so sagen, aufgepasst: Sozialismus ohne Recht ist Tyrannei. Wehners Ordnungsdenken war nicht jedermanns Sache, auch nicht in seiner Partei; aber solange er da war, konnten wir uns darauf verlassen, dass einer notfalls den Kopf hinhielt für diese Idee einer Ordnung, die allen dient.

Herbert Wehner geht; dabei hätten doch so viele gern gesehen, dass er in den Sielen krepiere, telegerecht; andere hätten ihn am liebsten auf ihre Weise liquidiert. Es dürfte ihnen manchmal schwergefallen sein, ihn ertragen zu müssen, nicht nur dem Abgeordneten Haase (Kassel) von der CDU: »Alter Bolschewist! Niederträchtiger Kerl!« Für sie war der Mann ohnehin ein Top-Agent des Kreml, dem Stalin noch das Szenario entworfen hatte. Maulwurf Wehner, Beelzebub Wehner, Satan Wehner: Deutschlands politische Rechte pflegte dieses Feindbild wie eine Ikone. All denen, die Willfährigkeit und Anmaßung, Demütigung und Prügel zu ertragen haben, war Wehner ein Vorbild: Man kann sich nämlich auch wehren. Ein Beispiel von vielen, aus seiner

Bundestagsrede vom 13. März 1975: »Wer einmal Kommunist war, den verfolgt Ihre gesittete Gesellschaft bis zum Lebensende, und wenn es geht, lässt sie ihn auch noch durch Terroristen umbringen. Das weiß ich, das ist so, und deswegen habe ich damals Kurt Schumacher gesagt: Die werden mir noch die Haut vom lebendigen Leibe abziehen. Da hat er mir gesagt: Und du bist einer, der das aushält, und du musst hier sein.« Solange er es aushielt, hat er es ihnen nicht leicht gemacht, denn Politik war für ihn doch wohl etwas anderes als das Ölen von Maschinen, und ist das Kännchen leer, ab zu Flick und das Bare quittieren. Wahrlich, auch Wehner konnte, wenn es ums Ganze ging, tief in den Dreck greifen: Einer muss für alle gehen. Ekel Herbert wusste, dass es mit dem berühmten Bohren der politischen Bretter auch nicht immer getan ist, manchmal muss, Partei steh uns bei, auch der Hobel her, und da haben wir dann die Späne. Betrachte ich mir freilich die Gesichter derer, die jetzt die zu bohrenden Bretter unter sich verteilen, dann sehe ich hinter all ihren Lachfältchen und Lausbubenäugchen die kalte Arroganz von Manipulateuren, die auch nur manipuliert werden, ich sehe die Techniker des Sonnenstaates mit einem Gewissen, so leer wie ihre Rhetorik; bei Wehner sah ich Leid, nämlich Geschichte, unsere, meine Geschichte. Mag ja sein, dass dies alles schon mehr als vergangen, nämlich vergessen ist, mehr als vergessen, nie vorhanden war, dies erklärt vielleicht Wehners Bitterkeit, aber erklärt es meine Trauer? Ab und an sollten wir uns in jenen Jahren, die heute noch unsere Zukunft sind, an Herbert Wehner erinnern und daran, dass Demokratie eine Sache war, um die es sich zu kämpfen gelohnt hätte, damals, als sie uns weggenommen wurde, und wie haben wir noch gelacht, weil es so lustig dabei flimmerte.

Aber am 6. März wird ja gewählt.

(*tip* 4 / 1983)

Die geistige Erneuerung

Der neokonservative Bunte-*Kolumnist Gerd-Klaus Kaltenbrunner sorgt sich um die heile Welt in diesem unseren Land …*

Seit dem 1. Oktober 1982 habe ich sie gesucht. Der Tabakwarenhändler rief: »Ich weiß auch nicht, wo sie ist! Die Leute steigen auf diese Billigheimer um, wo bleibe ich?« Eine Hausfrau bei Bolle verstand ich dahingehend: »So wohlfeil wird das Obst nicht mehr! Ich koche gleich bis 1984 ein!« Oldtimer bei der SPD versicherten glaubhaft: »Wenn das schon so losgeht, wird das die gröbste Schmutzkampagne seit 1933!« Noch im November beklagte ein Verleger anlässlich einer Podiumsdiskussion das baldige Ende der Kultur: »Ich sage nur: Thomas Mann! Und wo bleibt die politische Essayistik?« Autorinnen und Autoren, die ich um Rat bitten wollte, waren gar *incommunicado*: längere Landaufenthalte, unaufschiebbare Lesereisen, oder sie schwiegen schon wieder, als ich aber alle Hoffnung aufgegeben hatte, saß ich neulich beim Zahnarzt, und siehe, ich wurde fündig, ich schlug ein Druckerzeugnis auf, Burdas *Bunte* aus Offenburg, und da, auf der vorletzten Seite, da war sie! Für 2,50 DM kann man sie kaufen! Nein, nicht die Nacktaufnahmen von Prinzessin Caroline und auch nicht die geheimen Tagebücher von J. R., sondern die geistige Erneuerung.

In der *Bunten* gibt es nämlich eine Rubrik, die heißt »Im Brennpunkt«, und dort schreibt – neben Peter Boenisch und anderen Cracks der Medienrepublik – der 43-jährige, in Wien geborene Publizist Gerd-Klaus Kaltenbrunner. Älteren, zeitgeschichtlich Belasteten mag bei diesem Namen ein Schauer über den Rücken laufen, damit hat dieser Kaltenbrunner aber gar nichts zu tun; es genügt völlig, läuft uns Jüngeren ein Schauer über den Rücken, wenn wir inskünftig das publizistische Werk Kaltenbrunners und seine Medien-Karriere verfolgen. Gerd-Klaus Kaltenbrunner – Herausgeber der Reihe Initiativen in der Herder-Bücherei (von ihm gern »meine Privat-Universität« genannt) und Mitglied des PEN-Clubs Liechtenstein – gilt nämlich als »führender europäischer Konservativer«, und wenn der Burda-Konzern – dessen Fusion mit Springer ja nicht nur eine Frage der Zeit, sondern der politischen Mehrheitsverhältnisse ist – die Kolumnen dieses politischen Essayisten in Millionenauflage unters Volk bringt, dann ist darin weniger eine Hommage an das literarische Leben in Liechtenstein zu sehen als vielmehr die ideologische Einstimmung des Massenpublikums auf den Klassenkampf von oben.

Dabei geht der Lockenkopf, der im TV so a liabs Bürscherl abgibt, durchaus gern mit der Brechstange vor: »Manchen Intellektuellen in unserem Land fällt es zunehmend schwer, zwischen Gut und Böse zu unterscheiden. Deshalb ziehen sie über die Amerikaner her und lassen die Kommunisten in Frieden.« Was umso schlimmer ist, weil: »Der Intellektuelle ... genießt inzwischen eine moralische Autorität, wie sie früher einmal hohen Offizieren, erfolgreichen Unternehmern oder genialen Chirurgen wie Sauerbruch zugebilligt wurde« (1.4.82). Das ist keineswegs der Aprilscherz des Jahres; diesem Publikum gegenüber ist es die durchgängige Methode. Natürlich ist Kaltenbrunner auch ein radikaler Tabubrecher in Sachen Entspannungspolitik, *diesem* Intellektuellen ist der Kasinoton jedenfalls nicht fremd: »Es kommt nicht darauf an, dass wir den Kalten Krieg verhindern. Es kommt darauf an, dass wir ihn *gewinnen*« (18.2.82). Wie wir das anstellen sollen, verrät der Stratege noch nicht, damals kam es ja auch darauf an, den schlappen Sozis zu zeigen, dass ihre moralische Autorität am Ende war; an die Alternative Kohl glaubte unser PEN-Mitglied wohl nicht so recht. Im Sommer bestellte er aber schon fleißig das ideologische Terrain: »Ist es eine Schande, neo-konservativ zu sein?« Bei einem raschen Rundblick gewann der Mann aus den Alpen die blitzsaubere Erkenntnis, die wahren Konservativen seien die SPD, die Gewerkschaften, die Linken überhaupt, die – wie das die Konservativen so zu tun pflegen – den Staat ruinieren, das Geld entwerten und uns in Bürokratie ersticken. Aber das Heilmittel war schon gefunden: »Wenn wir politisch, wirtschaftlich und geistig nicht völlig stagnieren wollen, dann brauchen wir ketzerische, illusionslose, kritische, zukunftsoffene und entscheidungsfreudige Neo-Konservative, die vor den Tabus der etablierten Macher keinen Bückling machen« (8.7.82).

Vierzehn Tage nach Kohls Kanzlerwahl lieferte Kaltenbrunner dann nach, was der Oggersheimer in der Regierungserklärung auszulassen gehabt hatte: den Sportpalast-Touch. »Notwendiger noch als die neue Regierung«, schrieb der Ketzer, »ist jetzt ein moralischer, ein geistes-politischer Neubeginn: eine tiefgreifende ›Kulturrevolution‹ aus dem Geist eines fantasiebegabten und schöpferischen Konservatismus.« Und weil Burda schließlich weiß, wem er seine Produkte verkauft, hieß es auch gleich bei seinem Kolumnisten, an die Adresse der kleinen Leute, die nun wieder draufzubuckeln haben: »Wir müssen dem Leichtsinn zügelloser Begehrlichkeit entsagen. Es ist höchste Zeit, dass wir die Allüren anspruchsvoller und verzärtelter Säuglinge ablegen.« Es war eben schon immer etwas teurer, konservativ zu sein. Und noch ein Beispiel für das neo-konservative Argument im Atomzeitalter: »So wie manche Strahlenschädigungen manchmal erst nach dreißig oder vierzig Jahren akut werden, so werden gewisse Versäumnisse und Fehlhaltungen der letzten Regierung sich erst in den kommenden Jahren auswirken« (14.10.82). Es gehörte schon immer etwas dummdreiste Frechheit dazu, soziale und demokratische Kräfte in diesem Land verächtlich zu machen. Kaltenbrunners Frechheit ist neo-dummdreist. Die Atomlobby wird's weniger gefreut haben.

Dennoch – dieser wendige Alpenländler wird eine steile Karriere machen. In den neuen Medientrusts werden es genau solche gewichsten Lackl sein, deren Knödelhirne – *their master's voice* – fürs Geistige zuständig sind. Sage dann bloß keiner von den anderen, er habe doch nur von Hubert Burdas Petrarca-Lorbeeren kosten wollen, als er die Hand nach dem Scheck ausstreckte. Im Jahr des großen Hitler-Revivals sind die Methoden der Einschüchterung, der Verdrehung und der Manipulation so verfeinert, dass der Vergewaltigte sich für den Verführer hält und der Verführer für den Befreier, ein Liechtensteiner PEN-Mitglied die Kulturrevolution ausruft und die *Bunte* das Forum der geistigen Erneuerung ist. Aber uns werden noch ganz andere Zähne gezogen werden.

(*tip* 5/1983)

Clint Eastwood ist Hamlet

Warum eine Geschichte über den US-*Schauspieler Clint Eastwood und ein von ihm finanziertes Unternehmen in der* Bangkok Post *steht und nicht im Feuilleton der* FAZ.

Es muss ein seltsamer Trupp gewesen sein, der am 27. November des vergangenen Jahres über den Mekong setzte und im dichten Urwald des kommunistischen Laos verschwand – vier Amerikaner in Uniformen der vietnamesischen Volksarmee und vierzehn laotische Söldner. Für ihren Anführer, den 43-jährigen früheren Oberstleutnant der berüchtigten Green Berets, James G. »Bo« Gritz, einen der höchstdekorierten Veteranen des Vietnamkrieges, interessieren sich inzwischen die Regierungen mehrerer südostasiatischer Länder. Gritz hat es sich zur Aufgabe gemacht, kriegsgefangene Kameraden, die von der US-Regierung offiziell als tot oder vermisst geführt werden, aus Lagern in Vietnam und Laos zu befreien. Finanziert wurde diese ›Operation Lazarus‹ von Hollywood-Star Clint Eastwood, der Gritz die Buch- und Filmrechte an seiner Mission für 30 000 Dollar abkaufte, und so las sich denn auch der Bericht des Reporters der *Bangkok Post* (deren Wochenendausgabe vom 6. Februar 1983 ich diese Story entnommen habe) wie die drehbuchreife Synopsis eines Action-Films.

Zitat: »›Es ist ein guter Tag, um zu sterben‹, sagte Bo Gritz, als er und seine siebzehn Männer über den Fluss setzten. Und wenn das wie ein Clint-Eastwood-Streifen klingt, dann ist es auch so gemeint.«

In den Wochenendbeilagen und Feuilletons westdeutscher Blätter würde man solche Geschichten vergeblich suchen, und das ist auch kein Wunder – was in ihnen aufbereitet wird, das ist die sterile Kopf- und Zopfwelt einer von Feminismus und ähnlichen Gesinnungsdiktaturen genormten Kultur, aus der längst alles getilgt wurde, was Männern einmal Spaß gemacht hat. Abenteuer, Leidenschaft, Exzess, Sünde, Todessehnsucht, Killerinstinkt, Gier, Hass, Rausch – in der kleinen gezähmten Welt des institutionalisierten westdeutschen Kulturbetriebs müssten solche archaischen Formen menschlichen Verhaltens so heillos wirken wie ein Barrakudaschwarm in einem Forellenteich – oder wie Clint Eastwood als Hamlet in einer Aufführung der Berliner Schaubühne. Dabei ist es doch so: Clint Eastwood *ist* Hamlet. Er ist es für alle, die vor dem Gesinnungsterror der etablierten Gremienkultur ausweichen müssen in die Nachtvorstellungen und die Rockkonzerte, in die Fußballarenen und die Krimireihen, wo man weiß, dass das Leben etwas anderes ist, als Horst-Eberhard Richter oder Helma Sanders-Brahms es uns weismachen wollen.

Halte ich hier, wird sich Klaus Wagenbach nun fragen, ein Plädoyer für den »Kunst«-Bauer, in welcher Menschenspezies der von uns allen geschätzte Verleger einen der Verursacher für die von ihm und vielen seiner Kollegen oft und gern beschworene Misere der politischen Kultur, des Verlagswesens und verwandter Formen des bürgerlichen

Verkehrs ausgemacht hat? Nein, so einfach will ich es mir nun doch nicht machen. Man muss sie ja verstehen, unsere gestandenen Aufklärer. Da haben sie nun gewirkt und getan und aufgeklärt über Jahrzehnte, über Jahrhunderte, und was kommt jetzt daher? Ein Volk von »Kunst«-Bauern, von künstlichen Idioten, die sich lieber die Fernsehcomics reintun als so anregende Bücher wie Negris Buch über Spinoza. Allerdings kann Wagenbach nicht so arg viele von ihnen kennen, sonst wüsste er ja, dass es sich dabei keineswegs um »Kunst«-Bauern, um »künstliche« Idioten handelt, sondern schlicht um Vollidioten, wie Eckhard Henscheid sie ganz richtig genannt hat. (Wagenbach gab ja, in seinem *tip*-Interview, auch sonst reichlich weltfremde Einschätzungen ab, indem er z. B. behauptete, das, was heute deutsche Literatur sei, komme zum überwältigenden Teil aus den 60er Jahren – auf die Dauer kann so einen Scheiß wirklich niemand mehr hören.)

Nein, kein Plädoyer, sondern nur folgende Beobachtung: Ich schalte irgendwann einmal dieses Dritte Programm ein, *Autor-Scooter* nennt sich die ungemein anregend gemachte Sendung. Da saß nun ein netter Herr aus der Schweiz, es wurde auch ein Film gezeigt, in dem man bestaunen konnte, wie dieser wirklich ungemein sympathische Autor mit dem Fahrrad durch seinen geradezu idyllisch anmutenden Wohnort fährt, und teils beantwortet er Fragen aus dem Publikum, teils auch solche, die Zuseher stellen konnten, teils aber die Fragen, die ihm ein offensichtlicher Literaturexperte und gründlicher Kenner seines übrigens relativ schmalen Werkes (lachend gestand nämlich der recht bekannte Autor, er sei eigentlich sehr faul – ich sagte ja: ungemein sympathisch!), im Hauptberuf Lektor des Wagenbach Verlags, zu stellen wünschte, und über all diesen artigen Plaudereien kam man auch dazu, sich das Publikum genauer zu betrachten, und siehe – sie schliefen alle mit offenen Augen. Und das waren nun doch bestimmt keine Vollidioten, keine »Kunst«-Bauern! Ich fand, es ergab sich Folgendes daraus: Das, was die Leute, die bei uns die Kultur machen, aus der Kultur machen, ist so unendlich gut gemeint, so absolut unerträglich wohlanständig, so bodenlos langweilig, dass es zum Lachen wäre, wenn es nicht zum Weinen sein müsste – denn irgendeine Art von Kultur, von Kunst meinetwegen, muss schon sein, wenn wir vom Leben mehr Unterhaltung und Moral und ästhetischen Genuss erwarten als Helmut Kohls gesammelte Reden oder Margarethe von Trottas filmisches Œuvre.

Lasst uns also endlich Clint Eastwood als Hamlet haben – als Bo Gritz haben wir ihn ja schon. Ich sage das für alle Kultur-Proletarier, die, wie ich, das machen müssen, was wir machen, weil man uns sonst nichts machen lässt. So viele Nächte hat unser Leben nun auch wieder nicht, dass man uns ewig mit der Nachtvorstellung abspeisen kann. Macht diese eure Kultur ruhig weiter, aber verzichtet endlich darauf, uns mit ihr anzuöden, und richtet all euer ödes Trachten auch weiterhin auf alles, was euch lieb und teuer ist, *Aspekte* und *Titel, Thesen, Temperamente, Autor-Scooter* und *Litera-Tour*, das Feuilleton der *Zeit* und die »Bestenliste« des *Südwestfunks*. Wenn euch breitgetretener Quark so gut schmeckt, dann tretet nur weiter, lehnt die Schultern ans große Rad – aber schimpft nicht auf leere Kassen und leere Hirne, wenn doch alles, was gebraucht wird, eine leere Seite ist, die einer in die Maschine spannt, und so viel Phantasie, um hinzuschreiben: »›Es ist ein guter Tag, um zu sterben‹, sagte Bo Gritz, als er über den Mekong setzte …«

(*tip* 6/1983)

Seltsame Welt

Die Tagesschau *der* ARD *gehört zu den wichtigsten Nachrichtensendungen des deutschen Fernsehens.*

Du hast den Tag hinter dir, soso lala, jedenfalls scheinen deine Organe halbwegs zu funktionieren und die Apokalypse spielt noch Pingpong mit dem UvD der Todesschwadron, alles paletti also – und im Eisschrank gibt es sogar noch ein Bier. Feierabend. Bevor du dich nun ins Nachtleben stürzt, auf die Lektüre von *Chemie in Lebensmitteln* oder gleich in den Tiefschlaf, willst du natürlich als systemerhaltender Staatsbürger und gebührenzahlender Fernsehteilnehmer wissen, was denn so los ist in der Welt, die dort vorn an der Ecke beginnt, wo die Sirene heult, und irgendwo endet, wo auch eine Sirene heult – und dazwischen haben die deutschen Fernsehsysteme ihre Korrespondenten und ihre Stationen, ihre Sender und ihre Verwaltungstrakte. Seltsame Welt.

Ja, und seltsame Welt, sagst du, wenn du den Kasten anstellst: *Tagesschau*. Das geht dann so: Da sitzt ein meist graumelierter Herr im konservativen Dreiteiler (es kann aber auch eine leicht wächsern wirkende Dame von gnadenlosem Blond sein) und liest die Nachrichten mehr oder weniger fehlerfrei – immer aber mit einer Miene, die irgendwo zwischen falschem Pathos und künstlicher Leichenstarre liegt – vom Blatt ab; dazu werden Bilder gezeigt, Filmschnipsel oder auch Standphotos, Weltkarten oder Graphiken, die in irgendeinem Zusammenhang mit dem Gesprochenen, um nicht zu sagen: Verkündeten, stehen sollen. Überraschend genug für ein Medium, das sich Fernsehen nennt: Die Sprache überwiegt eindeutig. Da haben wir den Sprecher, dann die Interviewer mit ihren Politikern (manchmal scheint der Interviewer dem Politiker zu gehören, manchmal ist es umgekehrt, auf jeden Fall handelt es sich hier um ein parasitäres Wirtsverhältnis, das gestandenen Biologen die Schamröte ins Gesicht treibt), wir haben den Korrespondenten mit wehendem Schlips, Pelzmütze, im offenen Hemd, je nach Drehort, es folgt dann auch gern ein Kommentar, im Studio gefilmt und infolgedessen sprachmächtig und sprachgeil das ganze Bild ausfüllend, jedenfalls ist es so, dass zu einer schon verwirrenden Abfolge zusammenhangloser Bilder eine Wortsuade, eine Sprechblasenorgie gehört, die dich zuerst nervös macht, dann gereizt, dann hektisch, schließlich schlaff und endlich so stumpf, dass du mit allem zufrieden bist, was nun folgt. Und das ist dann gern das ›Heitere Beruferaten‹. Und warum nicht?

Ich habe einen Test gemacht. Ich habe an einem beliebigen Tag und im Vollbesitz meiner Konzentrationsfähigkeit die *Tagesschau* verfolgt und sofort danach aufgeschrieben, was mir noch im Gedächtnis geblieben war. Die Sendung war gegliedert in 16 Berichte (meistens sind es weit mehr): Volksbefragung. Kabinettssitzung. Vogel. Die Grünen. Verkauf von Telefunken, Tarifverhandlungen, Tabatabai-Prozess, Militärhilfe für El Salvador, der Papst in Belize, Papstbesuch in Polen, die Lage in Polen, die Flucht Nkomos, ein Grubenunglück in der Türkei, Attentat auf den türkischen Botschafter, Massenkarambolage auf der Autobahn, das Wetter. Aber schon wenige Minuten danach hatte ich alles vergessen bis auf die Mitteilung, dass zum ersten Mal bei einer Kabinettssitzung Sekt gereicht wurde, den Verkauf von Telefunken, Lech Wałęsa, der in einem Auto saß und sagte: »Die Mächtigen halten ihr Wort nicht«, und ein Bild des Trauerzuges der türkischen Grubenarbeiter – ein Polizist befahl zwei Arbeitern, mit ihrem Kranz zwei Schritte nach rechts zu rücken. Gewiss – so was behält man sich. Aber in welchem Zusammenhang steht es? Und müsste nicht der Satz Wałęsas der erste sein, der in so einer Sendung kommt, müsste er nicht das Leitmotiv jeder Nachrichtensendung sein, bei der nicht die Wörter der Politiker, sondern ihre Taten im Mittelpunkt zu stehen hätten?

Ja, der Zusammenhang, denkst du; denn für dich steht außer Frage, dass bei allem desperaten Irrsinn eine Klammer diese Welt der *Tagesschau* zusammenhält, und diese Klammer ist der Kampf einiger Machtsysteme um die Macht – und die Versuche hier und da und meist weit entfernt von den Kameras der Fernsehsysteme, die Mächtigen zu Fall zu bringen. Und dann gibt es noch andere Klammern, die die Menschen zusammenhalten, dies sind dann allerdings Klammern, die in der Welt der *Tagesschau* so gut wie gar nicht vorkommen, obwohl auch sie ihren Nachrichtenwert haben – das, was die Zeitungen unter ›Vermischtes‹ bringen, der Stoff, aus dem alle Künste blühen. Und da willst du nun nicht hören: dafür ist doch *Titel, Thesen, Temperamente* da; sagst du nur: So?, und holst noch ein Bier.

Nein, man könnte diese Sachen doch viel besser machen. Warum nicht, wenn es schon Herren sein müssen, zwei oder drei, die sich abwechseln beim Vorlesen, die auch mal eine lockere Bemerkung machen. Engländer können das, Amerikaner, Österreicher; warum wir nicht? Und wenn schon so unnahbare Blondinen, warum dann nicht eine, die wie Catherine Deneuve aussieht – bei ihr würde man die größten Katastrophen willig akzeptieren. (Und von dieser Stelle ein Gruß an die Schönheiten der *Aktuellen Kamera* des DDR-Fernsehens, welches Ereignis können sie aus der Kartoffelernte in Mecklenburg machen!) Warum so viele Dreißigsekundenspots, die jeder sofort vergisst, und nicht stattdessen wenige und dafür zusammenhängende Informationen? Warum nicht weniger Geschwätz, dafür mehr Bilder – ich vergesse jedes Wort des Sprechers, aber vielleicht vergesse ich nicht das süffisante Grinsen Genschers, den Zorn in Wałęsa Augen, jene Szene in der türkischen Grubenstadt? Wenn wir euch schon bezahlen, meine Damen und ihr Herren im öffentlichen Dienst unserer Rundfunk- und Fernsehapparate, dann können wir auch die Leistung verlangen, die von Privaten Bezahlte anderswo auch zu bringen haben – sonst fällt auf euer Monopol ein böser Schatten, der Schatten des Verdachts.

Was zwischen euch und der Welt steht, die eure Zuschauer erleben, bevor sie sich zur *Tagesschau* setzen, ist letztlich die Arroganz der Monopolisten, es verbindet euch diese Arroganz mit den politischen Monopolisten, die ihr angeblich so kritisch durchleuchtet; erst ein Wahlmoderator Nowottny macht so richtig deutlich, was mit Wende gemeint ist. Schnösel bleibt Schnösel, und öffentlich-rechtliche

Anstalt bleibt öffentlich-rechtliche Anstalt, es sei denn, man entzieht jenem die Sendezeit und dieser die Sendeerlaubnis. Freilich, eine brauchbare Alternative ist nicht in Sicht, und so bleibt es dabei – seltsame Welt, sagst du, machst den Kasten aus und greifst zu den althergebrachten Drogen.

(*tip* 7 / 1983)

Der Fragebogen

Mit der Härte des Gesetzes sollen freie Bürger zur Räson gebracht werden.

Als die Amerikaner nach dem Krieg aus Westdeutschland eine Demokratie machten, wollten sie die Deutschen zunächst einmal gründlich erforschen. Zu diesem Zweck ersannen sie einen Fragebogen, den die Militärregierung im Zuge der ›Entnazifizierung‹ jedem unter ihrer Herrschaft lebenden Westdeutschen vorlegte. Wir verdanken es dem Schriftsteller Ernst von Salomon, der seine über alle Maßen ausführlichen Antworten zu einem autobiographischen Bestseller *(Der Fragebogen)* zusammenfasste, wenn auch uns Jüngeren, denen die Besatzungsmacht ihre Fürsorglichkeit damals eher mittels Schokolade und Milchpulver demonstrierte, heute dieser Fragebogen noch zugänglich ist – und ich für meinen Teil habe doch so meine Zweifel an unseren amerikanischen Paten, wenn ich mir in Erinnerung rufe, dass damals auch gefragt wurde, was im November 1932 und im März 1933 gewählt wurde; in der deutschen Republik pflegten Wahlen geheim zu sein.

Es war also ein Fragebogen, der an der Wiege der zweiten deutschen Republik stand, und so ist es nicht weiter verwunderlich, wenn dieser Staat seinen Bürgern von Zeit zu Zeit mit neuen Fragebögen kommt, Stichwort: Volkszählung. Nun ist der Ausdruck ›Volkszählung‹ ein irreführender Begriff für das, was die Bundestagsabgeordneten im letzten Jahr einstimmig zum Gesetz gemacht haben und was in den kommenden Wochen von den Behörden durchgeführt werden soll. In der Antike, als der römische Staat solche Zählungen zum ersten Mal in großem Stil organisierte, gab es weder Einwohnermeldeämter noch überhaupt all jene Formen und Methoden staatlicher Erfassung und Kontrolle wie heute. Ginge es nur darum, die Häupter seiner Lieben zu zählen, dann müsste der Staat nicht im Jahr 1983 wie zu Kaiser Augustus' Zeiten seine Abgesandten von Haus zu Haus schicken. Wenn er mich also nicht nur zählen will, was will der Staat noch von mir wissen? Und wozu?

Da ist zum Beispiel die Religionszugehörigkeit – obwohl doch Einwohnermeldeamt wie Steuerbehörden genau wissen, ob und welcher Kirche ich angehöre. Gehe ich also fehl in der Annahme, dass hier die Behörden ganz im Sinne der Heroldschen Definition des BKA als einer sozialhygienischen Präventivpolizei ein Auge auf bestimmte städtische Gegenden mit hohem Anteil von nicht Kirchlich-Gebundenen (oder Moslems, Juden, Wiedertäufern) zu werfen geneigt sind? Da ist aber der Stern am Mantelkragen nicht mehr weit.

Nun hat der Innenminister Zimmermann gerade beschwörend erklärt, ein Missbrauch der Daten sei auszuschließen, und es gehe im Übrigen nur um die Statistik, damit nämlich der Staat wisse, wo Straßen fehlten, wo Ballungsräume und Sanierungsgebiete entstünden. Ganz davon abgesehen, dass man sich bei solchen Erklärungen fragt, wozu wir eigentlich einen riesigen Apparat von Kommunalbehörden und gewählten Volksvertretern unterhalten, wenn in Bonn nicht bekannt ist, dass Kreuzberg in Berlin liegt und vorwiegend mit Briketts heizt, flößt mir dieser beschwörende Innenminister nicht das rechte Vertrauen ein, denn er ist vor 20 Jahren von einem ordentlichen bayerischen Gericht wegen Meineids verurteilt worden. Dabei will ich ihm das hier gar nicht vorhalten, wenn man in seiner Branche etwas werden will, muss man auch lügen können; nur, glauben mag ich ihm dann auch nicht mehr. Und wie in aller Welt sollte Friedrich Zimmermann uns denn glaubhaft versichern können, nie würden in dieser Republik politische Verhältnisse entstehen, die den Missbrauch von Daten nicht nur zulassen, sondern ihn als Instrument politischer Machtausübung systematisch selbst betreiben könnten?

Weil es ja aber auch gar nicht zu den Aufgaben eines CSU-Politikers und deutschen Innenministers gehört, Bürgern etwas glaubhaft zu versichern, lässt uns der Fragebogen 1983 auch nicht im Zweifel darüber, dass der Staat diese seine statistische Erhebung mit ziemlichem Nachdruck durchzuziehen gedenkt. Und weil wir in Berlin eine besonders feine Nase für brisante politische Entwicklungen haben, heißt auch der hier zuständige Senator des Inneren Heinrich Lummer. Lummer ist ein Mann, der aus seinem Herzen keine Mördergrube macht und aus seinen Lebensverhältnissen kein Staatsgeheimnis, und so durften die Fernsehzuschauer der Sendung *Pro und Contra* auch gleich erfahren, wie er lebt: vier Zimmer, mit Sohn und Etagenheizung. »Ich habe nichts zu verbergen«, rief der Innensenator, und: »Ich liebe diesen Staat!«

Heinrich Lummer hat jedem, der den Fragebogen unvollständig, fehlerhaft oder gar nicht ausfüllt, die volle Härte des Gesetzes angedroht, das sind 10 000 Mark – wir wissen also jetzt, was uns die Freiheit der Verweigerung wert sein muss. Ich muss gestehen, dass ich selbst noch nicht weiß, wie ich mich verhalten werde. Ich bin ein konservativer Mensch, das heißt: Ich bin ein Pessimist, erfüllt von Argwohn und Misstrauen, um nicht zu sagen: krankhaft paranoid, in welchem Fall ich diesen Fragebogen ja als Heiminsasse auszufüllen hätte – oder sind die amtlich beglaubigten Irren von der Auskunftspflicht entbunden? Mit äußerster Vorsicht begegne ich allen Instanzen und Organen des Staates, Begegnungen mit ihnen sind für mich immer solche der dritten Art, es wäre mir aber lieber, wenn es nie dazu käme. Weiß ich denn, was der Staat wirklich will? Weiß der Staat es? Ist es nicht so, dass der Staat auch nur das ist, was die Leute aus ihm machen – und gibt es nicht genügend Beispiele dafür, dass, wenn Manipulateure sich des Staates bemächtigen, der Staat selbst zum Manipulateur wird?

Den Grünen, die zum Boykott aufrufen, nehme ich ihren Widerstand auch nicht so recht ab. Sind es nicht sie, die sich starkmachen für den totalen Ausbau des Sozialstaates? Sozialstaat heißt aber auch Statistik, heißt Plan, heißt Kontrolle und Wohlfahrtskomitee. Die Publizisten und Künstler, die sich jetzt gerade zwangsversichern lassen müssen, mögen sie ihren Beruf auch ergriffen haben der Freiheit wegen, die er einmal verhieß, sie erfahren aufs Nachdrücklichste, wie bedrückend die Fürsorge des Staates sein kann. Auf der einen Seite zwangsversichert, auf der anderen Seite Zwangsgeld, wenn ich auf dem verfassungsmäßigen Recht der Privatsphäre bestehe und meine Tür nicht jedem zwangsverpflichteten Büttel öffne – es ist doch schon lange her, seit Walt Whitman die Demokratie besang: »Für dich dieses von mir, o Demokratie, dir zu dienen, ma femme …« Aber Lummer hat ja auch nicht gesagt, dass er die Demokratie liebt.

(*tip* 8 / 1983)

Träume der Sensiblen

Spiel ohne Sieger *nennt sich eine Fernseh-Serie für alle Sensiblen im Land.*

Immer nur *Dallas* oder *Sportschau* und dazwischen noch Horst Schättle, damit kommt man vielleicht als Kulturprolet durch – aber wo bleiben die Programme für die vielen Sensiblen im Land, für die Bewegten und die Träumenden? Keine Bange, auch für sie ist gesorgt, und zwar an manchem Sonntag im Sendebereich des NDR. Die Sendung heißt *Spiel ohne Sieger – Ein Kommunikationsspiel mit Christoph Riemer,* und als ich neulich die 49. (!) Folge ansah, wurde mir so manches klar.

Da saßen in einer Art von Ikea-Tableau sechs flott-adrette Menschen um einen Tisch, deren Äußeres und deren Sprache sofort signalisierten: Hallo, hier ist Kommunikation angesagt! Ich war gerade im Zoo gewesen und hatte der Fütterung zweier außerordentlich kommunikationsfreudiger Tüpfelhyänen zugesehen, also blieb ich natürlich auf Sendung: Ob sie sich sonntagabends im NDR auch so schön die toten Karnickel aus den Zähnen reißen würden?

Das Motto des Abends hieß aber: »Das würde keiner erwarten«, und ich dachte, holla, das verspricht Rasanz. Dass es dann doch ganz anders kam, konnte ich da noch nicht wissen – was sicher auch daran liegt, dass ich noch nie ein Buch von Horst-Eberhard Richter gelesen habe. Aber gemach. Gemach ist das richtige Wort, denn auch im *Spiel ohne Sieger* ging alles sehr gemach ab, eilig schienen sie es nicht zu haben, kein Wunder, dachte ich, wenn keiner gewinnen kann, worum geht es dann? Aber es ging natürlich um Selbstfindung.

Zunächst stellte sich jeder in der Runde ausführlich vor, und dazu wurde auch noch ein typisches Charakteristikum geliefert, danach war mir klar, dass diese Sendung noch viele weitere Folgen erleben und womöglich länger als *Dallas* laufen würde, denn dieses IKEA-Tableau musste ein haarfein zusammengestellter Querschnitt neomoderner Gemüts- und Gesinnungslage sein, die Psyche des aufgeklärten, freilich von Sehnsüchten umflorten BRD-Kulturträgers, nie habe ich sie deutlicher wahrgenommen. Es waren vertreten: die Lektorin eines Illustriertenverlags, die Sachbücher in mehreren Sprachen las, in verschiedenen rosa Tönen gestylt war und genauso aussah wie jene Damen um die vierzig, die für die Askese in der Kosmetik Reklame machen (»An meine Haut kommt nur …«); eine etwas jüngere, aber älter aussehende Frauenärztin in einem Männerhemd; eine Studentin der Psychologie, der man völlig abnahm, dass sie ihre Diplomarbeit über die Zusammenhänge zwischen Psychologie, Meditation und Sexualität machte und – claro! – später in die Therapie ginge; ein Berufsmusiker, der sich morgens am Klavier in den Tag spielte und dann später auf das Cello überging, ob er nun Free Jazz spielte oder in der feinen Musikhalle seinen Brahms gab (»aber Krawatte trage ich nie«); dann ein Freewheeler aus St. Pauli, ein Gelegenheitsarbeiter und Gesellschaftsphilosoph Marke Eigenbau, der nun auch gerade die Transsexuellen entdeckt hatte, und was das für tolle Menschen sind mit ihrem schweren Schicksal; und natürlich Moderator Christoph Riemer himself, der Schnurrbart war zwar noch etwas zerfasert, aber ansonsten kam er dem, was bei unseren öffentlich-rechtlichen Anstalten als ein intellektueller Sonnyboy mit Tiefgang gehandelt wird, ziemlich nahe – anders wären diese 49 Folgen, produziert von der Modeexpertin Antonia Hilke, schlicht unerklärbar.

Sechs typische und auch echt alternative Kulturträger also, und nun ging die Post ab, nämlich so: Jeder hatte ein Bild gemalt, auf dem er sich darzustellen hatte bei dem, was niemand von ihm erwartet. Die schicke Lektorin sah sich also, zwei Negerkindlein an der Hand, als Entwicklungshelferin in einem »Dritte-Welt-Land«, und das, obwohl sie dort doch so Angst »vor Mücken und Termiten« hätte, aber das wäre es eben – diese Kombination aus dem Aussteigen und »den Leuten da etwas bringen, was die brauchen«: seelisches Oil of Olaz, vermutlich. Der Freewheeler aus St. Pauli sah sich viel schlichter – als Autor eines Buches, das die Welt verändert. Der Musiker fand, dass es schon echt stark wäre, wenn er im Alsterpavillon aufträte – »also auch Brahms hat ja im Kaffeehaus gespielt«. Die Frauenärztin im Männerhemd sah sich als Drummerin in einer Band, und in der Diskussion – denn natürlich wurde das alles auch an- und ausdiskutiert – schien es auch das Selbstverständlichste von der Welt, dass sie das bald machen würde, »wo du doch schon Querflöte spielst«. Die angehende Psychotherapeutin und Meditationsforscherin hatte eine Rakete gemalt, allerdings natürlich nicht in der üblichen Penisform, sondern eben weiblich geformt, und in der hätte sie gern das gesucht, was noch keiner gefunden hat, »die Sonne«. Tja, und der Moderator, aber nein, so ein Schalk, und wie tiefsinnig: Er wollte einmal gern eine Sendung machen, wo er nichts sagen würde, nur: »Uuhhrrpp!«, immer nur: »Uuhhrrpp!« Da fuhren sie voll drauf ab, echt.

Ich saß dann nur da, knackte mit den Handknöcheln und hörte Satzfetzen wie: »... dass neue Träume unheimlich wichtig sind«, »die Spannung zwischen Realität und Traum«, »... was ich ganz wichtig finde – neue Freunde finden« oder auch: »Ich werde in den nächsten Wochen daran denken, dass es ja auch anders werden kann«, und, ganz zum Abschluss, von St. Pauli gesäuselt: »Wir alle können sehen, dass wir mit unseren Träumen, die niemand von uns erwartet, nicht alleine sind«, dann wurde ausgeblendet, nach einer Stunde und noch bevor sie ihren Sabber alle hatten – aber die 50. Sendung kommt bestimmt.

Erfreulich, dass es so etwas im Fernsehen gibt. Ich meine, die Träume zum Beispiel der Hamburger Werftarbeiter oder der Stahlwerker im Pott haben wir ja nun so oft in der Glotze, da ist es doch nur angemessen, dass die vielen Sensiblen im Lande auch ihr Plauderstündchen haben. Und dann ist es ja auch so, bei den Leuten im Blaumann, was hätten die uns schon zu sagen? Am Ende nur: »Ja, Arbeit ist für uns das Wichtigste« – das käme doch mit den Phantasien der negerfreundlichen Lektorin oder des vom Maulkorb träumenden Fernsehmoderators gar nicht zusammen. Oder: »Entdecken, was noch keiner kennt!« Und dann der strahlende, nach innen gerichtete Blick: Also von der Welt der Walzstraße ist das mehr als ein Sonnensystem entfernt.

Und das ist auch gut so: Damit die einen von der Selbstverwirklichung träumen dürfen, müssen die anderen die Schlote zum Rauchen bringen. Damit die einen scheißen können, müssen die anderen die Pumpe bedienen. Anders gesagt: Die einen erlegen die Beute, und die anderen fressen das Aas.

(*tip* 9/1983)

Kein Visum für Laos

Gegen Klischees scheinen auch die Kritiker der Kritiker nicht gefeit.

Leser(in) F.D. Bergmann aus 2000 Hamburg 1 sah es so: »Jörg Fauser kämpft gegen die blutleere deutsche Kulturmafia und zitiert allen Ernstes (?) Clint Eastwood und Bo Gritz. Faschistoide Dschungel-Kriegsabenteuer als das, was Männern einmal Spaß gemacht hat?«

Der Brief bezog sich auf die Kolumne (in *tip* 6/83), der ich den Titel *Clint Eastwood ist Hamlet* gegeben hatte. Am Beispiel der abenteuerlichen Story eines Glücksritters, der – mit finanzieller Beteiligung des Filmstars Clint Eastwood – den Beweis erbringen wollte, dass in Laos und Vietnam noch amerikanische Kriegsgefangene einsitzen, sammelte ich einige Argumente gegen die offenbar nicht nur mich anödende deutsche Suhrkamp- und Schulfunkkultur. Clint Eastwood wurde dabei gar nicht zitiert; zitiert wurde – nach der *Bangkok Post* – jener Bo Gritz, und zwar mit dem drehbuchreifen Ausspruch, den er angeblich zu Beginn der ›Operation Lazarus‹ tat: »Es ist ein guter Tag, um zu sterben.« An diesen Satz nun knüpfte ich die Überlegung, dass alles, was in ihm anklingt, der Suhrkamp- und Schulfunkkultur aufstößt, die uns ständig mit dem erhobenen

Zeigefinger auf die Leiden in der Welt, den Schmutz unter unseren Fingernägeln und die besorgniserregenden Ergüsse unserer Phantasie aufmerksam macht.

»Faschistoide Dschungel-Kriegsabenteuer«, ja mei – was mag das sein? Vielleicht kommen wir der Sache näher, wenn ich kurz den Stand der Dinge schildere, wie er sich Ende März darstellt. (Ich beziehe mich dabei auf *Bangkok Post*, *International Herald Tribune* und *Spiegel* – und nicht, wie mancher Leser vielleicht meint, auf die *Soldaten-Zeitung*.) Danach ist Bo Gritz am 28. Februar allein von seiner Mission zurückgekehrt und hat sich der Polizei der Provinzhauptstadt Nakhon Phanom gestellt, wo er nun bis auf weiteres einsitzt; die Anklage gegen ihn lautet auf illegalen Grenzübertritt und Besitz eines Funkgeräts. Inzwischen sind Gritz und seine Helfer zu Haftstrafen auf Bewährung verurteilt und abgeschoben worden. Gritz wörtlich: »Mindestens zehn Amerikaner werden noch in Laos gefangen gehalten. Der einzige Weg, um sie je freizubekommen, ist der über politische Verhandlungen, aber zunächst muss es einen Katalysator geben … ich wurde gebeten, diese Arbeit zu übernehmen, und diese Arbeit werde ich ausführen, es sei denn, man hindert mich daran.«

Warum fasziniert mich die Story? Da ist natürlich der Hollywood-Aspekt. Star sucht Stoff, und wenn die Scriptwriter pennen, schickt er eben die Söldner in den Busch. Das ist schon einen Happen schmackhafter als das Walla-Walla-Getue unserer Kunstfilmer, aber neu ist es auch nicht; schon Bestseller-Autor Frederick Forsyth soll ja eine Privatarmee finanziert haben, um den Stoff für *Die Hunde des Krieges* zu bekommen. Da ist natürlich auch der politische Aspekt.

Leuten, die für sich die Vietnam-Tragödie auf das bequeme Kürzel »USA-SA-SS« reduzierten, muss es wahrscheinlich für immer unbegreiflich sein, was sich dort abgespielt hat, und auch alle Erklärungsversuche von Kennern wie Graham Greene *(Der stille Amerikaner)*, Michael Herr *(An die Hölle verraten)* oder Francis Ford Coppola *(Apocalypse Now)* werden sie immer nur zurückstoßen in die kleine, karge, aber erbarmungslos ausdiskutierte Welt ihrer Klischees. Ideologien und ihre Schlagwortproduzenten haben hierzulande den tragischen Charakter *jeder* Politik schon bis zur Unkenntlichkeit vernebelt – und damit auch manche Chance für reale Verbesserung verhunzt.

Bleibt das Motiv für diese Mission, das mich am meisten interessiert, es heißt: Kameradschaft. Bo Gritz, die anderen Amerikaner, die bei ihm mitmachten, übrigens auch die beteiligten Laoten, sie alle sind Berufssoldaten, auch wenn sie sich heute als Söldner, Glücksritter oder Guerilleros durchschlagen. Für sie sind die Amerikaner, die sie suchten, Kameraden – und wenn es faschistoid ist zu versuchen, gefangene Kameraden freizubekommen, dann nehme ich gern den Vorwurf auf mich, faschistoides Gedankengut verbreitet zu haben (und weiter verbreiten zu wollen).

Ich fühle mich da übrigens in guter Gesellschaft. George Orwell warnte zu seinen Lebzeiten die Linke eindringlich davor, Begriffe wie ›Patriotismus‹, ›Kameradschaft‹, ›Treue‹, ›Mut‹, ›Ehre‹, ›Würde‹, ›Nation‹, ›Kampf‹ etc. preiszugeben und zu desavouieren. Orwell kannte die Menschen, die mit den Händen arbeiten und im Krieg das Kanonenfutter stellen, besser als die meisten seiner zeitgenössischen Linken (ganz zu schweigen von jenen Phantasten bei uns und heute, die auch deshalb die Linke auf den Hund gebracht haben). Er wusste sehr genau, welchen kapitalen Fehler die Intellektuellen begingen, als sie ebenjene Instinkte verächtlich machten, denen die Arbeiter ihre Stärke verdanken. Solidarität setzt auch ein Ehrgefühl voraus, von dem die moralisch verluderte Intelligenz schon damals keinen Schimmer mehr hatte, und es gibt keinen guten oder schlechten Mut. Ich zolle jedem Mut Respekt, auch dem des Söldners und Abenteurers, so wie ich jeder Fahne die Ehre, die ihr gebührt, erweise – Blut ist für alle geflossen.

Im Übrigen gehört der Faschismus-Vorwurf zu den ältesten im intellektuellen Hurengewerbe, besser wird er dadurch nicht, dass ihn schon Trotzki zu hören bekam und Orwell natürlich auch. Als ich letztes Jahr die Verleihung des Goethe-Preises an Ernst Jünger verteidigte, bekam ich ja auch wieder ganze Kübel ab, und was habe ich gelacht, als der grüne Spitzenkandidat in Nordrhein-Westfalen und Anwärter auf das Amt des Alterspräsidenten des Bundestages sich als alter SA-Mann und Parteigenosse entpuppte! So, dachte ich, jetzt habt ihr eine Chance, zu zeigen, dass ihr die Vergangenheit eben nicht »bewältigt«, sondern als Schmerzensarbeit begreift, die unaufhörlich weitergeht. Aber nichts da, es wurde dieser Fall in gutem autoritärem Stil erledigt, und mir wurde übel, als ich die bärtigen Latzhosen-Prätorianer den alten Mann aus dem Sitzungszimmer zum wartenden Auto bringen sah. Faschismus gibt es nicht nur bei den anderen, und wenn ihr euren Zeigefinger ausstreckt, zeigen drei Finger immer zurück auf euch.

»Geil auf den Beifall aus der falschen Ecke«, sorgte sich jener Leser über meinen und andere Beiträge. Was mich betrifft, ist mir jede Art von Beifall völlig gleichgültig, solange er sich nicht auf das bezieht, was ich schreibe, sondern nur auf das, was manche mir vor-schreiben. Oder, in den Worten von Bo Gritz auf die Frage, ob er aus Laos komme: »Wie kann ich aus Laos kommen, wenn ich gar kein Visum dafür habe?«

(*tip* 10/1983)

Hitler, wer sonst?

Der Stern *hat sich mit dem Abdruck der falschen Hitler-Tagebücher einen schlechten Dienst erwiesen.*

Das Schlüsselwort in der Zeitschriftenbranche (und beileibe nicht nur dort) heißt nicht Aufklärung, sondern Auflage. Natürlich kann das geschickte Verhökern von Sex & Crime, von Popo & Politik, von Highlife hoch Horror gelegentlich auch eine gesellschaftlich nützliche Funktion haben, vergleichbar mit der regelmäßigen Reinigung der Bettwäsche in öffentlichen Häusern; doch wenn schon Analogien, dann sollten wir auch vor dieser nicht die Augen verschließen: Was nützt die sauberste Bettwäsche, wenn die Huren so einladend sind wie ein Big Mac?

Für eine Zeitschrift wie den *Stern,* der mit der aggressiven Verkäufe seiner Popo-Politik, der opportunistischen Aufbereitung von Reizthemen und der schwer erträglichen Eitelkeit seines Apparats genauso zum Symbol für diese Republik geworden ist wie unsere arroganten Fußballer, unsere perfekten Überwachungsartisten oder unsere deutschen Depressionen, konnte es logischerweise im Jahr des großen Hitler-Revivals nur einen Knüller geben, um die stagnierende Auflage von 1,8 Millionen Exemplaren endlich über die heißersehnte 2-Millionen-Marke zu pushen: Hitler, wer sonst? Noch Ende letzten Jahres sollte es, Brancheninsidern zufolge, die definitive Bormann-Story sein, die heiße »Bormann lebt!«-Story aus den Nazi-Reservaten Südamerikas; da wurde wohl, wie wir jetzt wissen, eine falsche Fährte ausgelegt, denn längst hechelte ja schon Reporter Heidemann, ausgestattet mit den Millionen, die diese Sorte von Publizistik zu brauchen glaubt, um ihre »Big Story« an Land zu ziehen, durch die deutschen Gaue und kaufte bei den hiesigen Nazis ein – Fälschungen, wie wir jetzt erfahren haben. Man mag darüber lachen, wie dieses mächtige Meinungsblatt, für die *Zeit* gar eine Institution, gegründet und heute noch herausgegeben von einem Mann, der im Krieg für Hitlers Armeen Propaganda machte, nun den nazistischen Fälschern auf den Leim gegangen ist; den moralischen Aspekt dieses Skandals kann Gelächter keineswegs erledigen.

Da war der Versuch der Chefredaktion, im Stil einer massiven Einschüchterungskampagne vorgetragen, uns weiszumachen, die Geschichte des Dritten Reiches müsse zum Teil umgeschrieben werden; da war die Heuchelei, die behauptete, Informationsfreiheit zu meinen, wo es allein um die Auflage ging. Mit dieser Affäre hat der *Stern* dem Journalismus in der Bundesrepublik unermesslichen Schaden zugefügt – die *Bild*-Zeitung wird sich in Zukunft Kritik aus diesem Haus verbitten, und wir alle sollten auf Sprechblasen im Stil des Flott-Texters Peter Koch penibler achten.

Der Reporter Heidemann, zu dessen jugendlichen Schlüsselerlebnissen (laut Koch) es gehörte, wie 1945 17-jährige Waffen-ss-»Männer« dem »Kind, das zu ihnen mit glänzenden Augen aufblickte«, noch schnell das Schießen beibrachten, ehe er Monate später die (so Koch wörtlich) »abgemagerten Insassen des KZ Bergen-Belsen« sah – Heidemann also ist in dieser schmutzigen Geschichte der Maniak, der seine Obsession so lange verfolgte, bis er selbst ihr Opfer wurde. Natürlich ist Heidemann kein Nazi; aber die im Stern abgebildeten Photos, die ihn mit alten SS-Generälen zeigten, das triumphierende Lächeln dieser Herrenmenschen beim Anblick der Tagebücher (von denen sie ja wohl wussten, dass sie gefälscht waren), die fast religiöse Inbrunst, mit der der Reporter die Kladden vor die Kameras hielt – haben sie nicht schonungslos enthüllt, wie es um die Psyche von Leuten steht, denen auf der Jagd nach der großen Sensation das Gewissen und vielleicht die eigene Identität längst abhandengekommen sind?

Es ist ein politischer Skandal ersten Ranges, dass der *Stern* diesen doch von vornherein zweifelhaften Fund aus dem Fundus der Nazis ohne akribische Prüfung durch erstrangige und unabhängige Historiker und Kriminologen auf den Markt geworfen hat, als müssten es ausgerechnet die Deutschen sein, die eine schaudernde Welt als Erste davon in Kenntnis setzen, Hitler sei eben doch viel differenzierter gewesen. Dass der Fund sich so schnell als Fälschung erwiesen hat, sollte uns nicht zufriedenstellen, sondern nur die Augen öffnen – wir sind von Fälschern umgeben. Der *Stern* hat keine Dokumente gefälscht, er hat sich zum publizistischen Komplizen von Fälschern gemacht, um seine Auflage zu steigern, und indem er das tat, hat er in einem fatalen historischen Kontext unsere Geschichte zu fälschen versucht.

Auf welche Leserschaft hat die Chefredaktion des *Stern* eigentlich gesetzt, um das Ziel der 2-Millionen-Auflage zu erreichen? Letzten Endes wohl auf ein paar hunderttausend Alt- und Jung-Nazis. Man fragt sich, wie die Redakteure dieses sich ja gern als »linksliberal« apostrophierenden Magazins mit dem Bewusstsein fertiggeworden wären, eineinhalb Jahre lang für die größte Nazi-Publikation der Bundesrepublik, vielleicht der ganzen Welt zu arbeiten – aber seit Gaston Salvatores peinlichem Dregger-Artikel vor der letzten Hessen-Wahl hatten sie wohl Zeit gehabt, sich auf solche politischen Extravaganzen einzustellen. Mit einem müsste sich, sollten bei den Hamburger Blattmachern noch andere als ökonomische Instinkte rege sein, schwerer leben lassen: mit der Einsicht, dass in ihrer Branche sie es waren, die ausgerechnet 50 Jahre nach dem Beginn der braunen Terrorherrschaft die letzte Schamhülle fallen ließen und mit Hitler Kasse machen wollten.

Es gehört in die Reihe professioneller Instinktlosigkeiten, die den *Stern* in letzter Zeit prägen, dass im gleichen Heft, das mit der Hitler-Story aufmachte, ein Bericht über einen Neonazi-Terroristen stand, der dem *Stern* in der Haftanstalt Einblick in sein Weltbild gab. »Was im KZ Auschwitz damals geschah«, lasen wir da, »das mag falsch und grausam gewesen sein«, jedoch: »Der millionenfache Mord in den Konzentrationslagern sei nicht zu beweisen.« Mit Hitler die Auflage hochputschen und dann – nach breitem Raum für das Gefasel eines von vielen Neonazis – auf die Sozis schimpfen, wenn das Linksliberalismus ist, dann weiß ich auch, warum er politisch auf den Hund gekommen ist; ein bisserl Anstand möchte schon noch sein. Auch wenn es eine Fälschung war, wird es die Welt nun wieder wissen: Ohne Scham vor ihrer Geschichte haben die Deutschen nach 50 Jahren ihren Hitler wieder groß rausgebracht; statt in diesem Jahr die Geschichte der Opfer zu schreiben, blieb es der linksliberalen Millionenzeitschrift vorbehalten, auf den Führer zu bauen: Hitler, wer sonst? Allmählich müssen wir uns damit vertraut machen, uns auch wegen unserer Gegenwart zu schämen.

(*tip* 11 / 1983)

Lob der Maschine

Die Elektronik hält auch im Schriftsteller-Gewerbe Einzug. Doch die treueste Begleiterin eines Literaten ist und bleibt die gute alte Schreibmaschine ohne Stromkabel.

Vielleicht hat es in der Nacht geregnet, und der Morgen ist kühl und frisch, bevor die Sonne wieder brennt. Vielleicht ist es einer jener Herbsttage, die deine Träume für dich aufbewahren, indes der Wind, der an den Fenstern rüttelt, zum Weitermachen drängt. Der Kaffee ist gerade so stark, wie er sein muss, die Zigarette schmeckt noch so, wie früher alles schmeckte, und selbst der Stapel von weißem Papier verspricht an diesem Morgen nichts, was nicht ein paar Stunden harte Arbeit halten können. Mit anderen Worten, es ist ein guter Tag, um zu schreiben, und du spannst das erste Blatt in die Maschine und beginnst deinen Job, »*growling at the keys*«, wie Charles Bukowski das nennt, erst setzen die Tasten nur ganz zögernd ein, aber wenn du in Fahrt kommst, speit das Gehäuse Kugeln aus, die Wörter, diese Wölfe, heulen.

Dabei ist es ein Job, der, darf ich den Menetekeln Glauben schenken, am Aussterben ist. Als ich damit anfing, wurde die Literatur gerade für abgeschafft erklärt, und es gehört zu den Obszönitäten dieses Gewerbes, dass viele von denjenigen, die damals mit solchen Heißluftübungen im literarischen Vakuum debütierten, heute mittels hochliterarischer Heißluftübungen im politischen Vakuum ihre Pfründe sichern – honni soit qui mal y pense.

Von ihnen also lasse ich mir keinen Untergang der Literatur einreden, und ich bleibe auch skeptisch, wenn konservative Kulturpessimisten, die in dieser erzkapitalistischen Branche noch immer gut gefahren sind, die zunehmende Verblödung der Buchkonsumenten beklagen und den Untergang des Abendlandes nunmehr mit Sicherheit ins Jahr der Einführung des Kabelfernsehens legen – als sei das Abendland nicht spätestens seit 1933 eine Größe, mit der meine Generation jedenfalls zu rechnen verlernt hat. Das ist wie mit der vielzitierten Freiheit: Sozialismus ohne Kultur ist Tyrannei, und Kultur ohne Sozialismus ist Barbarei – ob mit oder ohne Video.

Nein, es ist das Handwerk selbst, das mir Sorgen macht … denn wenn ich den Auguren in diesem Punkt vertraue, dann steht das endgültige Aus für die gute alte Schreibmaschine dicht bevor. Roger Rosenblatt hat ihr (in *Time* 20/83) schon den Epilog geschrieben, und zwar mit jener Mischung aus Kaltschnäuzigkeit und Sentiment, die den amerikanischen Journalismus so lesenswert macht: »Wen kümmert es wirklich, wenn die von der Hand betriebene Schreibmaschine den Weg des von Hand betriebenen Orangensaftpressers oder des Telefons mit Wählscheibe geht? Fortschritt ist nun mal Fortschritt. Und es ist ja nicht so, als ob die Erfindung selbst aus der Welt wäre; es gibt neue elektronische Mikrochip-Geräte, die automatisch tausend individuell adressierte Liebesbriefe schreiben, während der Autor in Cancun schnorchelt.« Aber Rosenblatt gibt auch zu: »Was man am meisten vermissen wird, ist das Gefühl der Vertrautheit mit der von Hand betriebenen Maschine, die nicht mit einem Elektrokabel an der Wand angeschlossen wurde, sondern nur an einem selbst. Da hockte sie, die Smith-Corona, und wartete geduldig, bis du endlich so weit warst, um eine Idee zu packen und das richtige Wort zu finden. Und dann machtet ihr euch gemeinsam an die Arbeit, zwei ramponierte, müde Überbleibsel der Zukunft, die gaben und nahmen, wie sich das für Freunde gehört. All die Zeiten, als du die ganze Nacht aufbliebst, der Schweiß auf den Tasten, der befriedigte Seufzer, als etwas beendet war ...«

Nun, ich habe mich noch nie mit dem Gedanken befreunden können, nur dann zu schreiben, wenn ich ein Elektrokabel in die Wand stecke und der Strom nicht ausfällt, aber Kollegen berichten mir schon von Maschinen, die automatisch Fehler löschen, Texte speichern und, kaum sind sie ans städtische Stromnetz angeschlossen, »An die Arbeit, Faulpelz!« piepsen. Da liegt nun in der Tat der Gedanke nahe, alle diese Maschinen an den Zentralautorencomputer des Verlags Big Brother anzuschließen, der spuckt dann binnen Sekunden die Änderungswünsche des Cheflektorats, das Zeilenhonorar inklusive Mehrwertsteuer abzüglich Sozial- und Rentenversicherung und vielleicht auch noch die Formalitäten für den Videokassettenvertrag mit dem Volkshochschulverband der Neuen Hebriden aus. Und für mich passt in diesem Zusammenhang eine Meldung aus Rumänien, die der *Time*-Autor erwähnt. Dort trat am 28. April dieses Jahres eine Regierungsverordnung in Kraft, die von allen Bürgern verlangt, ihre Schreibmaschine bei der Polizei zu registrieren. Tja, Kollegen – im Nationalkommunismus eines Ceaușescu braucht man noch keinen Textspeicher, um als potentieller Staatsfeind zu gelten, und Kommunismus ohne Freiheit und ohne Sozialismus ist das, womit niemand von uns seinen Frieden machen darf.

Ich schreibe diese Kolumne auf einer alten Royal-Schreibmaschine, die mir ohne Fehl und Tadel seit 2½ Jahren freundschaftlich verbunden ist, wobei ich zugeben muss, dass ich sie der harten Strapaze von zweiten und dritten Romanfassungen lieber nicht unterziehe. Dafür habe ich die Gabriele 10 von Triumph, ein wahres Prachtstück, die, wenn uns danach ist, die Wände zum Beben bringt. Die erste Schreibmaschine, auf der ich überhaupt etwas schrieb, war die meines Großvaters, wenn ich mich recht erinnere, eine Orga Privat, von Sammlern heute hoch bezahlt. Und ich denke mit Wehmut an die Reiseschreibmaschine mit türkischem Alphabet zurück, die ich in Istanbul eine Zeitlang hatte, wenn sie auch überwiegend dazu benutzt wurde, um die Korrespondenzen der Hoteldiener und ihrer weitläufigen Verwandtschaft zu führen, und schließlich, als wir alle kein Geld mehr hatten, verkauft werden musste. Im Jahr darauf schenkte mir eine Muse eine Olympia-Reiseschreibmaschine – damals gab es noch die, die nicht völlig aus Plastik waren. Sie war die treueste Begleiterin der vielen Niederlagen und raren Siege, sie war noch da, als alle gegangen waren. Sie durfte dann aufs Altenteil, bleibt aber in stiller Reserve, sie war zuletzt noch auf Malta dabei, als ich eines Abends in einer dunklen Bar jenen Mr. Blum traf, der meinem Leben eine neue Wendung gab: »Haben Sie fünf Minuten Zeit für mich?«

Nichts gegen Maschinen, aber eine Seele bekommen sie nur, wenn du sie mit deinen Händen bearbeiten, auseinandernehmen und zusammensetzen kannst. Mit Computern kannst du dir nicht die Hände dreckig machen, das sind Maschinen nicht für die Literatur, sondern für die Abschaffung der Menschen. Stirbt dieser Job also aus? Nicht, solange noch alte, ramponierte Überbleibsel eines großen Zeitalters in verstaubten Trödelläden stehen, bis sie eines Tages ein Junge mit heißen Augen aufstöbert, nach Hause schleppt, ein Blatt einspannt und mit einem Zeigefinger zu schreiben anfängt, »*growling at the keys*«, allein mit sich und der Welt, die er findet.

(*tip* 12 / 1983)

Zeichen der Wende

Wie vereinbart sich die »geistig-moralische Erneuerung« mit unserer herkömmlichen Auffassung von Demokratie?

Wer noch immer nicht so recht wusste, was man unter der ominösen »Wende«, der »geistig-moralischen Erneuerung« zu verstehen hat, dem dürften die skandalösen *Stern*-Affären und alles, was da plötzlich aus den Kloaken dieses »fortschrittlich-liberalen« Journalismus hochschoss, die Augen geöffnet und die Nase entzaubert haben. Am eindeutigsten hat sich natürlich Johannes Gross dekuvriert. Eben noch wollte er an die Spitze einer Redaktion treten, die sich echt für das Beste hielt, was die Republik an kritischem und ach so investigativem Blattmachen je hervorgebracht hat – und kaum dass Beuys-Freund Gross bei den lieben »Kollegen« abgeblitzt war, schmäht er in seiner Klatsch-Kolumne in der FAZ gleich das ganze Gemeinwesen: »Wir sind eine echte Demokratie geworden. Das Gesindel darf nicht nur überall mitreden, es führt das große Wort.« Der feine Herr, der sich für einen Stilisten hält und doch nur ein Steigbügel ist, muss es wissen, führt er für die Herren vom Kapital doch schon lange das große Wort – nicht nur im *Capital*.

Aber diese Herren führen auch selbst wieder gern das

große Wort. »Eine Gegenkampagne ist angelaufen«, meldet der industrienahe *Platow Brief*. Versteht sich, für wen – schließlich war Eberhard von Brauchitsch lange genug in der Drecklinie. Der Bericht über den Auftritt des geschassten Flick-Managers vor dem Ausschuss des Düsseldorfer Landtags, der klären will, wie Ermittlungsakten der Bonner Staatsanwaltschaft in *Stern*- und *Spiegel*-Spalten auftauchen konnten (*Süddeutsche Zeitung* vom 28./29. Mai 1983), lässt ahnen, in welche Richtung die Herrenreiter, denen ein Gross das publizistische Gift und auch mal die Spucke leiht, diese Republik pushen wollen. Brauchitsch, dieser Capo der Korruptions-Camorra, spielt vor den gewählten Vertretern des Volkes nicht etwa die beleidigte Leberwurst, sondern den Ehrenmann, der von finsteren Mächten, von einer veritablen Verschwörung zu Fall gebracht worden ist. Nicht die, die Geld gegeben und genommen haben, haben also den schlimmsten politischen Skandal seit der *Spiegel*-Affäre zu verantworten, sondern die, die ihn verhindern wollten und ganz besonders die, die ihn aufzuklären versuchten. Als guter Strauß-Freund weiß auch Brauchitsch die Frage zu stellen: »Wem nützt es – *cui bono*?« Und dann ist die Linie schnell gezogen von dem SPD-Abgeordneten Spöri, dem *Stern* und seiner östlichen Fälscherwerkstatt (dem Kujau traute er rein gar nichts zu) bis – versteht sich – in die Moskauer Zentrale, die »ein Interesse habe, ihn zu demontieren«. Klar: Es kann kein anderer als DKP-Chef Herbert Mies gewesen sein, der Konzernchef Flick dazu überredete, sein Geld statt beim Fiskus bei den Bossen der Bonner Parteien anzulegen. Haben die Kommunisten nicht immer verkündet, die Kapitalisten würden noch für den Strick bezahlen, an dem sie sich aufhängen?

In diesem Zusammenhang fällt auch der Name Peter Koch, und es ist für die Redaktion auf dem Hamburger Affenfelsen, die heute so tut, als wären Koch und Felix Schmidt die großen Champions des progressiven Journalismus (und nicht die Absahner vom Dienst!), vielleicht ganz interessant, dass Koch es war, der Brauchitsch letzten Dezember signalisiert hat, es sei nun doch Zeit, sich einmal zusammenzusetzen – war nach der Hitler-Fälschung die Flick-Fälschung geplant? Vielleicht ist Demokratie wenigstens dazu gut, um zu lernen, dass man allen misstrauen muss.

Es hatte ja schon vorher Signale gegeben. Kaum hatte der Popanz, den sich das Kapital als Kanzler ausgesucht, den Eid auf die Verfassung abgelegt (»so wahr mir Gott helfe«), da liefen schon – die *Zeit* berichtete – zwischen Gütersloh und Bonn die Drähte heiß. Man werde, signalisierte die Konzernspitze des Hauses Bertelsmann, es schon verstehen, den in der sozialliberalen Ära auf Abwege geratenen *Stern* zurückzupfeifen, umzumodeln, auszurichten. Ist es klinische Paranoia, wenn ich mit »Wende«, mit »geistig-moralischer Erneuerung« in Zukunft eine von langer Hand vorbereitete, detailliert geplante, präzis durchgeführte Machtübernahme verstehe, deren Protagonisten genau begriffen haben, dass die moderne Oligarchie nur über den Zugriff auf die Medien, auf die Hirne, aufs Bewusstsein reüssieren kann? Oder war es vielleicht ein Zufall, dass die Verkabelung der Republik zu den Großprojekten dieser Regierung gehört, die sofort in Angriff genommen wurden, ungeachtet der Tatsache, dass der

Katrine Engberg

Der neue Kopenhagen-Thriller von Katrine Engberg – »the upcoming queen of crime fiction«
(Litteratursiden, Kopenhagen)

ca. 536 Seiten, Leinen
ca. € (D) 24.–/sFr 32.–*/€ (A) 24.70
April

Es ist ein klirrend kalter Januar. In den prunkvollen Sälen des Geologischen Museums trinken sich die Größen der Modewelt warm für die *Copenhagen Fashion Week*, als draußen im Schnee der Designer Bartholdy unter Qualen zusammenbricht. Jeppe Kørner und Anette Werner ermitteln. Jeppe ist zurück von einem längeren Urlaub, doch die Erholung hält nicht lange an. Denn sein bester Freund ist seit dem grausamen Mord unauffindbar.

detebe 24480, ca. 512 Seiten
ca. € (D) 13.–/sFr 17.–*/€ (A) 13.40
April

Sommer in Kopenhagen – auf den belebten Straßen sucht jemand nach seinem Opfer. Katrine Engberg zeigt, was ein echter Thriller aus dem Norden ist.

detebe 24467, ca. 320 Seiten
ca. € (D) 12.–/sFr 16.–*/€ (A) 12.40
März

Die liebenswerte Verrückte Clementina wird ermordet. Alle im Viertel San Frediano sind entsetzt. Und Maresciallo Guarnaccia steht ohne Hinweis auf ein Tatmotiv da.

Andrea De Carlo

Eine Künstlerin, ein Wissenschaftler und ein Aussteiger – auf der Suche nach dem echten Leben

Paperback 30074, ca. 464 Seiten
ca. € (D) 16.–/sFr 21.–*/€ (A) 16.50
April

Mara liebt ihr altes Haus in Ligurien. Im Sommer arbeitet sie dort an ihren Skulpturen. Ihr Mann hingegen mag weder Haus noch Dorf und zieht sich in die Welt der Wissenschaft zurück. Als das Dach einstürzt und ein mysteriöser Typ aus dem Dorf anbietet, es zu reparieren, kann Mara nicht nein sagen, obwohl sie damit ihre Ehe aufs Spiel setzt.

ca. 224 Seiten, Leinen
ca. € (D) 24.–/sFr 32.–*/€ (A) 24.70
Juni

Die fast kriminalistische Erforschung einer sonderbaren Liebe und bedrängenden Vergangenheit. Der Weltbestseller in besonderer Ausstattung.

detebe 24482, ca. 320 Seiten
ca. € (D) 12.–/sFr 16.–*/€ (A) 12.40
Mai

Fabio Volo erzählt mit entwaffnender Ehrlichkeit und viel Humor von der schwierigsten und schönsten Zeit im Leben eines Liebespaars, vom Verliebtsein und vom ersten Jahr mit Kind.

detebe 24497, 448 Seiten
ca. € (D) 14.–/sFr 19.–*/€ (A) 14.40
Mai

Eines der außergewöhnlichsten Gedichtwerke überhaupt. Ein monumentaler Hymnus an die Natur: wild, leise, unbändig und sanft wie Sturm und Morgenrot.

diogenes deluxe 26150, ca. 432 Seiten
ca. € (D) 13.–/sFr 17.–*/€ (A) 13.40
April

Der Weltbestseller *Das Parfum* in einer schönen Geschenkausgabe: die spannende Geschichte vom finsteren Helden Grenouille.

Sy Montgomery

Machen uns Tiere zu besseren Menschen?

detebe 24453, ca. 400 Seiten
ca. € (D) 15.–/sFr 20.–*/€ (A) 15.50
März

Sy Montgomery erzählt von einem wahren Wunderwesen der Meere: dem Oktopus. Mit einem Nachwort von Donna Leon.

ca. 208 Seiten, Leinen
ca. € (D) 22.–/sFr 30.–*/€ (A) 22.70
April

Emu, Schwein, Baumkänguru, Spinne, Hund und Hermelin: Sie alle haben die Naturforscherin und Bestsellerautorin Sy Montgomery mehr über das Leben gelehrt als mancher Artgenosse. Leidenschaft für die Natur hat ihr Herz groß gemacht und ihr Leben reich. Dieses Buch ist eine wahre Schatztruhe von beglückenden Begegnungen.

Donna Leon

Venedig, Stadt des Reichtums und der Gier

detebe 24498, ca. 592 Seiten
ca. € (D) 14.–/sFr 19.–*/€ (A) 14.40
Juli

Das gewaltige Epos vom großen weißen Wal und Kapitän Ahab, eine abenteuerliche Reise durch alle stürmischen Meere.

ca. 304 Seiten, Leinen
ca. € (D) 24.–/sFr 32.–*/€ (A) 24.70
Juni

Wer soll Gonzalo de Tejeda beerben, wenn er einmal nicht mehr ist? Soll die rigide Familie, die mit seinem freizügigen Lebenswandel noch nie einverstanden war, seine Schätze erben? Oder wer ist der Auserwählte? Brunettis Schwiegervater fürchtet, seinem Freund Gonzalo könne Übles zustoßen. Der Commissario soll helfen – und verläuft sich beinahe in den Abgründen des Herzens.

detebe 24463, ca. 256 Seiten
ca. € (D) 10.–/sFr 13.–*/€ (A) 10.30
März

Von zarten Gefühlen, romantischen Verwicklungen und lustvollen Trieben. Ein Lesebuch für heitere Stunden in der Frühlingssonne.

detebe 24486, ca. 240 Seiten
ca. € (D) 10.–/sFr 13.–*/€ (A) 10.30
Mai

Kriminalfälle, so delikat wie frische Austern, und Liebesdramen, so prickelnd wie eiskalter Cidre.

detebe 24487, ca. 240 Seiten
ca. € (D) 10.–/sFr 13.–*/€ (A) 10.30
Mai

Keine andere Gegend hat so viele Krimischriftsteller hervorgebracht wie Skandinavien. Seien Sie also auf der Hut, bevor Sie sich nach Norden aufmachen…

detebe 24454, ca. 112 Seiten
ca. € (D) 10.–/sFr 13.–*/€ (A) 10.30
September

Eine groteske Geschichte über Aristokraten und ihre schwierigen Kinder, geschrieben mit Nonchalance und Biss. Ein Märchen voller böser Vorzeichen und doch mit einem Happy End.

detebe 24449, ca. 352 Seiten
ca. € (D) 12.–/sFr 16.–*/€ (A) 12.40
Februar

Belgrad, die Metropole mit den vielen schönen Brücken an zwei wunderbaren Flüssen, ist erneut Schauplatz für einen spannenden Politthriller.

detebe 24491, ca. 432 Seiten
ca. € (D) 12.–/sFr 16.–*/€ (A) 12.40
Juni

Mit den *Züricher Novellen* setzt Gottfried Keller seiner Heimat ein unvergessliches Denkmal. In fünf Geschichten zeichnet er ein liebevolles Bild der Stadt Zürich und ihrer Einwohner.

detebe 24483, ca. 272 Seiten
ca. € (D) 10.–/sFr 13.–*/€ (A) 10.30
April

Bittersüße Geschichten, hingehauchte kleine Wunder über das größte Geheimnis der Welt. Mit einer Exklusivgeschichte von Klaus Cäsar Zehrer.

detebe 24466 ca. 272 Seiten
ca. € (D) 10.–/sFr 13.–*/€ (A) 10.30
März

Was wäre das Leben ohne *good vibes*? Stimmungsvolle Stories über Blues, Jazz, Rock & Pop. Die Magie der Musik entfaltet sich hier in den unerwartetsten Momenten.

ca. 128 Seiten, Pappband
ca. € (D) 12.–/sFr 16.–*/€ (A) 12.40
April

Nach Feierabend und am Wochenende blüht der moderne Mensch erst so richtig auf. Loriot zeigt uns die endlosen Möglichkeiten einer erfüllten, stressfreien Freizeit.

Tomi Ungerer

Ein neues Meisterwerk

ca. 48 Seiten, Pappband
ca. € (D) 24.–/sFr 32.–*/€ (A) 24.70
Mai

Die Erde ist verwüstet und leer. Alle sind auf den Mond geflohen. Nur Paddy ist noch da, entschlossen, den kleinen grünen Poco in Sicherheit zu bringen. Zum Glück hat er dabei einen Verbündeten: seinen eigenen Schatten, der ihn und das Baby – gerade noch rechtzeitig – vor tausend Gefahren rettet. Bis zum süßen Ende.

ca. 80 Seiten, Leinen
ca. € (D) 20.–/sFr 27.–*/€ (A) 20.60
März

Eine außergewöhnliche Novelle, die origineller nicht erzählt werden kann – skurril, tragisch und heiter. Mit hinreißenden Bildern von Jean-Jacques Sempé.

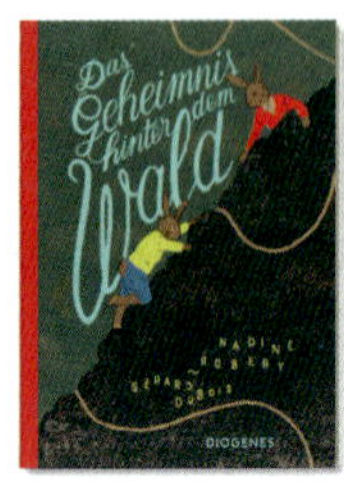

72 Seiten, Halbleinen
ca. € (D) 24.–/sFr 32.–*/€ (A) 24.70
März

Arthur wohnt in einem Bauernhaus auf einer Lichtung. Der Wald um ihn herum ist finster, und niemand traut sich hinein. Doch Arthurs Papa ist entschlossen zu erfahren, was sich hinter dem Wald verbirgt.

ca. 32 Seiten, Halbleinen
ca. € (D) 18.–/sFr 24.–*/€ (A) 18.50
April

Wim hat Geburtstag und bekommt ein rotes Fahrrad. Damit will er bis nach Spanien und macht sich auch gleich auf den Weg. Als Wim auf einmal weg ist sucht plötzlich das ganze Land nach ihm.

ca. 28 Seiten, Halbleinen
ca. € (D) 16.–/sFr 21.–*/€ (A) 16.50
April

Nicky weiß, was gut für kleine Hasen ist: gesunde Ernährung und viel Bewegung. Deshalb hat er auch gar keine Angst, als er zum Doktor muss. Und die Belohnung lässt nicht auf sich warten!

ca. 32 Seiten, Pappband
ca. € (D) 18.–/sFr 24.–*/€ (A) 18.50
April

Hamster Radel sitzt im Schaufenster einer Apotheke und soll Kunden anlocken. Doch dann bricht er aus, zusammen mit allen anderen unglücklichen Hamstern der Stadt, und findet im Weizenfeld ein neues Zuhause.

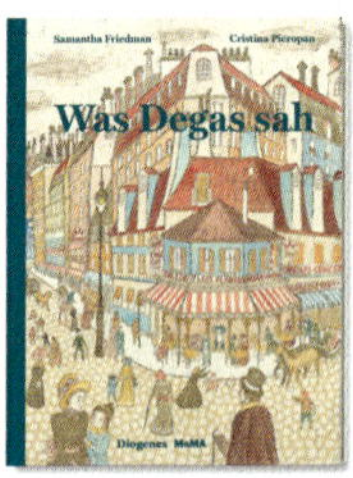

ca. 36 Seiten, Pappband
ca. € (D) 20.–/sFr 27.–*/€ (A) 20.60
April

Er begann als Historienmaler, doch Edgar Degas merkte schnell, dass er sich viel mehr für das interessierte, was sich vor seinen Augen in Paris ereignete. So entstanden einige der bedeutendsten und schönsten Bilder der Moderne.

16 Seiten, Pappband
ca. € (D) 14.–/sFr 19.–*/€ (A) 14.40
März

Ein großformatiges Papp-Bilderbuch mit vielen Details aus Miffys Welt. Ideal zum Sprechenlernen, zum gemeinsam Schauen, Fragen und Zeigen.

Diogenes Hörbücher

Ungekürzt gelesen von
Joachim Schönfeld
7 CD, Spieldauer ca. 533 Min.
ca. € (D) 25.–/sFr 34.–*/€ (A) 28.10
Juni

Ungekürzt gelesen von
Bibiana Beglau, Maren Egger,
Nina Kunzendorf, Maria Schrader
und Anna Schutt
6 CD, Spieldauer ca. 426 Min.
ca. € (D) 24.–/sFr 32.–*/€ (A) 27.–
März

Ungekürzt gelesen von
Luise Helm
5 CD, Spieldauer 395 Min.
ca. € (D) 26.–/sFr 35.–*/€ (A) 29.20
März

Ungekürzt gelesen von
Wanja Mues
6 CD, Spieldauer ca. 458 Min.
ca. € (D) 24.–/sFr 32.–*/€ (A) 27.–
Juni

Ungekürzt gelesen von
Johannes Steck
8 CD, Spieldauer ca. 663 Min.
ca. € (D) 26.–/sFr 35.–*/€ (A) 29.20
Mai

Ungekürzt gelesen von
Robert Stadlober
8 CD, Spieldauer ca. 592 Min.
ca. € (D) 24.–/sFr 32.–*/€ (A) 27.–
April

Ungekürzt gelesen von
Robert Stadlober
4 CD, Spieldauer 257 Min.
€ (D) 22.–/sFr 30.–*/€ (A) 24.70

Ungekürzt gelesen von
Charly Hübner
6 CD, Spieldauer ca. 438 Min.
ca. € (D) 26.–/sFr 35.–*/€ (A) 29.20
Juni

Ungekürzt gelesen von
Lars Eidinger
6 CD, Spieldauer ca. 442 Min.
ca. € (D) 26.–/sFr 35.–*/€ (A) 29.20
Juni

---

*unverbindliche Preisempfehlung (gilt für den sFr-Preis bei Büchern und für Hörbücher generell). Alle Angaben ohne Gewähr.

Fauser. Lesen. Jetzt.

Start der großen neuen Edition

ca. 192 Seiten, Leinen
ca. € (D) 24.–/sFr 32.–*/€ (A) 24.70
Juni

Der frühe Fauser – direkt, brutal; in neuer Zusammenstellung mit exklusivem Material.

ca. 352 Seiten, Leinen
ca. € (D) 24.–/sFr 32.–*/€ (A) 24.70
Juni

Das autobiographische Meisterwerk – rasant, brutal ehrlich und witzig.

ca. 352 Seiten, Leinen
ca. € (D) 24.–/sFr 32.–*/€ (A) 24.70
Juni

Heinz Harder in Hinterhof-Clubs und Spielhöllen inmitten von Politik und Wirtschaft.

»Nicht jeder Autor taugt dafür, dass man sich noch einmal und mit zeitlichem Abstand seine Texte vornimmt. Bei Fauser lohnt es sich.«

Jürgen Ploog

Bestellnummer: 978-3-257-95417-3/50 Exemplare

Neue Diogenes Bücher

Frühjahr 2019

Charles Lewinsky

Wer nicht sprechen kann, muss schreiben.

416 Seiten, Leinen
ca. € (D) 24.–/sFr 32.–*/€ (A) 24.70
April

Weil er Stotterer ist, vertraut er ganz auf die Macht des geschriebenen Worts und setzt es rücksichtslos ein, zur Notwehr ebenso wie für seine Karriere. Ein Betrug bringt ihn ins Gefängnis. Mit Briefen, Bekenntnissen und erfundenen Geschichten versucht er dort die Leute für sich zu gewinnen, die über sein Los bestimmen: den Gefängnispfarrer, den Drogenboss, den Verleger.

ca. 256 Seiten, Leinen
ca. € (D) 24.–/sFr 32.–*/€ (A) 24.70
Juli

Entdecken Sie den Krimiautor Petros Markaris von einer ganz anderen Seite. Über die inspirierende Freundschaft zwischen Markaris und dem Regisseur Angelopoulos.

Joey Goebel

Über die Suche nach einem Weg durchs Leben und nach dem einen Menschen, der ihn mit uns geht.

304 Seiten, Leinen
ca. € (D) 22.–/sFr 30.–*/€ (A) 22.70
März

Ein paar ganz normale Menschen, deren Leben nicht das ist, was sie sich erträumt haben. Die dennoch um ihr winziges Stück vom Glück kämpfen und lieber heute als morgen aus der Kleinstadt in Kentucky wegwollen. Sie holen sich blutige Nasen und geben trotzdem nicht auf. Denn sie wissen: Irgendwann wird es gut.

detebe 24481, ca. 352 Seiten
ca. € (D) 13.–/sFr 17.–*/€ (A) 13.40
April

Was, wenn du deinen Vater töten willst – und er dich genau dazu erzogen hat? Ein elektrisierender literarischer Thriller.

Auch als eBook · Auch als Hörbuch · Auch als Hörbuch-Download

Daniela Krien

Liebe ist kein Gefühl. Liebe ist keine Romantik. Liebe ist eine Tat.

288 Seiten, Leinen
ca. € (D) 22.–/sFr 30.–*/€ (A) 22.70
März

Sie heißen Paula, Judith, Brida, Malika und Jorinde. Sie kennen sich, weil das Schicksal ihre Lebenslinien überkreuzte. Als Kinder und Jugendliche erlebten sie den Fall der Mauer, und wo vorher Grenzen und Beschränkungen waren, ist nun die Freiheit. Doch Freiheit, müssen sie erkennen, ist nur eine andere Form von Zwang: der Zwang zu wählen. Fünf Frauen, die das Leben aus dem Vollen schöpfen. Fünf Frauen, die das Leben beugt, aber keinesfalls bricht.

detebe 24441, 368 Seiten
€ (D) 13.–/sFr 17.–*/€ (A) 13.40

Ein Roman über falschen Glanz, Eitelkeit und den Hunger nach Ruhm – und über wahre Schönheit, die mit alldem nichts zu tun hat.

ca. 432 Seiten, Leinen
ca. € (D) 25.–/sFr 34.–*/€ (A) 25.70
Mai

Im Leben mehr Glück versammelt Würdigungen von Menschen, die Erich Hackl wichtig sind. Wer sie waren und wofür sie einstanden.

Lukas Hartmann

Ein Stern fällt vom Himmel.
Vom Weltstar zum Flüchtling – das Schicksal des Joseph Schmidt

288 Seiten, Leinen
ca. € (D) 22.–/sFr 30.–*/€ (A) 22.70
Mai

Seine Stimme füllte Konzertsäle, betörte die Damenwelt, eroberte ein Millionenpublikum. Joseph Schmidt, Sohn orthodoxer Juden aus Czernowitz, hat es weit gebracht. 1942 aber gelten Kunst und Ruhm nichts mehr. Auf der Flucht vor den Nazis strandet der berühmte Tenor, krank und erschöpft, an der Schweizer Grenze. Wird er es sicher auf die andere Seite schaffen?

detebe 24489, ca. 256 Seiten
ca. € (D) 12.–/sFr 16.–*/€ (A) 12.40
April

In bildkräftiger und phantasievoller Sprache schildert Fatou Diome das Leben in Afrika und in Europa. Ein Buch über die Essenz der Dinge, über das, was bleibt.

Kent Haruf

Ein paar einsame Seelen, die trotz aller Unterschiede zueinanderfinden.
Das ist der Zauber von Holt, Colorado.

416 Seiten, Leinen
€ (D) 24.–/sFr 32.–*/€ (A) 24.70
Februar

Zwei alte Viehzüchter müssen den Wegzug ihrer Ziehtochter verkraften. Ein Ehepaar kämpft in seinem verwahrlosten Trailer um ein Stückchen Würde und um seine Kinder. Ein elfjähriger Junge kümmert sich rührend um seinen kranken Großvater. So hart das Schicksal auch zuschlägt – die Menschen in Holt sind entschlossen, dem Leben einen Sinn abzutrotzen.

detebe 24465, 224 Seiten
€ (D) 12.–/sFr 16.–*/€ (A) 12.40

Es ist nie zu spät für die Liebe. Ein lebensweiser Roman über zweite Chancen und die Freiheit des Alters, ein berührendes Buch über spätes Glück.

Ian McEwan

Sind Maschinen die besseren Menschen, die besseren Liebhaber, die besseren Freunde?

ca. 368 Seiten, Leinen
ca. € (D) 24.–/sFr 32.–*/€ (A) 24.70
Juni

Charlie ist ein sympathischer Lebenskünstler Anfang 30. Miranda eine clevere Studentin, die mit einem dunklen Geheimnis leben muss. Sie verlieben sich, gerade als Charlie seinen ›Adam‹ geliefert bekommt, einen der ersten lebensechten Androiden. In ihrer Liebesgeschichte gibt es also von Anfang an einen Dritten: Adam. Kann eine Maschine denken, leiden, lieben? Adams Gefühle und seine moralischen Prinzipien bringen Charlie und Miranda in ungeahnte – und verhängnisvolle – Situationen.

detebe 24450, ca. 400 Seiten
ca. € (D) 13.–/sFr 17.–*/€ (A) 13.40
Mai

Eine faszinierende Reise quer durch Amerika und die goldenen Jahre von Blues und Rock. *Vintage* ist eine Geschichte, bei der in jedem eine Saite erklingt.

detebe 24458, ca. 336 Seiten
ca. € (D) 12.–/sFr 16.–*/€ (A) 12.40
März

Brutal ehrlich und brüllend komisch erzählt George Watsky aus seinem Leben als junger Mann, als Musiker, als Freund und als Sohn. Cool, rotzig und sprachlich brillant.

Anthony McCarten

Und dann waren es plötzlich zwei Päpste.

ca. 368 Seiten, Leinen
ca. € (D) 24.–/sFr 32.–*/€ (A) 24.70
März

Im Februar 2013 macht Papst Benedikt XVI. eine sensationelle Ankündigung: Er tritt zurück. Sein Nachfolger wird Jorge Bergoglio aus Argentinien. Heute wohnen sie im Vatikan fast Tür an Tür, diskutieren oft, unternehmen lange Spaziergänge. Die faszinierende Doppelbiographie zweier gegensätzlicher Persönlichkeiten.

detebe 24476, ca. 400 Seiten
ca. € (D) 12.–/sFr 16.–*/€ (A) 12.40
Mai

Fünf Auserwählte in einem unterirdischen Palast, den seit zweihundert Jahren niemand betreten hat – ein echter Pageturner.

Tracy Barone

»Manchmal brauchen wir ein halbes Leben, um erwachsen zu werden.«

512 Seiten, Leinen
ca. € (D) 24.–/sFr 32.–*/€ (A) 24.70
Mai

Sol und seine Frau freuen sich auf ihr Kind. Da erleidet Cici eine Fehlgeburt, so dass Sol sich nicht anders zu helfen weiß, als hinter ihrem Rücken ein Kind zu adoptieren: Cheri. Ein rebellisches Mädchen, das auch als Frau nicht dazu bereit ist, die Erwartungen anderer zu erfüllen. Ein Buch über die Familie, an der man sich die Zähne ausbeißt und ohne die man trotzdem nicht sein kann.

detebe 24472, ca. 272 Seiten
ca. € (D) 12.–/sFr 16.–*/€ (A) 12.40
Juni

In wenigen sorgsamen Strichen gelingen dem Autor Porträts von Orten, Situationen und Menschen, die man zu kennen glaubt, ohne sie je gesehen zu haben.

Raffaella Romagnolo

Von einer, die bleibt, und einer, die geht

528 Seiten, Leinen
ca. € (D) 24.–/sFr 32.–*/€ (A) 24.70
April

Piemont, 1946. Giulia Masca kommt als gemachte Frau zurück in das Städtchen ihrer Kindheit, wo sie noch eine Rechnung offen hat. Vor fast fünfzig Jahren wurde sie hier von ihrer besten Freundin Anita und ihrem Verlobten hintergangen, weshalb Giulia die Flucht ergriff und sich in New York eine neue Existenz aufbaute. Nach einem halben Jahrhundert will sie Anita wieder treffen – wie werden sie sich gegenübertreten?

detebe 24457, 352 Seiten
€ (D) 12.–/sFr 16.–*/€ (A) 12.40

Zwei Brüder, die mit Mitte vierzig innehalten und ihre Position ausloten. Eine bittersüße Familiengeschichte all'italiana.

detebe 24493, ca. 416 Seiten
ca. € (D) 13.–/sFr 17.–*/€ (A) 13.40
April

Barbara Vine führt den Leser in den Untergrund der englischen Gesellschaft und in die Abgründe der menschlichen Psyche.

Ingrid Noll

»Viele unserer Kommilitonen sehen aus wie Banker, topgepflegt, langweilig, brav. Keine Spur von Opposition.«

368 Seiten, Leinen
ca. € (D) 24.–/sFr 32.–*/€ (A) 24.70
März

Fünf junge Leute wollen es der Wegwerfgesellschaft zeigen: Tante Emmas altes Bauernhaus soll nicht abgerissen, sondern in eine alternative Studenten-WG verwandelt werden. Doch für die Renovierung fehlt das Geld. Da taucht in Emmas Trödel ein Säckchen mit wertvollen Goldmünzen auf. Aber der Schatz holt sie nicht etwa aus der Bredouille. Im Gegenteil, er führt sie mitten hinein …

Paperback 30044, ca. 336 Seiten
ca. € (D) 16.–/sFr 21.–*/€ (A) 16.50
März

Religiöse Fanatiker und eine verschwundene Tochter – Kenzie & Gennaro ermitteln gezwungenermaßen im Auftrag eines schwerreichen Magnaten.

Martin Walker

Bruno in einer Doppelrolle als *Chef de police* und *Chef de cuisine*

ca. 480 Seiten, Leinen
ca. € (D) 24.–/sFr 32.–*/€ (A) 24.70
Mai

Bruno steht vor einer Herausforderung: Er soll in Pamelas Kochschule Feriengästen lokale Geheimrezepte beibringen. Die Messer sind gewetzt, die frischen Zutaten bereit, doch die prominenteste Kursteilnehmerin fehlt: die Frau eines britischen Geheimdienstoffiziers. Bruno spürt sie auf – in einem Liebesnest, das bald zum Schauplatz eines Doppelmords wird.

detebe 024477, 416 Seiten
ca. € (D) 13.–/sFr 17.–*/€ (A) 13.40
Juni

10-jähriges Dienstjubiläum für *Bruno, Chef de police* – Gourmet, Sporttrainer und begehrtester Junggeselle von Saint-Denis.

zuständige Minister auch noch als Geschäftsmann darin verwickelt ist?

Die Geschichte wiederholt sich nicht, sie parodiert sich nur gern. Fünfzig Jahre nach Hitlers Machtergreifung ergriffen lauter getürkte Hitler die Macht, und wieder einmal waren es nicht Moskau und die Juden, die das Szenario schrieben, sondern eine Bande eitler Fante, miese Kanalratten einer Gesellschaft, die sich über die Glotze alltäglich ihre Dosis Verblödung injiziert und über ihren *Stern* einmal die Woche ihre Dosis Aufklärung. Aber wenn wir dann bald alle verkabelt und verdatet sind, dann wird auch der letzte *Stern*-Redakteur begreifen, dass sie selbst, die liberalen Progressiven auf dem Affenfelsen, Orwells *1984* schon in ihr Blatt hievten, bevor wir an Big Brother angeschlossen waren: Mit der Sprache der Lüge und der Fälschung lässt sich nicht nur Staat, sondern vortrefflich Kasse machen.

Für das vergiftete geistige Klima, das die *Stern*-Skandale verdeutlicht haben, trägt auch die SPD Verantwortung. Die unglaublich dumme Kulturpolitik, die sie nicht nur in den von ihr regierten Kommunen, sondern auch (siehe das Verkommen und Verschwinden ihrer Presse) in der eigenen Partei getrieben hat, die Theoriefeindlichkeit ihrer Macher und die Theorieversessenheit ihrer Träumer, die Arroganz ihrer Apparate und die Trägheit ihrer Funktionäre, das allmähliche Verschwinden ihrer Tradition in den technologischen Planspielen der sie vollends dominierenden Kaste der Staatstechniker, all das sind deutliche Spuren eines Weges, der nicht nach vorne führte. Natürlich kann nicht alle Tage Aufbruchstimmung sein, aber die Lethargie der Linken und die moralische Korruptheit der Mitte, die glaubt, mit grünen

Bäumchen ihre geistige Leere aufforsten zu können – sie sind das Defizit, das wir alle zu bezahlen haben. Wenn Mafiosi den Staat übernehmen, ist es Zeit, Demokratie neu zu definieren.

(*tip* 13 / 1983)

Im lauen Bad der Sätze

Eine neue Generation Kulturkritiker ist herangewachsen, deren Beiträge einen schaudern lassen.

Zu den bedenklichen Erbstücken, die uns der Narzissmus der siebziger Jahre hinterlassen hat, gehört ein Trend im Neuen Deutschen Feuilletonismus – jene Kulturkritik, deren Autoren sich selbst wichtiger nehmen als den Gegenstand ihrer Betrachtung. Sich selbst, damit meine ich: ihr Spiegelbild im lauen Bad ihrer Sätze. Dass sie auch Haarausfall oder Hämorrhoiden haben wie andere Menschen, Fickprobleme oder Schwierigkeiten mit dem Hausmeister, nein, das haben sie nicht zum Gegenstand ihrer *Diskurse* gemacht, sondern die schwarzen Stiefel, die Yamaha oder Harley Davidson, ihr geiles Fußballfeeling, den Fluss ihrer wichtigen Wörter, ihr Styling, ihre Gefühle, ihren eigenen Stil. Nicht etwa rasende Reporter und politische Paranoiker bestimmen den »new journalism« bei uns, sondern durchgestylte Narzisse aus dem Dunstkreis der Adorno-Seminare und des Kulturbolschewismus der 68er-Bewegung, Flower Power made in Pöseldorf, eine Deinhard-Lila-Fraktion der deutschen Spätlinken, auf die alle passt, wenn Raddatz säuselt: »*I wish I was a writer.*«

Es lohnt sich, auf zwei profilierte Stylisten der allerneuesten Generation aufmerksam zu machen, um sich beizeiten gegen geistiges Ungemach zu stählen. Rainald Goetz ist ein quirliger Mensch von Ende 20, ein Akademiker mit grün oder blond gefärbter Haartolle, Medizin und Geschichte, der sich unlängst darin gefiel, vor den Kameras irgendeiner Kultursendung mit Selbstverstümmelung zu kokettieren und im Herbst (bei Suhrkamp, na klar doch) seinen ersten Roman vorlegen wird, der *Irre* heißt, na ja doch. Die Leser des an orthodoxere Kost gewöhnten *konkret* müssen ganz schön erstaunt gewesen sein, als sie im Januarheft einen Bericht von Rainald Goetz über eine Begegnung mit Patricia Highsmith vorgesetzt bekamen; »Ängst, immer habe ich Ängst«. Psychofeuilleton meets Psychothriller, das hatte man sich in Hamburg wohl so ähnlich gedacht, aber unsere neuen Narzisse wären ihre Sicherheitsnadeln nicht wert, gelänge es ihnen nicht, anlässlich einer banalen Kulturreportage ihre Wässerchen in den Gärten des Kulturbetriebs abzusondern wie läufige Kater.

An welchen ästhetischen Kategorien sich dieser New-Wave-Journalismus orientiert, kommt bei Goetz so neckisch zum Ausdruck, wie das hierzulande schon lange keiner mehr gekonnt und gewollt hat. Von der Photographin Isolde Ohlbaum heißt es: »Die Frau hat hennarotes Kruselhaar, in das ich auf der Stelle hineinlangen möchte wie in ein Schamhaar, dass sie kreischt.« Von dem neuen Kulturressortleiter beim *Stern*: »Nein, Herrn Freyermuth gibt es in echt, und jeder der will, kann sich davon überzeugen, dass er mit seinen graumelierten Haaren mehr als gut: blendend aussieht und ein geschliffenes, wenig gewinnendes Auftreten hat.« Also, Truman Capote könnte das auch noch in der Gummizelle besser, aber besonders interessant fand ich diesen Absatz: »Nicht lange her, da traf ich den definitiv kommenden Star der deutschen Kulturkritik, den 24-jährigen *Sounds*-Redakteur Diedrich Diederichsen ... Da sah ich in einer weiten, leergefegten Diskothek mein Idol dicklich und linkisch, mit ausgebreiteten, schräg in der Luft hängenden Armen, hüpfend sich bewegen – und war vor diesem unsouveränen Auftreten der Intelligenz erheitert und gerührt.«

Aha. Nun war zwar gerade um diese Zeit *Sounds* eingestellt worden, die Leser waren dem kommenden Star und seinen Starlets definitiv ausgeblieben, aber seitdem habe ich doch ein Auge auf das, was Diederichsen schreibt, und so unterzog ich mich auch der Mühe, seinen Beitrag in dem rororo-Bändchen *Schocker – Stile und Moden der Subkultur* zu lesen, das unlängst erschienen ist (unter dem reichlich großkotzigen Label Medien subversiv – also Holtzbrinck subventioniert die Subversion, oder wie?). Und ich beeile mich hinzuzufügen, dass ich von dem Auftreten der Intelligenz auf diesen Seiten alles andere als erheitert und gerührt bin – nicht, weil es souverän wäre, sondern weil es ein ungenießbarer Brei ist, einer von den vielen, die uns zugemutet werden, und ungefähr so subversiv wie ein Abführmittel, das nicht funktioniert.

Diederichsens Thema ist nämlich nichts weniger als – so der Titel – *Die Auflösung der Welt – Vom Anfang und Ende*, und er bezieht das auf die »semiotische Katastrophe«, womit er den Untergang der Lehre von der Erkennung der Krankheiten meinen muss – falls ich ihn da ohne Fremdwörterduden richtig verstanden habe. Wenn ich Diederichsen lese, muss ich unwillkürlich an Orwell denken, von dem der Satz stammt »Gute Prosa ist wie eine Fensterscheibe« (vermutlich wie eine, durch die man hindurchblicken kann), und der natürlich die semiotische Katastrophe dieses Jahrhunderts lange vor Diederichsen erkannte und sie in *1984* so geschildert hat, dass auch Nichtakademiker sie verstehen können. Denn das ist der Ort, wo dieser Sprachbrei gekocht wird, das deutsche Seminar und der Schulungskurs marxistischer Kaderparteien, und wenn deren semantische Katastrophen auf die Pop-Kultur übertragen werden, dann liest sich das so: »Wählt man die Metapher einer politischen Revolution, dann sind 1979/80 die B-52s, Madness oder Dexys Midnight Runners diejenigen, die unter Ausnutzung der Voraussetzungen der Revolution den Sozialismus aufbauen, während Siouxsie, Japan und New Order und die anderen Cocteau-Leser und Zen-Wiederentdecker zu Hause sitzen und sich die Freiheit mit endlosem *Monopoly*-spielen vertreiben. Sie genossen den unverbindlichen Nachklang der alten Welt (Europa, Kunst, Individuum, Lehre etc.) in ihren Retro-Bohemia-Simulacra, so wie wir den Nachklang des Kapitalismus im *Monopoly*-Spiel genießen …«

Wir sehen, nicht umsonst gab es in der *Sounds*-Redaktion eine »bolschewistische« und eine »neomenschewistische« Fraktion, auch vom »Glam-Trotzkismus« war schon zu hören. Was den Prolos auf der Bühne die ss-Rune, der Knobelbecher und der »Tanz den Adolf Hitler«, das ist den Deutern am Schreibtisch der Bolschie-Diskurs. Es ist eben ein wütendes Rumoren in den deutschen Köpfen, diesen Schlachtfeldern der Theoreme und ihrer Begriffe. Es ist ein unentwegtes Wotansbrausen in diesem Nebel- und Niflheim, wogende Rösser, dampfende Moore, Gemetzel allerorten. Man sieht, was die Dauerkrise unserer politischen Kultur angerichtet hat, man sieht die definitiv kommenden Stars der Kulturkritik und ihre Verführer und Verächter mit den grünen Tollen und den Rasiermessern, Kulturzombies eines Kapitalismus, der verzückt seinem eigenen Nachklang hinterherlauscht in der endlosen Nacht des *Monopoly*. Irre.

(*tip* 14/1983)

Sommer in der Stadt

In den wenigen Sommer-Wochen muss die eigene Substanz erneuert werden, damit dieses Land bewohnbar bleibt.

Sommer, und noch immer ist dieses Land bewohnbar, die City leuchtet. Die langen Tage und funkelnden Nächte in der Stadt mit all ihren spielerischen Momenten von Verheißung und Lust, sie führen uns vor Augen, wie gut es sich noch immer bei uns leben lässt, wie nonchalant, ja urban das Miteinander unter den dumpfen Deutschen geworden ist, auch wenn die apokalyptischen Reiter von vielen schon im Anflug auf die Fernsehantennen gesichtet werden. Die neuen jungen Mädchen sind tatsächlich junge Mädchen, und es sieht so aus, als könnten sie sogar mit dem Narzissmus, dieser fauligen Sumpfblüte der siebziger Jahre, unbefangener umgehen als die intellektuellen New-Wave-Kritiker in Hamburg und anderswo. Es lohnt sich wieder, lange aufzubleiben, zu schauen, zu schmecken, zu fühlen; die Luft in den Asphaltschluchten knistert wie Seide, und wie eisige Feuer lodern die Lichter in den Hochhäusern. An der Neige des Jahrhunderts können wir noch einmal die ästhetischen Wunder dieser Zivilisation genießen, während wir von den Zehen aufwärts schon von ihrem Gift zerfressen werden.

Dass es nicht so bleiben wird, ist allen klar bis auf den Kanzler Kohl. Denn auch das gehört zu diesem deutschen Sommer: Es ballen sich in der Welt wie bei uns Konflikte zusammen, die alle Horror-Visionen pessimistischer Geschichtsschreiber und Zivilisationskritiker zu Makulatur reduzieren werden, und der deutsche Kanzler kommt mit rosigem Gesicht von Kutschenfahrten zurück und verkündet, der Aufschwung, in dessen Namen er gewählt worden ist, sei nun Gewissheit. Selten war ein Politiker zu beobachten, der dem altbackenen Charme seines eigenen Mumpitz' schon in vergleichsweise jungen Jahren so erlegen ist wie Helmut Kohl. Ich weiß nicht, ob dieser Mann überhaupt noch imstande ist, etwas von dem wahrzunehmen, was in der Welt jenseits der Rosengärten, durch die solche Staatenlenker in einem fort zu schreiten scheinen, vor sich geht (auch Helmut Schmidt hatte da manchmal einen Knick in der Optik); wenn dem so ist, dann müssten ihm ja auch, wie dem deutschen Zeitungsleser, Prognosen und Hochrechnungen von Wirtschaftsinstituten zu Ohren gekommen sein, nach denen es im Jahr 1990 allein in der Bundesrepublik zehn Millionen Arbeitslose geben wird. Und das, war neulich zu lesen, ist noch eine optimistische Prognose.

Mit dem weinverwöhnten treudeutschen Konservativismus, wie ihn der Mann aus Oggersheim als Hausmarke führt, ist unter solchen Auspizien dann kein Staat mehr zu machen. Es wird nichts schaden, in den nächsten Monaten und Jahren zu beobachten, was Maggie Thatcher aus ihrer satten Mehrheit macht. In Großbritannien – und natürlich in Reagans USA – hieß das Konzept der letzten Jahre: Die Reichen werden auf Kosten der Armen noch reicher, und was die Sowjetunion angeht, diesen Hort des Bösen, so werden wir sie notfalls bis in den Weltraum zu Tode rüsten. Kein Zweifel: In den kommenden Jahren, wenn Ressourcen, Arbeit, Gesundheit, Ernährung, Wasser, Geld und Luft immer knapper werden, kommt die große Stunde von Politikern, die die weiße, mit Arbeit noch versorgte Minorität auf der Erde notfalls bis zum Holocaust gegen die Habenichtse führen werden.

Es würde mich wundern, wenn Helmut Kohl mit seinem geblümten Seid-nett-zueinander-Konservativismus dann noch zu Potte käme, es sei denn als Generalist der Generale.

Freuen wir uns also in diesen lauen Nächten auch der Segnungen der parlamentarischen Demokratie, die es uns erlaubt, die Fassade für den Inhalt zu halten. Schwenken wir die lila Friedenstücher, wenn wir schon keine Friedenstauben essen, weil wir ja Tierfreunde sind, freuen wir uns mit den Fußballern, die bis September Urlaub von Jupp Derwall haben, freuen wir uns auch auf die neuen Folgen von *Dallas*, das uns doch so viel näher steht als diese morbide Konkurrenz aus *Denver*. Freuen wir uns auf die neuen Raketen, die uns wieder so viel gerechte Entrüstung ins Haus bringen werden, und freuen wir uns auf die Herbstproduktion der deutschen Verlage mit all den aufregenden Neuerscheinungen aus der Welt unserer Dichter und Denker, von Kristiane Allert-Wybranietz und Gabriele Wohmann bis Udo Lindenberg und Rudolf Bahro. Freuen wir uns am Aufschwung, Aerobic ist überall. Die Arbeitslosenzahlen sind geschönt, und die Handelsbilanzen gehen in den Keller, die Zinsen steigen und der Stahl ist bankrott, die Werften machen dicht und die Mikrochips tschirpen, trali, trala, der

Sommer ist da. Auch die SPD ist da, und die macht ihre Sache wieder so ordentlich, wie wir das gewohnt sind von ihr – seltsam, wie schnell das mit der Macht vergehen kann, schneller als ein Sommerwind: Eben war da doch noch was, ein Kanzlergrollen, ein Böllingbuch, und nun? Und Herbert Wehner ist nicht mehr da.

Doch wenn wir in diesen Tagen finden, dass die jungen Leute eine immer noch sehr gute (manche meinen, verblüffend unbeteiligte) Miene zu den bösen Spielchen machen, die mit uns getrieben werden, dann erinnere ich zumindest mich gerne daran, dass es die Sozialdemokraten waren, deren Politik der offenen Hände es dem Gros der kleinen Leute und vor allem ihren Kindern ermöglicht hatte, in ihr Alltagsleben unbeschwerte Momente zu bringen. Was da seit 1969 scheibchenweise an sozialen Erleichterungen in Gang gesetzt wurde – um nur Bafög zu nennen –, das heißt also an Möglichkeiten, am Leben teilzunehmen, an Kultur, das hat zur Verschönerung und zur Verbesserung des deutschen Milieus bis in die miefigsten Ecken der Provinz mehr beigetragen, als es der politischen Rechten lieb sein konnte; und genau das ist der Grund, warum es scheibchenweise jetzt wieder fortgenommen werden wird. Wenn die Bundesrepublik so etwas wie ein liberales Gemeinwesen geworden war, dann vor allem deshalb, weil die arbeitende Jugend wenigstens ansatzweise instandgesetzt wurde, sich selbst Liberalität leisten zu können; und wenn der künftige Verzicht auf solche Leistungen zur reaktionären Wende führen wird, dann werden wir alle zusammen die Zeche für diese »geistig-moralische Erneuerung« bezahlen.

Sommer, und noch immer ist dieses Land bewohnbar.

Und in solchen wenigen leuchtenden Wochen heißt es, die eigene Substanz zu erneuern, damit es auch im Winter bewohnbar bleibt.

(*tip* 15/1983)

Öffentlich-rechtlicher Schweiß

Wie uns die Kultur-Matadoren des deutschen Fernsehens ständig an Privat-TV denken lassen.

Wie dumm dürfen Kultursendungen in unseren öffentlich-rechtlichen Fernsehsystemen eigentlich sein, bevor sie abgeschafft werden – die Kultursendungen und die öffentlich-rechtlichen Fernsehsysteme? Diese Frage stellte sich mir zuletzt am 8. Juli, und zwar angesichts einer *Aspekte*-Literatur-Sendung, in der »Lyrik« und »Unterhaltungsliteratur« verhandelt wurden, zwei Genres, die mir nicht ganz fremd sind.

Zunächst tritt die Kabarettistin Astrid Jacob auf und trägt etwas von Mascha Kaléko vor – nichts dagegen zu sagen, bis auf die Tatsache, dass die sogenannte Vertonung dieses Gedichts so viel Musik hat wie eine Bundestagsdebatte über die europäische Agrarordnung. Dafür darf Frau Jacob aber anschließend dem Moderator erklären, sie als Sprachliebhaberin habe ja leider in all den »Unterhaltungssongs«, die sie gehört habe, nie eine »gute Sprache« entdeckt – ein elitärer Blödsinn, der unwidersprochen bleibt. Dass auf ihrer eigenen Platte Texte der Kaléko fehlen, lastet Frau Jacob den bösen Ignoranten von der Plattenfirma an – auf den Gedanken, dass die Leute möglicherweise etwas Sinn für Musik haben, ist die Gute nicht gekommen. Aber da stellt Moderator Martens schon Kristiane Allert-Wybranietz vor, ein Wesen aus dem Bauchnabel der deutschen Provinz (verkaufte Auflage ihrer Gedichte: an die halbe Million). Sie möchte aber gar nicht als Lyrikerin verstanden werden, »ich habe Zweifel am geschriebenen Wort!«, Martens: »Stichwort Lebenshilfe!« Claro. Die beiden haben eine Fernsehausstrahlung wie eine Scheibe Knäckebrot mit Teewurst, und der Lyriker – und Essayist, bitte sehr! – Hans-Jürgen Heise aus Kiel trägt eine blaue Plastikwindjacke und verweist auf einen eben im *Rheinischen Merkur* publizierten Aufsatz. Gedichte werden auch gelesen – und dazu fallen einem Assoziationen ein wie: atemlos, dreist, Espenlaub, wie bitte? Moderator Schwarzenau sagt zu Karin Kiwus tatsächlich den Satz: »Sie sitzen neben Frau Allert-Wybranietz, aber im Lyrischen trennen Sie Welten!«, und nachdem sie ihm keine runterhaut, setzt er noch eins drauf: »Wie verstehen Sie Ihr lyrisches Schreiben?«, worauf sie völlig ernsthaft: »Meistens setze ich ganz entschieden auf die Phantasie!« Karin Kiwus ist eine wirklich lesbare Autorin und sicher geübt im Umgang mit Penetranz, aber gegen das Duo Martens / Schwarzenau fällt ihr auch nichts anderes ein als: »Lyrik sollte mehr bieten, auch an Widerstand!« Das schöne Wort wartet, dass jemand es aufgreift, doch nichts geschieht, und lautlos zerfällt es im Raum.

Jetzt aber im karierten Sommersakko Peter Hamm, eine Art Robert Redford der deutschen Lyrik, auch Redakteur beim Bayerischen Rundfunk, »ein Kollege – sozusagen«, und Martens dummdreist: »Darf ich ganz naiv fragen, warum schreiben Sie? Sie haben doch schon einen ausgefüllten Berufsalltag!« Doch Hamm ist ganz Dichter: Das Ventil!

18 Jahre kein Gedicht! Ekel vor dem Text! Kunst kommt nicht von Können, sondern von Müssen! Aber Müssen muss man auch können! Sofort Schwarzenau: »Stichwort Leidensdruck!« Indes: »Herr Heise! Ihre Thesen! Schon vor einem Jahr!« Und jetzt geht die Post ab, könnte man denken, denn Heise nervt die Feuilletons tatsächlich seit einem Jahr mit seinen Ausfällen gegen die herrschende depressive Stimmung, die ja auch kein Wunder ist – bei diesen Fernsehprogrammen. Aber ab geht Folgendes. Hamm (contra Heise): »Bei Ihnen die Forderung nach Wende! Depressivität wird denunziert! Wer nicht depressiv ist, tut mir leid!« Niemand verbittet sich diese Unverschämtheit, im Gegenteil – Frau Allert-Wybranietz zieht heftig an ihrer Reval (»In meinem Haus muss alles schmecken.«) und kann ihre »Kollegen« völlig akzeptieren – na so was! Von Heise höre ich: »Sie sind im Wellental!« Und: »Ich möchte klarstellen!« (Ausgerechnet im Fernsehen – das kommt davon, wenn man den *Bericht aus Bonn* verinnerlicht.) Plötzlich fällt das böse Wort »Mitläufer«, wer hat das nun –? Aha, Heise. Ich warte, dass ihm das jemand übelnimmt, stattdessen Hamm: »Wir sind alle Mitläufer!« Jetzt gehn sie in den Clinch wegen einer Hamm-Anthologie von 1966, Hamm: »Schon damals! Naturlyrik! *En masse!*« Und er zitiert (endlich) Adorno: »Chaos in die Ordnung bringen!« Jetzt ist er überhaupt nicht mehr zu bremsen: »Das Gedicht hält sich nicht! Das ist ja das Tolle!« Worauf Heise mit letztem Einsatz: »Koexistenz!« und Martens, sich den Schweiß von der Stirn tupfend: »Wie schon Hölderlin sagte: Was aber bleibet, stiften die Dichter – also, das war die Überleitung zu meinem Kollegen, der nun einige Anthologien vorstellt …«

Schwarzenau verliest einen zweifellos von ihm verfassten Kurz-Essay über Lyrik-Anthologien (»Walther Killy hat zwölf Bände besorgt.«), dann noch einmal die Brettl-Tante mit ihrem altbackenen Agitprop-Scharm – und schon sind wir mitten in der Unterhaltungsliteratur. Und hier haben die Leute von *Aspekte* nun wirklich die allerschwersten Geschütze aufgefahren, nämlich die Familienautorin Alexandra Cordes (»Herr Martens, wenn wir heute keine Gefühle mehr hätten, wären wir Computer.« – Herr Martens fragt nicht, was gewesen wäre, wenn wir schon gestern keine Gefühle gehabt hätten, ihm entgleitet die Sendung sichtlich in Strömen von Schweiß) und einen Verfasser von 239 Arztromanen, einen, wie er sich nennt, medizinischen Aufklärer, dessen Bestseller den schönen Titel *Sünderin im Schwesternkleid* trägt – und dazu als Vertreter der Kriminalliteratur noch den schwäbischen Anwalt Fred Breinersdorfer mit tiefgebräuntem Zuhälterteint und in einem fabelhaften Freizeitoutfit – logo, wo er sonst doch so proper rumlaufen muss. Breinersdorfer also als Vertreter einer Zunft, die in den letzten Jahrzehnten zum wichtigsten Genre der Literatur überhaupt aufgestiegen ist, das muss den Mann mit dem Armkettchen (»Ich bin ein Amateur im Sinn der olympischen Regeln.«) überfordern – aber er hat es ja nur mit Schwarzenau und Martens zu tun, und die halten es schon für ein Fazit schlechthin, wenn sie erklären: Ja, wir machen auch keinen Unterschied zwischen U- und E-Literatur, nur gut sollte sie halt sein! Und jetzt noch einmal Astrid Jacob mit einem Lied eines – das sollte man gar nicht sagen, aber wir sagen es halt doch – eines U-Autors: Erich Kästner …

Mein Fazit war: Warum werden diese Verdummungsorgien nicht so lange boykottiert, bis sie von besseren Leuten gemacht – oder der Konkurrenz privater Sender ausgesetzt werden? Nichts gegen öffentlich-rechtlichen Schweiß, aber alles gegen staatlich sanktionierte Verhunzung.

(*tip* 16/1983)

Von Kampf und Krampf

Den Subventions-Artisten sollte ein Spiegel vorgehalten werden.

Wie tief der Dornröschenschlaf gewesen sein muss, in dessen vergoldetem Dämmer die deutsche Subventionskultur seit langem schlummerte, zwei Bayern haben es dem verdutzten Feuilleton vorgeführt. Wer je dort gelebt hat, müsste wissen, dass Friedrich Zimmermann und Herbert Achternbusch (und nicht etwa Franz Josef Strauß, der viel eher nach Schwarzafrika passt, dieser Togo-Franze, als an die lieblichen Isar-Auen) die Inkarnationen der zwei Seelen sind, die in des (Alt-)Bayern Brust hausen. Der Meineid-Bauer und der Anarcho-Seppl, sie sind die klassischen Figuren der oberbayerischen Folklore, und es geschieht den an viel zu vielen blassen Gedanken kränkelnden Nordlichtern nur recht, wenn sie den beiden Schlitzohren nun in die sorgsam ausgelegten Fallen stolpern. Wer im Fall des *Gespenster*-Filmchens »Kulturkampf!« zetert, kulturelle Aktionseinheit beschwört (wer subventioniert eigentlich mich?) und »die dunkelsten Kapitel unserer Geschichte« abmahnt (aus denen sich anscheinend jeder bedienen kann, dem sonst nichts einfällt), dem muss entweder jedes Gespür dafür abhandengekommen sein, wie hier zwei bayerische

Karrieristen sich augenzwinkernd übers Platzl helfen – oder er weiß das und piepst trotzdem mit, ein kleiner Chip im Automatenbetrieb der deutschen Kulturindustrie, gegen deren vorprogrammierte Rituale ein Roboter am Fließband von Ford geradezu menschlich wirkt.

Klar, wir werden den *Kulturkampf* bekommen, und zwar als Teil jenes großen *Kulturkrampfs*, wie ihn uns das Kultur-Establishment seit den Tagen der Re-education und der Gruppe 47 so lange um die Ohren gehauen hat, bis wir alle eines Tages geglaubt haben, die Waschzettel der Suhrkamp-Kultur und die *Aspekte*-Statements der Gremien-Filmer seien Wegzehrung genug für die Teilnahme am geistigen Leben dieser Republik. Es kann aber sein, dass wir diesmal in der Lage sind, diesem Kulturkampf eine ganz andere Richtung zu geben. Ich finde, es wird allmählich Zeit, den Subventions-Artisten, die sich für völlig unabhängige Künstler halten (woher kommt die Knete, Margarete?), unzweifelhaft klarzumachen, dass sie nichts anderes sind als die kulturschaffenden Doubletten jener treudeutschen Beamtenanwärter, die nichts lieber täten, als den Staat abzuschaffen, auf dessen Verfassung sie einen Eid leisten – allerdings, versteht sich, mit Pensionsberechtigung, vollem Mutterschutz und vierzehntem Monatsgehalt. Warum sollen es nur wieder die Kriegswitwen sein, die Behinderten, die Arbeitslosen, diejenigen also mit der schlechtesten oder gar keiner Lobby, die unter dem Abbau des Sozial- und Subventionsstaates zu leiden haben – und nicht vor allem diejenigen Subventionsempfänger, die sich jahre- und jahrzehntelang von Steuergeldern einen guten Tag gemacht und dabei eine Kultur zustande gebracht haben, der man heute endgültig ansieht, dass sie nur für eine winzige Minderheit gemacht ist, für jene Minderheit unter uns mit Arsch und Zeigefinger in einem deutschen Kultur-Gremium. Und man komme aus diesen Subventionistenkreisen nun nicht mit dem Aufschrei: »Aber Kultur muss uns gut und teuer sein!« Dann frage man die Rockmusiker nach ihren Subventionen, frage die vielen, die mit ihrer Kraft und ihren Ideen im Dschungel des freien Marktes produzieren. Ja, hätten sie wenigstens noch wie die Schweine, für die sie unsinnigerweise der *Bayernkurier* noch immer hält, in den Trögen gewühlt, grunzend, quiekend, trüffelschmatzend! Aber sah man ihre Produkte, sah man sie selbst, auf PR-Tournee durch die Studios der öffentlich-rechtlichen Anstalten, dann konnten sie uns schon längst nichts mehr vormachen. Das war kein Kraftfutter mehr, was sie bekamen, sondern rann durch den Tropf – Plasma für eine sterbende Kultur. Es wird Zeit, dass diese Kultur entstaatlicht wird.

Aber nicht nur für Kulturköpfe ist ja ein heißer Herbst verkündet, sondern für jene amorphe Masse, die der Ex-SPD-Abgeordnete Hansen (in *konkret*) als »die aktive Minderheit einer Mehrheit« ausgemacht haben will – obwohl vier Millionen Unterschriften unter dem Krefelder Appell, so stattlich sich das als Summe ausmacht, noch keine Mehrheit der Bevölkerung darstellen. Aber schon dieses eine Zitat (und die aus der Luft gegriffene Behauptung) kennzeichnet die Situation: Die deutsche Linke hat wieder einmal nichts begriffen, die deutsche Linke stolpert wieder einmal in eine eklatante Niederlage.

Was mich dabei erstaunt, ist die Existenz dieser Art von Linken (repräsentiert etwa von Hansen oder *konkret*-Herausgeber Gremliza), obschon sie in diesem Jahrhundert bei uns von einer Niederlage in die nächste gestolpert, geschwankt und gefallen ist. Und ob sie sich die Niederlage der SPD bei den letzten Wahlen, das allmähliche Zerreden und Ausfransen der Koalition in den Jahren davor – wie das einige unter ihren Wortführern tun – auch dann noch als Ruhmesblatt an die Pinnwand spießen, wenn ihre kühnsten Träume (»in Stammheim sehn wir uns wieder«) in Erfüllung gehn, das möchte ich denn doch bezweifeln – obwohl Gremliza alles tut, um mich zu widerlegen, wenn er etwa (*konkret* 8/83) schreibt, sein »seelisches Gleichgewicht« sei gestört, wenn »ein Schwein« wie der US-Vizepräsident Bush »das Land, in dem ich lebe, unversehrt passieren kann«. Das ist die Sprache der gewalttätigen Szene, und obwohl Gremliza natürlich kein Steinewerfer ist (»Keine Steine auf die Schweine«), biedert er sich bei denen, die zur Gewalt bereit sind, fleißig an (»Friedenstunten« und »Oma Jungk« sind auch nur zwei Sottisen aus dem Wörterbuch dieses Katheder- und Kolumnenkommunisten, die seine Mitstreiter im »Friedenslager« dankbar zur Kenntnis nehmen werden).

Ja, das Friedenslager. (Grandioses Wort!) Wer dort nicht Platz zu nehmen gedenkt, gehört wohl zu den »Kriegstreibern«, und so sage ich schon jetzt, wo mich der »heiße Herbst« finden wird: an meinem Schreibtisch, wo ich – dank der Tatsache, dass die Amerikaner 1945 nicht schon am Rhein haltmachten – bis auf weiteres von keinem Politkommissar belästigt werde. Ich werde dann vielleicht über den Zusammenhang von Frieden und Freiheit nachdenken, und ich hoffe, dass bis dahin einige Leute darüber nachgedacht haben, wie überhaupt so einiges immer zusammenhängt – bayerische Karrieren und subventionierte Kultur, der Kolumnenkommunismus und gefüllte Gefängnisse, die Abwahl der SPD und die Konjunktur für »Friedenstunten«, und nicht zuletzt natürlich »die Verelendung der politischen Intelligenz« und der »Fall der Profitrate« (Gremliza), für deren Besichtigung wir, falls wir keine Aktienpakete besitzen, jeden Monat nur 5 Märker zu berappen brauchen, was immerhin billiger ist als der Eintritt für einen von uns selbst bezahlten deutschen Film.

(*tip* 17 / 1983)

Blut und Busen

Was ist schon Washington D. C. mit seinen Sex-Maniaks gegen unseren Müslimann Klaus Hecker in Bonn? Aber mal ganz im Ernst …

Es ist noch nicht lange her, da enthüllte die als Tugendwächterin unserer Republik bekannte Illustrierte *Quick*, wie es im Jahr der Nachrüstung um die Moral bestellt ist in der Hauptstadt unserer »Partner und Freunde«. Ein einziges Sündenbabel, dieses Washington D.C., was sage ich – ein Sodom und Gomorra, vor dem jeder alttestamentarische Prophet Reißaus genommen hätte. Ein Geldgeber und enger Vertrauter des Präsidenten, der sich vor allem auf die Wähler der sogenannten *»moral majority«* stützt, wurde als perverser Lustmolch enttarnt. Stabsmitglieder des Weißen Hauses traten in Sex-Filmen auf, Abgeordnete des Repräsentantenhauses trieben es bei Rauschgiftorgien mit Kongresspagen beider Geschlechter – tja, musste der deutsche Michel folgern, und so was will bei uns die Pershing aufstellen. Statt nachzurüsten sollen die lieber mal aufrüsten. Sich selbst. Nämlich moralisch. Moralische Aufrüstung. Klingt bekannt. Gab's ja auch schon. In den moralischen Fünfzigern. Als Kohls Großvater noch regierte, zusammen mit Opa Ike. Adenauer und Eisenhower. Da waren saubere

Finger angesagt. Bei uns sowieso. Und wenn in Bonn inzwischen vielleicht auch manche schmutzige Hände haben – schmutzige Gedanken haben sie nicht.

Ja, und dann kam *Bild am Sonntag*, und diese Tugendwächter-Konkurrenz von *Quick* brachte es mal wieder knüppeldick: »Sex-Skandal in Bonn!« Mit zitternden Händen muss an jenem Sonntag die *BamS*-Leserschaft zwischen Flensburg und Oberammergau nach ihrem Leib-und-Magen-Blatt gegriffen haben. Ob das nun doch stimmte? Mit dem Kanzler und –? Oder der alte Willy hat wieder –? Also der Genscher kriegt doch nicht –? Dem Strauß ist alles zuzutrauen, jetzt rächt er sich, dass sie ihn nicht rangelassen haben. Es muss dann ein starkes Gelächter gegeben haben, als sich herausstellte, wem wir es verdanken, dass unser Bundes-Bonn nun auch seinen Sittenskandal hat und also letzte Lücken in seiner politischen Folklore schließen kann. Was ist schon Washington D.C. mit seinen Sex-Maniaks gegen unseren Müslimann?

Bei näherem Hinsehen zeigt sich freilich, wie anders die Uhren in der deutschen Provinz gehen als in Amerika. Statt einer moralischen Mehrheit haben wir hierzulande nämlich eine moralische Minderheit, und zwar eine, die es an Fanatismus, Rigorismus und Intoleranz mit jeder Bewegung aufnehmen kann, die je den Stein der Weisen gefunden zu haben in Anspruch nahm. Dass nun ausgerechnet einer der »Fundamentalisten« in der Fraktion der Grünen im Bundestag, eben der als Nichtraucher, Nichttrinker und »Radikalökologe« bekannte Müsli-Esser Klaus Hecker weibliche Mitarbeiter »belästigt« haben und infolgedessen als »Sexist« den Bundestag verlassen soll, kann ich keineswegs als peinlichen Ausrutscher, sondern nur als folgerichtige Entwicklung begreifen. Fanatische Sekten (und um eine solche dürfte es sich bei den Fundamentalisten unter den Grünen bei allem Respekt vor der Richtigkeit mancher ihrer Denkansätze handeln) müssen zwangsläufig an der Maßlosigkeit und Weltfremdheit ihrer Ansprüche scheitern. Ich meine, man sieht ja, wie weit Jesus mit seiner Bergpredigt gekommen ist; und nun gleich die Abschaffung der »sexistischen Unterdrückung«!

Der »Fall« Hecker beweist aufs Neue, was unsere Gesellschaft erwartet, wenn grüne Fundamentalisten das Sagen haben. Er beweist, dass diese Ideologen es an Heuchelei und Intoleranz, an Schnüffelmentalität und rechteckigem Denken, an Vorschriftenmachen und Blockwartpsyche mit der politischen Rechten im Lande aus dem Stand aufnehmen können. Wer glaubt, die Liberalität und Urbanität in unserer Republik nur vor den Zimmermanns verteidigen zu müssen, der wird hoffentlich nicht erst dann aufwachen, wenn er vor grünen Gremien beteuern muss: »Ich hoffe und möchte dazu beitragen, nicht auf Jahre von euch gestempelt zu sein« (K. Hecker laut *tageszeitung*).

Aber nicht nur mit Busen sind uns die Grünen im heißen Sommer gekommen, auch mit Blut. Statt Blut und Boden Blut und Busen, und ich finde, die Grünen sollten allmählich aufpassen, auf welche Moraste sie infolge ihres blindwütigen Eifers, ihrer sich fast verselbständigenden Rhetorik und freilich auch ihrer politischen Ignoranz zutreiben. Wie groß war das Geschrei, das sie über einen Mann wie Ernst Jünger erhoben, aber müssten sie sich nicht allmählich fragen, in die Nähe welcher Geister und Gespenster der Irrationalismus sie rückt, den viele ihrer Exponenten an den Tag legen? Ich halte die Entrüstung, die einige ältere Semester angesichts der Blut-Aktion des grünen Abgeordneten im hessischen Landtag vorbrachten, für eine miese Heuchelei – aber wahrscheinlich mussten sie damit die peinliche Erinnerung an jenes Blut überspielen, mit dem sie einst vielleicht nicht ganz so unfreiwillig mancher Länder Erde düngen ließen. Ich halte es allerdings für ebenso absurd, wenn der feine Mann der Grünen, MdB Otto Schily, sich von der Blutsudelei dadurch absetzt, dass er mit leichtem Lächeln erklärt, er sei für die »sanfte Republik«.

Was mich und viele andere an den Grünen irritiert, das ist die jedem Weltverbesserer angeborene Überzeugung, dass alle, die nicht des rechten Glaubens, dumme Schweine sind. Sie riechen genauso aus dem Mund wie wir, sie haben feuchte Träume und Angst vor Haarausfall und Krebs, sie leben, wie die meisten Menschen, von ihren Vorurteilen und lassen sich von allem Möglichen verführen, von einem Busen so oft wie von der Macht, sie benutzen Müllabfuhr, Valium und Wettersatelliten, drücken Pickel aus, machen die Badewanne sauber und essen auch nicht nur, um satt zu werden – aber während der Rest der Menschheit damit reichlich genug am Hals hat, müssen sie sich auch noch um den Wald kümmern, um die Robben, um den Weltfrieden und darum, wie man sexistische Männer von ihrem bösen Treiben abbringt. Wer sagt ihnen denn, dass wir alle gerettet werden wollen? Woher wissen diese Friedensbewegten, dass auch die auf diesem Planeten, die nicht von ihrem Frieden profitieren, ihn unbedingt zementieren wollen? Mit letzten Gewissheiten möge mich jedenfalls verschonen, wer nicht zugibt, dass »sanfte Republik« auch nichts anderes ist als die ideologische Verklärung eines schönen Busens. Da fällt mir Henry Miller ein. Wenn schon Republik, hätte er gesagt, dann gebt mir die Republik des Sexus.

(*tip* 18/1983)

Sekt ist Schwund

Plädoyer für ein deutsches Volksnahrungsmittel.

Nun der Jahrhundertsommer sich dem Ende zuneigt, dürfen wir gewiss sein, dass zumindest eine Branche der notleidenden deutschen Wirtschaft sich der Segnungen des Aufschwungs erfreut hat: die Getränkeindustrie. Sie werden natürlich alles abstreiten, die Brauer und Abfüller, die Sprudel- und Spritbarone, ihnen hat noch nie ein goldener September geschienen, so wenig wie den Münchner Wiesenwirten, die man sich am besten auf den Knien nach Altötting rutschend vorzustellen hat, weil es ja ein Wunder sein muss, wie sie immer fetter werden, je weniger sie an der Maß verdienen. Die Zeiten sind längst vorbei, als Bierpreiserhöhungen in der Größenordnung von Pfennigen noch zu Volksaufständen geführt haben, in München und anderswo; EG, Chemie und Verfall von Sitte, Anstand und Qualitätsbewusstsein haben es mit sich gebracht, dass selbst solche bedauernswerten Süffel, die sich früher mit Spiritus über Engpässe wegzuhelfen hatten, heute unter einer ganzen Palette von Billigprodukten wählen und in aller Regel – und im Gegensatz zu vielen ihrer Leidensgefährten etwa auf dem indischen Subkontinent – davon ausgehen dürfen, dass dieser Rausch nicht ihr letzter ist.

Und wieder stagniert der Bierkonsum, und die Produzenten billiger Sektmarken reiben sich die Hände. Der phänomenale Aufstieg des deutschen Sekts vom Luxusprodukt zum Massendurstlöscher (obwohl es genauer heißen müsste: zum Massendurstmacher) gehört für mich zu den untrüglichen Zeichen des Niedergangs nicht nur unserer Trinkkultur, sondern – wenn es so weitergeht – unserer Wirtschafts-, Arbeits- und Manneskraft. Späteren Generationen wird deutlich werden, dass der Verfall der deutschen Wirtschaft schon lange vor der Ölkrise, Graf Lambsdorff und dem Toyota einsetzte, und es werden die ersten Boom-Jahre des Billigsekts sein, an denen unsere wenigen Nachkommen den Schwund festmachen werden, der damals wie ein Parasit ihre Ahnen befiel. Denn Sekt ist Schwund, und nichts belegt das besser als ein Blick in die deutsche Geschichte.

Ich zumindest bin noch ganz unter dem Eindruck eines schon nach zwölf Jahren beendeten Tausendjährigen Reiches aufgewachsen, und einer der Repräsentanten und obersten Verbrecher dieses Reichs war ja niemand anderes als der bekannte Vertreter der deutschen Sektwirtschaft, Herr v. Ribbentrop, der 1938 Außenminister wurde und seine schmähliche Karriere in Nürnberg am Strang beendete. Da mochten im Wirtschaftswunderland noch so laut die Sektkorken knallen, für mich blieb dieses Gesöff bis zum heutigen Tag ein memento mori und übrigens auch schon deswegen von politischer Bedeutung, weil es ja Ribbentrop war, der damals den dreckigen Deal der Nazis mit Stalin aushandelte – und 30 Jahre später wird das westliche Deutschland von Billigsekt überschwemmt, dessen Frühfolgen heute schon überall zu bemerken sind, dessen Langzeitschäden aber erst dann ihre verhängnisvollen Symptome zeitigen werden, wenn wir längst zu kaputt sind, um uns noch wehren zu können. Wenn also Herr Zimmermann warnend seinen Finger und seinen Zoll gegen Heroin und Haschisch erhebt, dann muss ich mich fragen, ob der Mann blind oder immer noch unzurechnungsfähig ist. Als ob Heroin und Haschisch in deutschen Amtsstuben grassierten, in deutschen Büros Urständ feierten und deutsche Produktionsstätten lähmten …

Sekt, wohin man blickt. Überall das obszöne Pffttt! dieser erbärmlichen Plastikkorken, in allen Winkeln der Republik der brechreizerweckende Geruch dieses schaumigen Gesöffs, das den Magen ruiniert, den Verstand vernebelt und den Kreislauf einmacht. Ob im Frühausschank oder beim Art-Director, ob im Bummelzug oder im Airbus, Sekt hat das Sagen, dieser miese Muntermacher, der genau jene Gemütslage herstellt, in der man die Deutschen schon immer am meisten zu fürchten hatte: Stimmung. Ich bin weiß Gott kein zimperlicher Trinker und verschmähe so leicht kein Glas, aber wenn man mir Sekt anbietet, achte ich auf die Augen des Gastgebers, und es müssen schon ganz unschuldige Murmeln sein, wenn ich gute Miene zum bösen Spiel machen soll. Der Sekt, dieser falsche Aufputschteufel, der uns erst mit Sodbrennen, dann mit Magengeschwüren attackiert, erst mit falscher Euphorie beleidigt und dann mit Depressionen herausfordert, der Sekt ist eine Seuche – Volksseuche Nr. 1 –, und ich überlasse es der Phantasie des Lesers zu entscheiden, ob wir diese Seuche wirklich nur den Sektkellereien und unseren zerrütteten Geschmacksnerven zu verdanken haben.

Dabei wäre, wie so oft im Leben, das Desaster zu vermeiden gewesen, wären wir nur beim Naheliegendsten geblieben, beim Bier. Als ob das Bier nicht alles hätte, was wir Deutschen brauchen (wir Deutschen, und ein paar Milliarden andre Menschen dazu), um mit beiden Füßen fest auf der Erde zu bleiben, wenn das Leben uns stürmisch kommt – und als ob nicht auch das Bier, in Maßen und in guten Qualitäten genossen, genau jenen Dämmerzustand herstellt, der uns sachte von der festen Erde abhebt und uns hernach einen bekömmlichen Schlaf schenkt. Ich frage mich, wozu wir Sekt brauchen, wenn wir Bier haben – und mit ›wir‹ meine ich alle, die vom Leben habhaftere Impressionen und Erfahrungen erwarten als den flüchtigen Kitzel eines Demi Sec. Eine Halbe oder zwei am Mittag, damit müsste jeder auskommen, der meint, ohne Alkohol nicht bis zum Abend auszukommen, und dann aber auch Schluss – aber wenn ich sehe, wie dann statt der Halben der Piccolo rausgetan wird und dazu noch der Filterkaffee, dann wird mir klar, warum deutsche Büromenschen so zerrüttet sind, mit den Nerven fertig und von Ängsten geplagt: Es sind dies die typischen Suchtmerkmale, die man ansonsten nur bei Heroinsüchtigen und Politikabhängigen feststellt. Sekt ist ein Suchtmittel, und auch der Sektsüchtige braucht (die Verkaufszahlen belegen es) immer mehr von seinem Stoff, damit er den Flash kriegt – mit der großen Flatter am Schreibtisch, die seifigen Schweißperlen auf der Stirn und jenes einzigartige Gefühl im Magen, als ob ein Schock Flöhe zum Sackhüpfen abgerichtet wird.

Ich für meinen Teil überlasse ihn gern den Ribbentrops der Welt und ihrer Kundschaft, den Sekt, und bleibe beim

Bier, von dem Gottfried Benn, nicht nur ein großer Dichter, sondern auch ein weiser Biertrinker, gesagt hat, »die Götter müssen aus Salz und Durst bestehn, die so Unvergleichliches gaben!«

(*tip* 19 / 1983)

Spaziergänger für den Frieden

Wie es einem Spaziergänger ergeht, der in ein Friedensfest gerät.

Vor dem Kaufhaus an der Ecke spielt eine Rockband ein Potpourri für bierselige Punks, Gehörgeschädigte und streunende Straßenköter. Das ist der »Krach für den Frieden«, denkt der Spaziergänger und lenkt seine Schritte zur städtischen Anlage, wo sich das ganze Panorama des »Friedensfests« zwischen den Blumenrabatten und den Parkbänken entfaltet.

Hier geht es nun friedlich von Stand zu Stand, obwohl nicht wenige Gesichter, von den Ledermonturen ganz zu schweigen, auf den Spaziergänger ausgesprochen kriegerisch wirken. Das liegt an der Bemalung. Schwer zu sagen, was mehr irritiert, die weißen Gesichtsmasken der Feministinnen oder die schwarzen und grünen Tarnfarben von Friedenskämpfern, die in beunruhigender Weise an jene Gesichtscamouflagen erinnern, wie sie der Zeitgenosse von Aufnahmen kämpfender Truppen in Vietnam und anderswo kennt. Die Masken der Zeit lassen so manche treu gehegte Trennung verschwimmen.

Und dann: Der Frieden mag auf viele jenseits des Abendlandes wie eine europäische Chimäre wirken, in diesem vorerst recht kühlen Herbst ist er für alle Enthusiasten ein einigendes Band. Da haben die Anarchisten unter ihrer rot-schwarzen Fahne einen Stand mitten zwischen ihren natürlichen Erzfeinden vom »Kommunistischen Bund« und der SDAJ, und man hilft sich auch noch mit Kleingeld und Pappbechern aus! Frieden für die Völker auf Erden, gewiss; aber Frieden auch zwischen Marx und Bakunin? Der Spaziergänger wandert an Trotzkisten und Stalinisten vorbei (Friede auch ihrer Asche, Friede auch ihren Opfern, aber Friede ihren blutrünstigen Doktrinen?), an Syndikalisten und Liberalen Demokraten, an »Mütter für den Frieden«, »Atomforscher für den Frieden«, »Sportler für den Frieden«, »Talkshow-Master für den Frieden«, »Deutsche Doggen für den Frieden« und »Halbe Hühnchen für den Frieden«, dies nun gewiss eine appetitanregende Fiktion – denn nachdem der Spaziergänger auch noch die »SPD für den Frieden« entdeckt hat – warum eigentlich so verschämt am Rand? –, bekommt er Lust auf etwas Herzhafteres als Parteitagsbeschlüsse und Polit-Pamphlete. Und für das, was Leib und Seele zusammenhält, ist auf deutschen Friedensfesten noch allemal so gut gesorgt wie für die Bleiwüsten, mit denen die Gehirne außer Gefecht gesetzt werden.

Tortillas à la Chile, Kaffee aus Nicaragua, der okzitanische Landwein, die Bio-Säftchen aus den oberhessischen Öko-Kommunen, türkische Köfte, Kulmbacher Bier (Gewerkschaftsspende), Bratwürtschen aus garantiert rückstandsfreien niedersächsischen Säuen, selbst auf seinen Friedensfesten lebt das westdeutsche Volk noch in einem Überfluss, der hier allerdings auch an seine Grenzen stößt, und zwar viel drastischer als im Supermarkt – denn nichts davon schmeckt.

Das kann natürlich auch an dem Auftritt des unvermeidlichen Kabarettisten Kittner liegen, dieses furchtbaren Friedens-Tinglers, dessen politische Kalauer inzwischen den Charme einer vollgepissten Schiffermütze und das Niveau eines Herrenwitzes aus den *Fliegenden Blättern* von 1883 erreicht haben. Selbst gestandene Altlinke im mottenzerfressenen Battle Dress der Ostermarschbewegung komplett mit Baskenmütze und verrosteter »Enteignet Springer!«-Plakette am Pullunder aus bolivianischer Solidaritätswolle kriegen die Hände nicht mehr richtig zusammen, wenn Kittner nach dem allerletzten Kohl-Kalauer auf den verdienten Beifall des Volkes wartet – und es kann verdammt lange dauern da oben auf der zugigen Bühne, bis der Solidaritätsapplaus der GEW-Mitglieder in der ersten Reihe den lautstarken Kommentar des Punks am Bierstand übertönt: »Oppa, verpiss dich!«

Das hat der Spaziergänger inzwischen auch vor. Um Kittner und Kittners Gesinnungsfreunde und ihre künstlerischen Programme zu verdauen, muss man doch schon etwas gediegenere Kost als Köfte und Kulmbacher zu sich genommen haben. Einmal im Räsonieren auf seinem Weg durch eine der deutschen Städte, zwischen deren Kultur- und Kommunikations-Zentren in diesen Wochen das künstlerische Beiprogramm zum »Friedensherbst« über die Bühne gezogen wird, räsoniert der Spaziergänger gleich weiter: Es ist ein Wort, ein einziges Wort, an dem er sich seit der Zeitungslektüre an diesem Morgen reibt, und dieses Wort ist das Wort *unzumutbar*.

Die Aufstellung der US-Raketen im Falle des Scheiterns der Genfer Verhandlungen seien, so die Grünen in Bonn, der Sowjetunion »unzumutbar«. Das, denkt der Spaziergänger, wird die Russen aber freuen, dass die Grünen da sagen: Euch, den Russen, sind die Ami-Raketen unzumutbar, aber uns, den Deutschen, sind eure Raketen zumutbar. Das Wort *unzumutbar* rotiert in seinem Kopf, was findet er nicht an Unzumutbarem, was ihm und uns allen immerfort zugemutet wird: der Kabarettist Kittner, der Hundedreck auf den Straßen, das öffentlich-rechtliche Fernsehprogramm, der Anblick von lila Latzhosen, Norbert Blüm, das Feuilleton im *Tagesspiegel*, Jupp Derwall, das Berliner Kammergericht, die Verluderung der Rockmusik-Kritik, Radfahrer auf Bürgersteigen, Hanna Schygulla, hennarote Krusselhaare, die FDP, die Leserbriefe in der *taz*, deutscher Sekt, die DDR, das Bundesministerium des Inneren vom obersten Dienstherrn bis zum Nachtpförtner, der Anblick von rosa Latzhosen, Skateboardfahren auf Bürgersteigen, das Monopol ausländischer Fluglinien im Berliner Flugverkehr, der Sozio-Krimi, das Leitungswasser, Günter Wallraffs Nicaragua-Berichterstattung, die Ladenschlusszeiten, Essen beim Griechen, die Gewalt, auf der der Imperialismus der UdSSR beruht (wie der anderer auch): Die Liste des Spaziergängers ließe sich lange fortsetzen. Alles Unzumutbare wird auch ihm zugemutet. Auch er muss damit leben.

Und deshalb findet er, dass auch der großen Sowjetunion, die so vielen so vieles zumutet, einiges zugemutet werden darf, damit sie unser bisschen Freiheit nicht für Schwäche hält. So wie es kein »Friedensfest« ohne Klampfen gibt, so gibt es in dieser Welt auch keinen Frieden mehr ohne Waffen.

(*tip* 20/1983)

Die Wüste lebt

Die Spalten dieser Kolumne sind in der Regel tagesjournalistisch und volkswirtschaftlich bedeutsameren Problemen vorbehalten als Büchern – beispielsweise der Sonne, dem Sekt, der Sozialdemokratie –, aber da es nun einmal von jeder Regel Ausnahmen gibt, sei mir aus gewichtigem Anlass auch eine solche gestattet.

Dieser Anlass ist natürlich die Frankfurter Buchmesse, die in der nächsten Woche zum 35. Mal einem in die Hunderttausende gehenden Publikum von Leseratten, schreibenden Hausfrauen und Opfern der Lehrerschwemme zu zeigen bemüht sein wird, dass die imaginären Trennungslinien von Kunst, Kitsch und Kommerz in der schnöden Wirklichkeit der Marktwirtschaft doppelt genähte Nahtstellen sind, eingefettet von Whiskylaugen und Bratentunke.

Ich nannte den Anlass gewichtig, damit meinte ich jedoch nicht die mit Sicherheit neu zu vermeldenden Rekordziffern, was Buchausstoß und Bockwurstverzehr betrifft, und ich meinte auch nicht die belletristischen Überraschungscoups dieses Herbsts, also den *Chinesen der Unrast* von Hardy Handke und *Kirre, die Subversion der Parapathologie* von Kid Goethe und Rainald Diederichsen, so dringend der Kulturjournalismus und die Granden der Literaturjurys gerade diese, der Markt indes vor allem jene benötigt.

Nein, bei dem Überblick, den ich mir als angelernter Leser und ehrfürchtiger Kollege der Titanen unserer Gegenwartsliteratur über die Herbstproduktion verschaffte, geriet ich rein zufällig an einige Titel, nach deren Lektüre ich sofort erstaunt ausrief: Aber da ist sie ja, die gewichtige erzählende Literatur der Bundesrepublik Deutschland, diese unsere Romanliteratur, auf die wir gewartet haben, seit bei der Gruppe 47 das Butterbrotpapier geraschelt hat! Da sind sie ja, die neuen, unverbrauchten, unbestechlichen Autoren, die beim Schreiben alle Karteikärtchen zerfetzen und so gewaltig gegen den Wind spucken, dass die Türen der Tagungen von Haus Kreienhoop über Kranichstein bis Klagenfurt schleunigst verrammelt werden müssen, damit die Mikrophone nicht verkleben! Kurz und gut, ich möchte – unter Vorbehalt ausführlicher Würdigung anderenorts – schon an dieser Stelle wenigstens auf einige meiner Funde hinweisen, getreu dem neuchristlichen Brauch: Wenn schon selbst nicht Jesus, dann wenigstens am lautesten Halleluja geschrien.

Da haben wir Fritz Franzinis *Die Wüste lebt*. Der ironische Titel dieses Debüts (über den Autor teilt der Verlag nur mit, er sei 1947 in Witten/Westf. als Sohn eines italienischen Obsthändlers und einer deutschen Näherin geboren und lebe heute in Westberlin), einem Tierfilm von Walt Disney entliehen, bezieht sich hier auf eine jener städtischen Wüstenzonen, wie sie uns Architektenwahnsinn und Bauprofitraten beschert haben. Selma ist die Heldin des Buchs, Tochter eines verbitterten ex-kommunistischen Arbeiters aus dem Wedding, der seit einem Arbeitsunfall von den Hüften abwärts gelähmt ist und in seinem Rollstuhl immer noch die Pistolen versteckt, die er als Rotfrontkämpfer durchs Dritte Reich gerettet hat. Selma bekommt – obwohl überdurchschnittlich begabt – nur einen Job als Kassiererin bei Hertie. Sie lernt Waldo Sachs kennen, einen windigen Boxprofi aus dem Stall des zwielichtigen Pelzhändlers Starnitzky. Die beiden heiraten und bekommen eine Wohnung im Märkischen Viertel. In dieser Wüste nun, die Franzini in einem Stil beschreibt, der an Döblin, Algren, Selby zwar geschult ist, aber schon einen völlig eigenen Witz und eine rare Begabung für Tempo und Spannung verrät, in diesem Dorado der lebendig begrabenen Glückssucher und der neuen Zombies der Vorstädte explodiert eine Handlung, die zum Abenteuerlichsten gehört, was deutsche Literatur je geboten hat – und erscheint wo? Als Originaltaschenbuch in der Krimi-Reihe eines obskuren Trivial-Verlags. Für 5,80 Mark. Wer da nicht zugreift, soll vor der Glotze verschimmeln. Oder mit Hardy Handke glücklich werden. Was ja vielleicht aufs Selbe rauskommt.

Dann ein merkwürdig irisierender, geradezu elegant geschriebener Roman aus der geheimen Welt, die wir so bisher nur von le Carré oder Deighton kannten. Der in einem ironisch-unterkühlten Tonfall berichtende Ich-Erzähler, Journalist und Mitarbeiter einer nur mit Spezialaufträgen betrauten Geheimdienstabteilung, bekommt eines Tages aus fernöstlichen Quellen Unterlagen zugespielt, die beweisen, dass der Chef dieser Abteilung ein Maulwurf einer arabischen Supermacht ist. Dann wird der Chef in einer obskuren, von der IRA benutzten Absteige in Dublin tot aufgefunden. Nun knüpft der Autor – Torsten Täusch, ein Pseudonym? – ein Handlungsnetz, das von Bangkok bis Berlin und von einer Hamburger Magazin-Redaktion bis in jene Regionen reicht, wo der Shan-Führer Khum San über die größten Opiumfelder der Welt wacht. Manchmal schon fast beängstigend gut geschrieben, dann wünschte man sich etwas mehr Boden unter den Füßen – und das bei einem deutschen Roman! Auf jeden Fall ein Glückstreffer, dieses coole, schillernde *Die Stunde der Schlange.*

Und noch ein schmales Buch, eine Erzählung, die beweist, dass auch deutsche Autorinnen über die Eleganz und Präzision einer Jean Rhys verfügen können und doch nichts von der Poesie zu verleugnen brauchen, die ihnen die Lasker-Schüler und andere vererbt zu haben hofften. *Das letzte Zimmer* von Gislinde Stern ... doch hier zögere ich und halte ein. Wozu diese Aufzählung? Mag sich jeder selbst ausdenken, was er in diesem deutschen Bücherherbst zu finden hofft, zu lesen und auch zu behalten wünscht. Wer wissen will, ob die Wüste lebt, muss selber in der Wüste leben.

(*tip* 21/1983)

Erkenne die Lage

Die einen fasten für den Frieden, die anderen machen Politik. Und die sieht so aus: »Ungeachtet iranischer Drohungen, im Falle einer Lieferung französischer Kampfflugzeuge an den Irak die Öllieferung durch die Straße von Hormuz zu unterbinden, sind am vergangenen Wochenende fünf Kampfflugzeuge des Typs ›Super-Etendard‹ von der westfranzösischen Luftwaffenbasis Landivisiau nach Irak abgeflogen ... Die fünf mit ›Exocet‹-Raketen ausgerüsteten ›Super-Etendards‹ sollen den Irakern laut Vertrag nur ›geliehen‹ worden sein« (Paris, 9. Oktober, AFP / Reuter).

Holt man dann noch zusätzliche Informationen ein, ergibt sich folgendes Bild: Die französische Regierung hat – unter dem Konservativen Giscard d'Estaing – im Irak Investitionen von 40 Milliarden Francs getätigt und fürchtet, dass dieses Geld futsch ist, falls infolge einer Niederlage im Krieg gegen den Iran das gegenwärtige Regime in Bagdad stürzt. Man »leiht« also dem Irak die fünf Kampfflugzeuge mit den im Falkland-Krieg so bewährten Exocet-Raketen, um dem militärisch anscheinend unterlegenen Investitionspartner zu »militärischem Gleichgewicht« zu verhelfen. Und man tut das, obwohl von den eigenen Verbündeten dringend ermahnt, wegen der unabsehbaren wirtschaftlichen *und* politisch / militärischen Konsequenzen die Finger davon zu lassen, indes die Amerikaner bereits ankündigen, eine Blockade der Straße von Hormuz keinesfalls hinzunehmen. Einfach ausgedrückt: Um ihre Investitionen im Irak zu schützen und das Geld möglichst zurückzubekommen, riskiert die französische Regierung nicht nur ein iranisches Ölembargo, sondern auch einen Konflikt in einer geopolitisch so heiklen Region wie der Straße von Hormuz, wo jeder Funke einen Weltkrieg entfachen kann. Dass diese französische Regierung inzwischen eine Linksregierung mit Beteiligung moskautreuer Kommunisten ist, kann nun wirklich nur noch den überraschen, der immer noch nicht begriffen hat, was Politik ist.

Sie ist – wie die Kunst – das Gegenteil von gut gemeint, und niemand hat das klarer erkannt als ein gewisser Dr. med. Gottfried Benn, der im Nebenberuf der letzte große Dichter war, den das alte Deutschland hervorgebracht hat. Ich erinnere an das Vorwort, das F. W. Oelze zu Benns Briefen an ihn beigesteuert hat: »Es gibt ein oft zitiertes Wort des Dichters, notiert im Kriege, 1943. Bei der Durchsicht eines alten Schulgeschichtsbuches, des sogenannten Kleinen Ploetz: *Auszug aus der Geschichte*, schlägt er eine beliebige Seite auf, es ist das Jahr 1805, er überliest sie, er resümiert: ›alles dies auf einer einzigen Seite, das Ganze ist zweifellos die Krankengeschichte von Irren.‹«

Nun, man braucht ja nur das Jahr 1982 zu rekapitulieren, vom Falkland-Krieg bis zur Bonner »Wende«, um zweifellos auf ähnliche Aspekte zu stoßen. Man betrachte nur die derzeitigen Leute auf der Regierungsbank, ob es da um den Selbstmord eines türkischen Asylbewerbers, um Arbeitslosigkeit oder Atomraketen geht, man betrachte den onanistisch feixenden Kanzler und seine Mini-Ausgabe Blüm, man beobachte Heiner Geißler, wenn er anfängt, über die Lehren zu faseln, die er aus der Geschichte zieht, man wird mich dann schon verstehen, wenn ich sage, das ist offenbar Macht als Wichsvorlage, anders können die Herren nicht mehr, was natürlich auch ganz pragmatisch zu verstehen ist, sie können politisch ja in der Tat nichts. Und dass Linke wie Rechte den Kanzler Schmidt – weil wir gerade beim Können sind – fertiggemacht haben, auch das gehört zur politischen Krankengeschichte unserer Tage. Deshalb ist es mir auch schwer verständlich, all das Friedensfasten und Friedensbeten und Friedensbewegen, dieser aufgeregte Tanz um das Raketenkalb. Ich jedenfalls sehe darin keinen Sinn, sich vorzugaukeln, man könne mit Staatsführungen und Militärapparaten anders als in ihrer Sprache reden, und die einzige Sprache, die sie verstehen, ist die der Macht. Macht aber kommt, das ist vom vor Jahren noch allseits beliebten Mao, aus den Läufen der Gewehre, das gilt in den beiden deutschen Militärkolonien so gut wie in Moskau und Managua, mit Fasten und Beten ist da nichts getan.

Es gibt nun aber analog der politischen Krankengeschichte auch eine kulturelle, sie kommt zum Ausdruck in der totalen Kommerzialisierung und Kulturverwurstung, und auf diesem Sektor ist die Friedensbewegung ja durchaus schon à jour. Indem sie auch aus der müdesten Latzhose noch eine Mark kitzelt – ein Traktätchen hier, eine flotte Rockscheibe dort, und dazwischen noch allemal ein biologischer Streuselkuchen –, trägt diese Friedensbewegung ihrerseits tüchtig zur Stabilisierung einer Kultur bei, zu deren

Kultfiguren ein Schmalzkringel wie André Heller und ein Seichtschwätzer wie der »Philosoph« Sloterdijk gehören. Und man fragt sich, mit welchem Recht sich dieses Abendland im Fummel auf einen Frieden beruft, den es – mitten im Frieden – als Kulturvorlage seines Onanierbetriebs bis auf den letzten Tropfen auspresst.

Eigentlich ist dieses Europa längst zu Ende, zu Ende gedacht, geträumt und beschrieben, aber bitte, es will munter weitermachen, ich mache mit – ich lebe gern hier. Aber solange ich lebe, werde ich versuchen, mich an die Maxime zu halten, die Benn in einem Brief an Oelze vom 2.10.1936 aufstellte: »1) Erkenne die Lage, 2) rechne mit Deinen Defekten, 3) bleibe reserviert in Deinen Dir gegebenen Bezirken, 4) wolle nichts, was gegen die Lage ist, und dann: 5) ertrage das Leben.«

(*tip* 22 / 1983)

Berlin ist in Europa

Als ich Anfang 1981 nach Berlin kam, stand gerade der Stobbe-Senat auf der Kippe. Garskis Geschäfte im Wüstenland, der lange gärende Überdruss an einer satt und matt schmarotzenden SPD des öffentlichen Filzleistungsbetriebs, dazu der Skandal im Wohnungsbau, der selbst manche gestandene Alt-Berliner zu Sympathisanten von Hausbesetzern machte – da kommst du ja zur rechten Zeit, dachte ich; lass doch mal sehn, wie der Parlamentarismus in solcher Stunde aussieht.

Einer, der das schon immer gern getan hat, ist der Bürger Dieter Kunzelmann, den man getrost als alternativen Berufspolitiker bezeichnen kann. Nur einem so erfahrenen Beobachter und Partizipant der Berliner Politik konnte es deshalb auch gelingen, die abstrusen, peinlichen, ja pathologischen Szenen dieser Parlamentssitzung noch vor Stobbes Rücktritt mit einem einzigen Wort auf den Begriff und mit einer einzigen Geste auf den Punkt zu bringen. Kunzelmann, eingekeilt zwischen Presseleuten, Sympathisanten und Ordnern, reckte in jener jeremiadischen Geste den Arm gegen den schweißgebadeten Berliner Bürgermeister und rief mit einer Stentorstimme, die die langen Jahre vor der Subversiven Aktion über die K 1 und den Knast verriet: »Lüge! Lüge! Lüge!« Es war ein großer Augenblick, fand ich, das Alte Testament hatte Eingang gefunden in das Hohe Haus, ein Blitz war niedergefahren, Politik war ein schmutziges Geschäft, Politik war Lüge, es stand ihnen allen auf der Stirn geschrieben, und der Bürger Kunzelmann wurde aus dem Saal entfernt. Am Abend war indes auch der Senat entfernt, nicht aus dem Saal, aber aus der Macht, ja, diese Szene belegte es: Man kann Personen aus Hohen Häusern entfernen, Worte indes nicht und auch nicht das, wofür sie stehn, die Taten.

Ich bin wahrlich kein Wähler der Alternativen Liste, aber dass Dieter Kunzelmann heute als AL-Vertreter im Berliner Abgeordnetenhaus sitzt und aufpasst, geht für mich völlig in Ordnung. Wir haben alle unsere Vergangenheit, auch heutige Bundesminister, und dass einige von uns mit unserer besonderen Vergangenheit immer noch oder wieder in Berlin leben und das aller Voraussicht nach auch noch tun werden, wenn die Westdeutschen endgültig vergessen haben, wozu Freiheit da ist, das hängt doch sehr mit dieser Stadt zusammen, mit dem, was sie gibt und was sie nimmt. In irgendeinem Aschaffenburg oder Iserlohn sind wir alle geboren, in irgendeinem Wedding oder Schöneweide, und manchmal endet man dann wegen irgendwelcher alten und neuen Geschichten in Frankenthal, Buxtehude oder Britz. Aber nirgendwo in Deutschland bekommt man drastischer vorgeführt als in Berlin, dass die Summe von Millionen alter und neuer Geschichten die Geschichte des eigenen Volkes ist, dass all diese Geschichten, die wir hören und lesen und selbst erleben, deutsche Geschichten sind, deutsche Geschichte, noch immer zusammengefasst und in Quadern getürmt in Berlin. Weit weg von der BRD und inmitten der

DDR behauptet dieses Berlin noch immer, dass es Deutschland gibt und Europa mehr sein kann als ein verkrachter Freihafen, ein Babylon der Bürokraten und der Sandkasten für die Militärs in Washington und Moskau. Auch deshalb bleiben wir hier.

Berlin formt. Ich weiß nicht, was das Gerede von New York soll, Berlin formte einmal deutsche Literatur und Kunst, als diese in ihrer letzten und allergrößten Blüte stand, in ihrer europäischen Blüte, die erst im Exil, in den Lagern und im Krieg verschwand. Große Namen gibt es hier heute nicht mehr viele, große Stile auch nicht, wo finden die erregenden geistigen Debatten unserer Zeit statt? Gewiss nicht im satten, matten Europa, ich könnte mir vorstellen in sibirischen Gulags, in vietnamesischen Umerziehungslagern, in geheimen Laboratorien in der Mandschurei oder der Antarktis, und ihre Ergebnisse werden keine neue Stilrichtung in der Kunst begründen. Aber noch immer formt diese Stadt, sie fordert und fördert auch Erkenntnisse, die ihre Anschaulichkeit gerade aus der Spannung zwischen dem östlichen Sozialismus und den oft fragwürdigen Freiräumen bezieht, die der westliche Subventionskapitalismus hier ausstellt. Wo immer man die Akzente setzen mag: Diese Anschaulichkeit gibt es nicht in Bad Tölz und nicht auf St. Pauli.

Es gibt sie auch nicht gratis. Mögen vielleicht geschäftstüchtige Spekulanten diese Stadt als Tummelplatz ihres spezifischen Schmarotzertums empfinden, für uns, die wir auch nicht im öffentlichen Dienst stehen, heißt Leben in Berlin zulegen und die Spuren genauer verfolgen. Das haben Hauptstädte so an sich, und wenn dieses westliche Berlin auch längst keine politische und ökonomische Metropole mehr ist, es bleibt die einzige Metropole der Bundesrepublik, die immer noch Anspruch darauf hat, auch eine europäische Metropole zu sein, Großstadt eines Kontinents, der ja auch noch das Goldene Horn am Bosporus umfasst. Wenn Europa noch einmal politisch und geistig hochkommen will, dann nur, wenn es uns gelingt, im Schlamm und Modder seiner tödlichen Ismen wieder die Konturen zu erkennen, die große Europäer wie Camus diesem Kontinent zu geben versuchten. In Berlin wird klar, wofür Europa stehen muss, wenn es denn stehen will: Unabhängigkeit, nicht Anpassung; Rationalität, nicht Aberglaube; Freiheit, nicht Unterwerfung. Und so empörend es für viele hier klingen mag: Bürger wie Kunzelmann braucht diese Stadt nötiger als eine neue aufregende Mode und ein Dutzend zugereiste Politiker.

(*tip* 23/1983)

Wer wird Franzini?

Das Heft erschien am Mittwochabend im Handverkauf auf den Straßen Berlins und lag am Donnerstag früh an den Kiosken und in den Briefkästen der Abonnenten. Der erste Anruf einer renommierten Buchhandlung erreichte die Redaktion vormittags gegen elf Uhr. Ein Stammkunde sei soeben da gewesen mit der Bitte, ihm umgehend drei in einer Kolumne erwähnte Bücher zu verschaffen, was es damit auf sich habe? Die drei genannten Autoren und ihre Bücher fänden sich in keinem Verzeichnis, auch seien sie gänzlich unbekannt.

Es blieb nicht der einzige Anruf. Noch keine große literarische Arbeit, kein Autorenporträt und keine Buchrezension haben beim *tip* ein solches Echo ausgelöst wie die aus Anlass der Buchmesse erschienene Kolumne mit dem Titel *Die Wüste lebt* (*tip* 21/1983). Ja, ich darf gestehen, mit noch keiner anderen Kolumne habe ich offenbar eine solche Resonanz an Briefen, Anrufen, Rückfragen, Beschwerden und Zerwürfnissen ausgelöst. Da legten *tip*-Leser – voller Misstrauen gegen den Buchhändler am Ort – weite Wege in andere Städte zurück, da fragten Lektoren an, ob man ihnen nicht die Adressen dieser Autoren vermitteln könne, und Verleger wollten umgehend wissen, wohin sie ihre Telegramme zu schicken hätten. Stammkunden bekannter

Buchhandlungen verloren den Glauben an die Fähigkeiten der Verkäufer, diese witterten einen makabren Scherz von Branchenneulingen oder ein Komplott des Versandhandels.

Was war geschehen? Ich hatte mir vorgestellt, welche Sorte Bücher – Neuerscheinungen deutschsprachiger Autoren – ich in diesem Herbst gern lesen würde, abseits vom Rummel über den neuen Hardy-Handke-Bestseller *Chinese der Unrast*. Ich hatte gehofft, schon mit diesem Titel und Autor den rein fiktiven, um nicht zu sagen satirischen Charakter meines Wunschdenkens deutlich werden zu lassen (wobei ja Wunschdenken schlechthin eine stark satirische Komponente hat und a priori ins Fiktive führt), und dann drei Bücher kurz vorgestellt, wie sie mir beim Schreiben der Kolumne gerade einfielen. Und ich hatte mit dem Hinweis geendet, es möge sich jeder selbst ausdenken, »was er in diesem deutschen Bücherherbst zu finden hofft, zu lesen und auch zu behalten wünscht« – gut, ich gebe zu, das ist nicht gerade der Holzhammerstil, den Satirekonsumenten von *Pardon* und auch *Titanic* gewöhnt sein mögen, aber dass deswegen eine solche Aufregung entstehen könnte, war mir unvorstellbar.

Und welche Lehre können wir daraus ziehen, wie Otto Waalkes zu fragen pflegt? Nun, ich gebe Folgendes zu bedenken, liebe Autoren, liebe Verleger und Buchhändler: Bei den von mir ausgedachten Büchern handelt es sich um einen handfesten sozialkritischen Spannungsroman aus dem Berliner Märkischen Viertel *(Die Wüste lebt)*, um einen Polit-Thriller mit Schauplätzen von Hamburg bis ins Goldene Dreieck *(Die Stunde der Schlange)* und um eine elegante Erzählung im Stil der Jean Rhys *(Das letzte Zimmer)* – mithin drei Prosaarbeiten, die anscheinend eines gemeinsam haben: spannendes, formbewusstes und kenntnisreiches Erzählen von der Welt, in der wir leben.

Diese Art des Erzählens, die sich auf ihre Pflicht zur Unterhaltung nicht nur besinnt, sondern sie in der Art eines Somerset Maugham geradezu zur Kür macht, sie kann anscheinend auch bei uns mit dem Interesse zahlreicher Leser rechnen – aber wie sieht es in dem Betrieb aus, mit dessen deutschen Eigenheiten sie nun einmal zu tun hat? Ich zitiere hier den Bericht der *Süddeutschen Zeitung* über die Berliner Döblin-Preis-Tagung: »Bodo Kirchhoffs Small-Talk-Geschichte am Rande eines amerikanischen Swimmingpools erregte den wütendsten Widerspruch fast aller Kollegen, obwohl oder gerade weil dieser Text zum Perfektesten gehörte, was in Berlin zu hören war«, und im Weiteren fallen dann noch Ausdrücke wie »*Playboy*-Prosa« und »moralische Entrüstung«, und wer da jetzt wieder Satire wittert, hält den westdeutsch / österreichisch / schweizerischen Literaturbetrieb entweder von vornherein für ein Abschreibungsunternehmen der alpenländischen Milchwirtschaft (wofür ja viel spricht) oder für die Fortsetzung der Gruppe 47 mit anderen Mitteln (was ihm kaum zu widerlegen sein wird), d.h., klar ist es Satire – aber eine unfreiwillige. Die Lesungen, die dann ja auch im 3. TV-Programm in Ausschnitten zu sehen waren, könnten jedenfalls ganze Jahrgänge von *Titanic* ersetzen.

Nun, es entspricht deutscher Sitte, nicht nur zu kritisieren, sondern auch Alternativen vorzuschlagen. Die von mir ins Auge gefasste hat Eckhard Henscheid bereits in den siebziger Jahren einmal mit Erfolg realisiert. Ich gebe hiermit in aller Form die skizzierten Stoffe frei, bediene sich jeder, wie er mag – wenn irgendwo ein Autor sitzt, der glaubt, *Die Wüste lebt* von Fritz Franzini, *Die Stunde der Schlange* von Torsten Täusch oder *Das letzte Zimmer* von Gislinde Stern unter seinem Namen in die Welt der deutschsprachigen Literatur setzen zu können, nur zu, ich und viele Leser drücken ihm, ihr, ihnen die Daumen, und ich bin sicher, ein Aufruf in dieser Zeitschrift an die Leser, die Verfassung des Buches (oder aller drei Bücher) mit einer im Voraus zu entrichtenden Subskription zu ermöglichen, wird den Erfolg haben, den wir uns wünschen müssen, soll unsere Literatur nicht an elender Langweile zugrunde gehen, unter dem Muhen ihrer heiligen Kühe.

(*tip* 24/1983)

Mit Hecheln und Harren

Bald ist es vorbei, das Jahr 1983, und nichts deutet darauf hin, dass es im nächsten Jahr besser werden wird mit unserer Politik, unserer Kultur und unserem Fußball. Aber es hilft ja nichts, wir müssen weiter mit ihnen leben, und wie trügerisch apokalyptische Aussichten sind, haben ja unsere Kicker gerade überzeugend nachgewiesen – es kann immer noch schlimmer kommen und wird doch immer weitergehen getreu dem Wort Jeremias: »Züchtige mich, Herr – doch mit Maßen« (10, 24).

Immerhin, einige Veränderungen zeichnen sich schon in diesen Tagen ab. Bernt Engelmann hatte wohl recht, wenn er meinte, der VS sei kein Romanisches Café (es ist auch unvorstellbar, dass dort je so viele schlechte Schriftsteller Platz gehabt haben wie im VS), aber ein Politbüro wollte er doch auch nicht sein. Uli Stielike darf sich auch eine Erholungspause gönnen und seinen zuletzt recht pomadigen Fußball einer Revision unterziehen, und Richard von Weizsäcker wird nach fünfzehn Jahren Hecheln und Harren nun doch endlich jenes Amt antreten, von dem seine Fans glauben, es sitze ihm wie ein Maßanzug.

In Berlin dürfte es nicht mehr so viele Weizsäcker-Fans geben wie einst im Mai 81, als er zum Regierenden Bürgermeister gewählt wurde. Das liegt nicht nur an seinem ebenfalls pomadigen Stil, Politik zu betreiben (nur Pastorenwitwen können so etwas noch für vornehm halten), sondern zurzeit natürlich daran, dass seine Propagandisten und Wähler sich mit Recht verarscht fühlen müssen. Hatte ihnen der Freiherr nicht hoch und heilig versprochen, sie würden niemals auseinandergehen, der Posten des Regierenden sei für ihn das Ziel seiner Sehnsucht, der Inhalt seines evangelisch-preußischen, christlich-demokratischen sowie natürlich gesamtdeutschen Lebens? Hatte er nicht gerade ein bedeutendes Werk titels *Die deutsche Geschichte geht weiter* publiziert, seine gesammelten Reden in nobler Präsentation gebündelt, worin auch viel die Rede war von der »täglichen praktischen Arbeit in Berlin« – und nun das? Tja, so ist das Leben, hart, aber unfair, und wer sich verarschen lässt, ist selbst dran schuld.

Ich werde Weizsäcker jedenfalls schon deshalb keine Träne nachweinen, weil sein angeberisches und magisterhaftes Auftreten ja nie verschleiern konnte, wie substanzlos seine Politik in Wirklichkeit und trotz aller hehren Reden war. Politik heißt in Berlin noch mehr als anderswo Wirtschaftspolitik, da hilft nun mal kein Deuteln und kein Deuten – und in der Wirtschaftspolitik hat sich die Talfahrt Berlins unter dem Weizsäcker-Senat noch beschleunigt. Ich zitiere aus dem *Berliner Nachrichtendienst* des DGB:

»1982 stieg die Zahl der arbeitslosen Jugendlichen unter 20 Jahren gegenüber 1981 um 22,5 % … Zugleich schätzten Experten die verdeckte Jugendarbeitslosigkeit drei- bis viermal höher als die offiziellen Zahlen« (19.7.83).

»1982 wurden 20 000 Arbeitsplätze und 1983 werden voraussichtlich 18 000 Arbeitsplätze vernichtet« (23.9.83).

»(DGB-Chef) Pagels verweist darauf, dass nicht nur die aktuellen Arbeitslosmeldungen die Schönfärberei ad absurdum führen. Wichtiger noch sei, dass die durchschnittliche Dauer der Arbeitslosigkeit weiterhin zunimmt. Während im Jahr 1981 ein Arbeitsloser durchschnittlich 17 Wochen warten musste, bis er wieder eine Arbeit aufnehmen konnte, hat sich die Dauer der Arbeitslosigkeit 1983 auf 32 Wochen ausgeweitet« (2. 11. 83).

Und das Fazit: »Es ist unverständlich, dass die schwierigen arbeitsmarktpolitischen Probleme unserer Stadt den Senat von Berlin nicht veranlassen, eine beschäftigungsorientierte Wirtschaftspolitik zu initiieren« (2. 11. 83).

Aber über den großen Skandalen der Ära Weizsäcker – ich erinnere nur an den Filzmeister Schmitz und das Intrigenopfer Rastemborski, jeder von ihnen ein Beweis für die Schwächen des Weizsäckerschen Führungsstils – wollen wir die abertausend kleinen nicht vergessen, sie machen nämlich das Klima seiner Regentschaft aus; einer, der für viele steht: Der Charlottenburger Schulstadtrat Mudra verhindert seit zweieinhalb Jahren die Berufung des kommissarischen Schulleiters der Porsche-Oberschule zum offiziellen Schulleiter trotz des einstimmigen Votums des Fachbeirats und auch gegen die Empfehlung des Senats, der es ablehnte, Mudras Favoriten zu berufen, der im selben Tennisclub Mitglied ist. Der *Berliner Nachrichtendienst*: »Die IG Metall bezeichnet das Verhalten von Stadtrat Mudra als einen Skandal, der nach einer Untersuchung durch die politischen Instanzen verlangt.« Zweieinhalb Jahre: So lange regiert hier die CDU.

Aber war er denn nicht, der Mann mit dem pastoralen Timbre und dem präsidialen Auftreten, der richtige Repräsentant dieser Stadt in einer wirren, schwierigen Zeit? Machte er nicht als Galionsfigur eine wirklich gute Figur? Die Antwort auf diese Streicheleinheiten kann nur lauten: Wirre, schwierige Zeiten sind immer, und Berlin ist eine Stadt, die einen anderen Repräsentanten braucht als einen Präsidenten des evangelischen Kirchentages, der sich für das politische Drecksgeschäft zu fein war. In der Villa Hammerschmidt geht es sicher vornehmer zu als dort, wo die Macht auch aus dem Mist und ihrem Mief lebt.

(*tip* 25/1983)

»Let it Bleed«

Dass Leute, die professionell Krach machen, denen, deren Gehör sie damit strapazieren, auch noch auf den Geist gehen mit Verlautbarungen über die *condition humaine,* die Verbesserung der Lebensbedingungen im ausgehenden 20. Jahrhundert oder zumindest die Situation des Rapsanbaus im südlichen Niederbayern unter besonderer Berücksichtigung ihres Sex-Lebens, das, verehrte Leser, ist ein Preis, den wir für diese unsere freiheitliche Demokratie täglich gerne entrichten – für die Gehörgänge gibt es notfalls Ohropax, und für die Verlautbarungen langt ja meistens ein Knopfdruck oder die Handbewegung, mit der wir vom Kulturteil zum Lokalen umblättern.

Es gibt allerdings Umstände, die es nahelegen, genauer hinzuhören oder nachzulesen, wenn das fahrende Völkchen aus dem Showbiz sich dazu gedrängt fühlt, sei es im gleißenden Scheinwerferlicht oder im Dämmer der Hotelhalle, auf der Schnitzbank vor dem bayerischen Bauernhaus oder auf dem Barhocker eines Rockschuppens downtown, die Abschaffung des Spätkapitalismus – und zwar subito! – zu verlangen oder über die gewundenen Pfade zum Weltfrieden zu meditieren – zumal, wenn man (von einem Redakteur dieses Magazins) gerade die Augen geöffnet bekommen hat, dass man »um die vierzig« ist und »an den Schalthebeln eines gigantischen Medienapparats« sitzt. Gleichviel ob man den nur wienert oder mit den bunten Knöpfchen auch schon spielen darf, gefordert fühlt man sich allemal, und gleich möchte man aller Welt zurufen: Auch ihr seid gefordert.

Seit die Pershings kommen, ist sie mal wieder auf dem Tisch, die Gewaltfrage – und nach dem Wald, der Musik, der Frage nach dem Sinn des Lebens und »Sag mir, wie viel Sternlein stehn« ist nichts so prädestiniert wie dieses ewig junge Thema, um in den Köpfen zumal jüngerer Deutscher heillose Verwirrung zu stiften. Wenn also das SPD-Mitglied Jo Leinen, Sprecher der BBU und der Friedensbewegung, davon spricht, dieser Staat werde, wenn die Raketen kämen, unregierbar gemacht, dann dürfen sich die Sozialdemokraten schon mal gar nicht darüber wundern, wenn an den Rändern dieser Bewegung, bei den Autonomen und Streetfightern für den Frieden, die Geheimpläne für den bewaffneten Kampf zirkulieren. Natürlich hat Jo Leinen weder Bombenanschläge (für den Frieden) noch Stadtguerilla (für den Frieden) gemeint, sondern allenfalls eine neue Qualität des zivilen Ungehorsams und passiven Widerstands, und im Erich-Ollenhauer-Haus wird bestimmt jetzt schon an den Presseerklärungen gearbeitet, die fällig sind, wenn Tandler, Stoiber und Geißler die Gelegenheit nutzen werden, um zur besten Sendezeit und auf allen Kanälen der SPD den Ruch des Terrorismus wieder einmal aufzusprayen. Das Wort von der Unregierbarkeit, gesprochen von einem SPD-Mitglied, hat aber einen ominösen Nachhall.

Nun ist der Leinen ja quasi Berufspolitiker, könnte man sagen, wird schon alles abgesprochen sein, und wenn nicht – die quasseln viel, bevor der Tag alt ist. Dann schlage ich aber den letzten *tip* auf und lese – um auf die Krachmacher zurückzukommen – Konstantin Wecker: »Sogar Verständnis für Gewalt«, und dieses Verständnis schließt eben – laut Interview – nicht nur die individuelle Aggression ein, sondern bei der Nachrüstung das »Verständnis für gewaltvolle Reaktionen«. Und da wird die Sache haarig.

Denn was wir dem Profipolitiker mit dem gewundenen Maul und der gespaltenen Zunge schon kaum noch abnehmen, das müssen wir einem Mann, der ja nicht einfach aufs Schlagzeug haut, sondern als einer unserer besten Liedermacher gilt, unerbittlich abverlangen: den behutsamen und präzisen Umgang mit politischen Begriffen.

Es wurde leider nicht nachgefragt, und so blieb offen, welche Gewalt gemeint war, und wie Wecker sich das vorstellt – mit Gewalt gegen Pershings. Dem Texter von »Willy«, wo einer im Streit von Neonazis erschlagen wird, hätte ich subtileren Umgang mit der Sprache, dem gefeierten Medienstar einen differenzierteren Blick auf die politischen Verhältnisse zugetraut. Die traurige Tatsache, er werde von »nur noch zwei« Leuten beim Bayerischen Rundfunk gespielt, und in Straubing habe sich die Lokalzeitung geweigert, Karten für sein Konzert zu verlosen, für die Vorboten drohender Zensur zu halten – möge jeder selbst entscheiden, wie absurd das ist. Aber es spricht wohl für unsere politischen Verhältnisse, wenngleich gegen das Unkraut in den Köpfen, überall ehrlich zu sagen, welche Unterdrücker die anderen sind. Nur: Ham se's nich ne Nummer kleener?

Indes spricht alles gegen Gewalt und gegen den Flirt mit ihr. Einer wie Wecker müsste wissen, wohin die Gewaltdiskussion nach 1968 geführt hat – nach Stammheim, in

Isolation und Zerfall, in einen polizeilich hochgerüsteten Staat, vor dem heute auch die erschrecken, die für die Gesetze mitverantwortlich waren. Aber das ist typisch für eine bestimmte Art des Vordenkens, sei es von Intellektuellen oder Künstlern: Sie plappern daher, die anderen holen sich die blutigen Köpfe, die Zelle im Knast, das Einschussloch. Die Raketen bekommen wir nur mit einer anderen Politik weg – und wenn die Russen ihre abbauen. Aber so was zu sagen ist nicht glamourös. Wie zynisch der Popstar ist, der von Gewalt faselt und dann wieder abschwirrt und an der nächsten Platte werkelt, indes die Namenlosen gegen Atomraketen anstürmen, haben die Stones – wer sonst? – in einem ihrer letzten Songs auf den Punkt gebracht: »*Must be hell living in the world / living in the world like you.*«

(*tip* 26 / 1983)

Die neuen Prüden

Dreizehn Stimmen mehr, und mit Hanna »Granata« Laurien hätte Berlin (West) wieder unangefochten die Spitzenposition gehabt – in der Politik des Kitschs. Dass die Kandidatin der Springer-Presse, der *taz*, der Frauen, der Katholiken und der Tränendrüsen bei ihrem Gipfelsturm nun doch an der Beton-Riege Diepgens scheiterte, werden alle bedauern, die Berlin fälschlicherweise immer noch für eine Hochburg des Humors halten. Mit einer Regierenden Laurien – *Pop goes politics* – hätte die alte Frontstadt dem Rest der Welt mal wieder klargemacht, dass Politik ist, wenn man trotzdem lacht. Und dass der beste deutsche Kohl im Rathaus Schöneberg gedeiht.

Nun, schade drum, aber erhebend war es doch. Erhebend war es zu lesen, Frau Laurien habe auf die Frage eines Anhängers, warum sie nicht verheiratet sei, geantwortet: »Ich bin doch mit dem Land verheiratet«, und noch viel erhebender war es, dass die öffentliche Meinung diesen Polit-Kitsch nicht etwa mit Lachsalven quittierte, sondern ihn – wie die *taz* – andachtsvoll übernahm. Wie ja überhaupt die Triumphe des Gemüts für die kommenden Jahre nichts Gutes verheißen. Denn es ist eine alte, leidvolle deutsche Erfahrung, dass das Gemüt hierzulande sein Geschäft auch gern mit dem Rollkommando erledigt.

Was es bedeutete, wenn puritanischer Gemütskitsch glaubt, politisch agieren, in Aktion treten zu müssen, das durften die Kollegen bei *Zitty* unlängst erfahren, als ein feministisches Rollkommando die Redaktionsräume überfiel, einen Redakteur in übelster Weise drangsalierte und in schon sattsam bekannter Manier an den Wänden manifestierte, wes Geistes Kind es war: »Wir lassen uns von Kleinkapitalisten und Patriarchen nicht verarschen« – alles klar? *Zitty* hatte es gewagt, eine Nackte auf den Titel zu nehmen, und dies brachten enragierte Leserinnen in einen Zusammenhang mit einem Frauenmord, ja, liebe westdeutsche Leser, so einfach, so glasklar, so rigoros wird im Sündenpfuhl und Lotterbabel nun einmal gedacht, seit die tiefste geistige Provinz ihren Wohnsitz hier eingenommen hat.

Für mich war die Umfrage aufschlussreich, die das Magazin anschließend an die faschistoide Aktion dieser sogenannten Feministinnen brachte. Ich finde, es verdient festgehalten zu werden, dass die Frau, die sich den Berlinern als Regierungschefin andiente, folgende Stellungnahme abgab: »*Zitty* geht offenbar auch unter die Fleischbeschauer. Das haben Frauen nicht verdient«, und kein Wort zu der Gewaltaktion – nun, was die Schulsenatorin unter Faschismus versteht, durften Berlins Lehrer ja gerade erfahren. Interessant war es für mich auch, zu erfahren, welch kollegialer Geist die Redakteurinnen der öffentlich-rechtlichen Anstalten umtreibt, wenn Kollegen in der Privatwirtschaft an den Pranger gestellt werden. Eine Redakteurin des SFB-Frauenfunks war »amüsiert«, und den Zeigestock hatte die Dame auch gleich parat: »Die Aktion macht darauf aufmerksam, dass sich dümmlich-männliches Denken auf Kosten von

Frauen breitmacht« – man fragt sich, welche Dummheit sich hier auf Kosten der Hörer breitgemacht hat. Aber wenn eine Redakteurin des Kirchenfunks »klammheimliche Freude« angesichts der Aktion empfand, dann verzichtet man in Zukunft leichteren Herzens auf die Kolleginnen, ihre Programme und ihre Kirche.

Kein Zweifel – die Senatorin Laurien war die Kandidatin nicht nur des Gesinnungskitschs in dieser Stadt, sondern auch der mit ihm eng verbundenen Neuen Prüderie, die sich längst nicht nur vieler Frauen bemächtigt hat. Neu an dieser Prüderie ist allerdings nur, dass sie sich terroristischer Methoden bedient, um freiere – vielleicht auch nur flottere – Geister einzuschüchtern (neu, wenn man glaubt, 1945 habe so etwas wie eine Zäsur stattgefunden). Ansonsten ist das der älteste Muff und Mief, der seit den Kimbern und Teutonen hierzulande umgeht, der brünftige Ton ist ebenso unverwechselbar wie die sauertöpfische Miene, das fanatische Rechthabenwollen wie der Kult der Dummheit, der in diesen Kreisen noch immer als *dernier cri* gilt. Eine Leserin gab im gleichen Heft von *Zitty* die Richtung an, in der die neue SA zu marschieren hat: »Die Wut an den Kiosken auszulassen, die diesen Schund verkaufen, in den Discos Bambule zu machen oder die betroffenen Redaktionsräume zu stürmen, wäre doch eine etwas adäquatere Form, auf die Tränen der Trauer und Wut zu reagieren …«

Bei dieser Stimmungslage ist es sicher sinnlos, darauf aufmerksam zu machen, dass auch die meisten Männer Wut und Abscheu und Trauer empfinden über jede Vergewaltigung und jeden Mord. Zusätzlicher Ekel überkommt viele Männer jedoch angesichts der Schamlosigkeit, mit der eine ermordete Frau zum Anlass genommen wird, um missliebige Meinungen anzuprangern und Leute einzuschüchtern, die von Berufs wegen Meinung auf den Markt bringen. Wenn das Klima in dieser Stadt in Zukunft von Rollkommandos und Randale geprägt wird – ob Neo-Nazis gegen Ausländer oder Neo-Prüde gegen Redakteure –, dann kann Berlin die Schaltzentrale der Mikroelektronik werden und doch geistig schon die Steppe vorwegnehmen, die dem großen Knall folgt. Für die Wahl 1985 ist die Losung klar: Harry Ristock gegen die Rigoristen.

(*tip* 27/1983)

Der Preis der Zimmerlinden

In Gordon A. Craigs vielgerühmter *Deutschen Geschichte von 1866 bis 1945* kommt der Name Flick nur einmal vor, und zwar in dem Abschnitt »Entrechtung und Enteignung der Juden« des Kapitels über »Die nationalsozialistische Revolution: wirtschaftliche und gesellschaftliche Entwicklungen«; es heißt dort: »Die Aneignung jüdischer Firmen ermöglichte die Errichtung bedeutender neuer Kartelle in der Textilindustrie und kam ganz allgemein großen und finanzstarken Konzernen zugute, so etwa ... Friedrich Flick, der Rawack und Grünfeld Montaninteressen schluckte ...« Und der amerikanische Historiker setzt als Fazit dazu: »Die hieraus resultierende Konzentration in der Eisen- und Stahlindustrie mag der beschleunigten Aufrüstung dienlich gewesen sein; man kann jedoch wohl kaum behaupten, dass der Monopolisierungsprozess auf dem Verbrauchsgütersektor irgendetwas anderes brachte als Riesenprofite für die Monopole.«

Friedrich Flick und seine Flick-Gruppe waren – wie die gesamte deutsche Großindustrie – Nutznießer des Dritten Reichs, Flick wurde 1947 als Kriegsverbrecher zu sieben Jahren Gefängnis verurteilt (und 1950 – pünktlich zum Beginn der Wiederaufrüstung – entlassen). Daraus zu schließen, dass er Nazi gewesen sei, hieße allerdings, die realen

Machtverhältnisse, gleich welcher Regierungsform sie sich bedienen, zu verkennen; ein Flick hat politische Ideologien nicht nötig, er finanziert sie ja.

Demokratische Parteien sollten allerdings nicht völlig das Augenmaß für ihren Umgang verlieren. Man muss beileibe kein Verächter unserer Demokratie sein, um mit Befremden davon Kenntnis zu nehmen, wie Repräsentanten dieser Demokratie mit sich umspringen lassen, wenn es um Geld geht und die Kommandos von Leuten kommen, die für den Erben eines Kriegsverbrechers arbeiten. Hans Magnus Enzensberger hat in seinem *Spiegel*-Essay über die Parteispendenaffäre den Kasino- und Kommandoton zitiert, den Herr von Brauchitsch im Umgang mit Ministern für angemessen hielt: »Lambsdorff ist bereit«, »Der Minister macht alles«, »Kiep kümmert sich«, aber wenn das dann dauerte mit diesen laschen Demokraten, dann war die Rede von »in Marsch setzen«, »hat Schiss«, »Hosenflattern«, »Beine machen«, »Geleitzüge auf den Weg bringen«, »Flankenschutz«. Die Begriffs- und Ausdruckswelt der Monopolisten und ihrer Frontschweine hat sich seit 1914 nicht geändert, was Wunder – die politischen Bedingungen, unter denen die Profite gemacht werden, sind ja offenbar auch die gleichen geblieben. Wenn im Zusammenhang mit Flick & Co. von Zuständen die Rede ist, die die Bundesrepublik zu einer Bananenrepublik degradierten, kann ich nur verwundert den Kopf schütteln: Es gab ja wohl kaum eine Bananenrepublik in den letzten 50 Jahren, in der nicht wenigstens einmal eine Revolution dafür gesorgt hat, dass die richtigen Leute am Laternenpfahl hingen.

Nein, so etwas hatten wir in Deutschland nie, dafür haben wir heute immerhin im Westen eine Parteidemokratie und den *Spiegel*. *Der Spiegel* hat nicht nur die Flickaffäre am Kochen gehalten, er hat auch Enzensberger die Gelegenheit gegeben, der herrschenden Oligarchie die Rechnung aufzumachen, ein Vorhaben, das ihm nicht ganz geglückt ist, was einer der Oligarchen, Parteisekretär Peter Glotz, ihm an gleicher Stelle gleich eingeschenkt hat. Enzensberger hat ja schon seit längerem seine Vorliebe für die kleinen, die ganz gewöhnlichen Leute entdeckt (ich verstehe das, ich habe auch schon länger in München gelebt), sein Versuch, sie gegen die »vier Vereine« und ihre »Gemeinsamkeit der Kleptokraten« aufzustacheln, ist weder besonders originell (das gehörte in Weimarer Zeiten zum guten Ton), noch verspricht er den mindesten Erfolg.

Der scharfsinnige Kulturkritiker vermag sehr wohl zu erkennen, in welchem Umfang wir schon längst zu einem leicht korrumpierbaren Volk von Durchmoglern und Nassauern geworden sind; wer aber, wie unser Dichter, doch vorwiegend von Parnass zu Parnass gibt und nimmt, der weiß wohl kaum, wie das Geben und Nehmen bei den Zimmerlinden und an den Resopaltischen beschaffen ist, wo soziale Demokratie ihren Ursprung hat, erneuert und am längsten verteidigt wird, ganz gewiss auch dann noch, wenn ihre intellektuellen Verächter schon zu aufregenden neuen politischen Ausdruckswelten aufgebrochen sind.

Von Peter Glotz hätte ich mir allerdings klare Auskunft darüber gewünscht, ob damals, als auch ihre Minister und Schatzmeister mit dem Hause Flick Umgang pflegten, die Partei Willy Brandts jemals auch nur ein Hauch davon gestreift hat, in welches erbärmliche Licht sie sich damit gesetzt hat. Ja, ja, Realismus, Pragmatismus, gewiss; aber braucht nicht gerade pragmatische Politik (Helmut Schmidt hat dies ja in manchem bezeugt) eine umso festere Verankerung in moralischen Kategorien? Als eine Handvoll politischer Desperados zu den Waffen griff, sollten wir glauben, der Staat sei in Gefahr; an den Folgen leidet das Rechtsbewusstsein noch heute. Aber wenn der Erbe eines Kriegsverbrechers Politiker schmieren lässt, um die Geschäfte in Schwung zu halten, dann heißt es: *Business as usual.* Für die SPD darf das nicht stimmen, es sei denn, sie hätte vergessen, dass jene Zimmerlinden wichtiger sind als alle Abschreibungsgesetze der Welt.

(*tip* 1/1984)

Achtzig Prozent

Es tat gut, in der Wintersonne Zyperns zu sitzen und aufs Meer zu blicken, dem einst Aphrodite entstieg, und so dauerte es eine Weile, bis ich auf das achtgab, was die drei Deutschen ein paar Tische weiter in dem Terrassencafé von sich gaben. Es war der Neujahrsmorgen 1984, und sie bekämpften ihren Kater mit Weißwein und markiger Rede, einer aus Westberlin, der im Baugeschäft war, machte den beiden Westdeutschen die Lage klar. »Früher im Iran«, sagte er, »die waren wenigstens noch auf Zack, da hielten die Muftis die Klappe. Ich war ja öfter da, wir haben da einiges abgewickelt, als der Schah noch dran war, das lief. Der Perser ist auch ein Typ, der irgendwo was draufhatte, man hatte denen doch eine gewisse Bildung mitgegeben, und dann war da ja auch noch der Kies da, reichlich Kies, ich meine, Kies bildet auch, wa? He, du, bring noch 'ne Flasche.«

»Dagegen der Türke«, fuhr er fort, »also es zeigt sich ja jetzt, was wir uns da geholt haben – wenn ich mir das bei uns in Berlin ansehe, macht mich total krank. Ich bin bestimmt tolerant, schon als Berliner, immer gewesen, aber mit den Türken, Kinder, ihr habt da ja keine Ahnung, das geht wirklich zu weit. Ich hab schon beruflich nichts gegen Ausländer, aber der Türke ist eben kein Ausländer, das ist eine Kanake, aus.«

»Ja, bei uns im Sauerland gibts aber auch schon viel zu viele davon«, sagte die kunstblonde Hausfrau im grünen Hosenanzug, und dann musste auch ihr Mann – er war im Einzelhandel tätig – die passende Geschichte dazu erzählen, es war anscheinend so, dass die Türken – »clever sind se ja« – dem sauerländischen Einzelhandel besonders zu schaffen machten, aber das große Wort behielt doch der Berliner: »Heroin, Rauschgift, unsre Jugend, Kreuzberg, auch wohnungsbaumäßig eine Sauerei, da hilft nur eins – raus damit!« Drei Tage später las ich in Nikosia, wo Truppen der UNO einen prekären Frieden sichern zwischen türkischen und griechischen Zyprioten, vom Tod der sechs Abschiebehäftlinge in der Silvesternacht, und dass Bonn die Warnung des PFLP-Chefs Habbasch sehr ernst nehme, diese Toten würden »gerächt werden«. Es war ein bitterer Augenblick in der geteilten Hauptstadt Zyperns, das zu lesen und dann zu denken: Ja, rächt das mal!, und dann: Aber an wem? Denn zur Disposition stehen wir alle.

Es wäre jedenfalls reichlich billig, auch diese Tode wieder nur den verantwortlichen Politikern und subalternen Beamten in die Schuhe zu schieben. So widerlich Zimmermann und Lummer (um nur zwei Verantwortliche zu nennen) sich geben, so ekelhaft die Rechtfertigungen, Ausflüchte und Vertuschungen im Fall Altun, im Fall der sechs und in jedem künftigen Fall klingen – diese Politiker und ihre Beamten vertreten niemand anderen als uns. Es mögen wechselnde Mehrheiten sein, die sie an die Macht spülen, aber seit der Gründung der Bundesrepublik ist es der gleiche Souverän, dem sie ihre Posten verdanken, der ihre Gesetze befolgt und die politische Kontinuität garantiert. Wenn das Wort vom hässlichen Deutschen heute wieder umgeht, dann müssen wir, wenn wir ehrlich sind, uns alle angesprochen fühlen.

Wenn Zimmermann und Lummer mit einem recht haben, dann mit der Behauptung, 80 % der Bevölkerung stünden bei der Verschärfung der Ausländer- und Asylantengesetzgebung hinter ihnen. Achtzig Prozent, das dürfte in etwa den Anteil all derer ausmachen, die in der einen oder anderen Weise von der Krise – der ökonomischen, der psychischen, der Krise der alten Werte – betroffen sind. Achtzig Prozent, das war ungefähr der Anteil von Wählerstimmen, den alle radikalen Parteien in der Weimarer Republik ansprachen, auf achtzig Prozent Zustimmung – schätzen Historiker – konnte sich Hitler in den Jahren vor 1939 stützen. Um Auschwitz zu machen, braucht man keine 80 %, sondern eine SS und einen gut geölten Beamtenapparat; wenn man Asylsuchende in einem demokratischen Staat wie Tiere hinter Käfiggittern zusammenpfercht und notfalls auch verbrennen lässt, falls sie es nicht vorziehen, sich durch einen Kopfsprung zu Tode zu bringen, dann sind diese 80 % doch wieder ein beruhigender Faktor – mit Volkes Stimme lässt sich gut Staat machen.

Es ist ja auch nicht so, als ob wir anderen 20 %, wir Kebabfreaks in Wilmersdorf, wir unbarmherzig völkersolidarischen Altstalinisten, wir Müslicompañeros und Persilscheininhaber in den Medientrakten, wir gestandenen Liberalen mit dem Joint und der Tochter mit der Drogenkarriere und der Frau im Bhagwan-Fieber, wir, die wir selbstverständlich erhaben über Völkerhass, frei von Vorurteilen und einig in unserer Erschütterung über die Hässlichkeit der Macht sind – es ist ja beileibe nicht so, als ob wir den ganzen Tag Zeit hätten, mit einer Menschenkette von Berlin-Tegel bis zu jedem Flughafen in der Welt die Auslieferung lebend davongekommener Asylanten zu verhindern. *Pershing first, claro?*

Ein Wort des Kanzlers leicht variierend, möchte man sagen: Faschismus ist keine Einbahnstraße. Heinrich Lummer ist nicht Heinrich Himmler, und die Haftbedingungen der Abschiebehäftlinge sind nicht die Endlösung der Ausländerfrage; da unten, nah bei den andern, fällt es einem nur manchmal schwer, das tatsächlich so zu sehen.

(*tip* 2/1984)

Die Nation dreht durch

Seit einiger Zeit schon sind die Symptome offenkundig: Die Nation dreht durch. Man braucht kein Fachmann zu sein, um den Tag, an dem das Unheil begann, genau zu bestimmen. Als an jenem Freitag, dem 1. Oktober 1982 die Obelixbirne aus Oggersheim zum ersten Mal sich mit feixendem Gesicht auf die Regierungsbank zwängte, flackerte ein höllisches Grinsen über die dämonische Visage Kodos, des Herrn des Hasses, und also sprach er: Es wird Zeit, die Früchte des Friedens zu ernten und die Samen des Wahnsinns zu säen. Und er legte die Socken des Grauens an und machte sich auf den Weg …

Schon seit langem scheinen die Dinge nicht mehr so, wie sie sind. Waren sie je, wie sie schienen? Sollten sie am Ende schon immer anders gewesen sein, als sie jetzt scheinen? Man denke nur an die ›Affäre Kießling‹: Gibt es da überhaupt noch etwas, das nicht anders scheint, als es sein sollte? Wenn ich zum Beispiel lese, eine wichtige Entscheidung bei Wörners Entschluss, den General in den Ruhestand zu versetzen, habe ein Schreiben des Admiralarztes Richarz aus dem Jahre 1978, »höchstwahrscheinlich an den MAD« (an mich jedenfalls nicht!), gespielt, in dem es heißt, der General »habe während einer Untersuchung an seinen Genitalien gespielt«, dann klingt das auf den ersten Blick wie eine eiserne Kausalkette: General kratzt Eier, also schwul. Aber sobald man das zu Papier bringt, dringt aus dem Inneren der Schreibmaschine ein satanisches Gelächter, und schweißgebadet merkt man, welchem Wahnsinn man aufsitzt. Es ist der Herr des Hasses, der auch hier die Finger führt. Nichts ist so, wie es scheint. Nur eins ist sicher: Die Deutschen drehn durch.

Das fing schon bald nach Kohls Installierung an, als die nordrhein-westfälische CDU ihren Spitzenmann Biedenkopf abwählte und durch einen Tölpel namens Worms ersetzte mit der selbst für die CDU bisher einmaligen Begründung, Biedenkopf habe die Partei intellektuell überfordert. Auch die SPD übt sich ins Durchdrehn ein. Das 96 %-Ergebnis ihres Friedensparteitages, mit dem Helmut Schmidt in die Fresse getreten wurde, ist nur ein Beispiel für die gelockerten Schrauben in der Partei, die jetzt anscheinend endgültig in die durchlöcherten Socken des Grauens der Alt-68er geschlüpft ist und dabei wohl an Rilke denkt: »Wer spricht von Siegen? Überstehn ist alles!«

Obwohl natürlich auch dies ganz anders sein kann, als es scheint. Oder warum hätte der stellvertretende Fraktionsvorsitzende Horst Ehmke sich ausgerechnet über die Weihnachtsferien 83/84 einen Kinnbart stehen lassen, der zumindest dem Fernsehbetrachter von Bundestagsdebatten den Eindruck vermittelt: Aha, Lenin in Poppelsdorf? Der flotte Hotte im alternativen Regierungs-Look von morgen kontrastiert jedenfalls harmonisch mit der wehmutsvoll-altfränkischen Steifheit des wiedergeborenen Preußen Hans-Jochen Vogel, dessen Leichenbittermiene in diesen Tagen alle Misstrauensanträge der deutschen Geschichte zugleich zusammenzufassen scheint. Vogel ist ein Meister im Aufspüren von Begriffen, die aus Kodos Hexenküche stammen könnten, ich denke da an die berüchtigte »Meinungsführung«, derer die SPD sich wieder zu bemächtigen habe, als gehe es in der Politik um nichts anderes als darum, die Menschen zu Meinungen zu führen. Und woher weißt du, flüstert hämisch der Herr des Hasses in der Heizungsröhre, dass es ihr um irgendetwas anderes geht? Oh doch, rufe ich, in Wirklichkeit geht es ihr um Vertrauensbildung, wir haben doch jetzt die Konferenz zur Vertrauensbildung, ein Wort, das Genscher so gut von den Lippen kommt, als hätte sein Referent es erfunden, Vertrauensbildung auch in Hamburg, wo Polizisten auf Fußstreife jetzt ein Namensschild tragen sollen, und spätestens wenn Norbert Blüm, der Durchdreher vom Dienst, sich eines solchen Begriffs bemächtigt, dann weiß man, warum die CDU wieder dran ist: weil sie begriffen hat, dass die deutsche Provinz Politik nur als Fortsetzung der Bütt mit anderen Stilmitteln begreift. Vertrauensbildende Maßnahme, rief Blüm in die Bundesbütt, er meinte die vorgezogene Rente, die es vielen Deutschen erleichtern wird, ein paar Jahre früher durchzudrehn.

Während aber der Kanzler Kohl in München den Karl-Valentin-Orden entgegennahm, dachte Frau Marianne Strauß über die Kultur nach, und es passierte ihr augenblicks, was dabei so vielen passiert: Sie drehte durch. 15 % Honorar will sie notfalls einklagen für drei Karikaturbände, denn so, erklärte sie dem ZDF, gehe es nicht weiter: »Es ist notwendig, dass mein Mann nicht ungefragt vermarktet werden darf und er dann massiv darunter zu leiden hat. Er hatte vor Weihnachten große Schmerzen im Arm von den vielen Unterschriften der Karikaturenbücher.«

Auf dem Wege zur Kneipe – Bier hilft! – lausche ich an der Nachbartür. Angestellte im öffentlichen Dienst, aha: Pink Floyd voll aufgedreht, jetzt wird einer reingezogen und später der neue Video getestet, *Kodo – der Herr des Hasses*, ein Durchdreher, meinten die Kollegen. Aber erst noch *Tagesthemen*, und da ist er ja schon wieder, der Jürgen von der Bundeswehr. Wie wäre das wohl damals gelaufen, als der Alte noch dran war, der Kokser, der dann gegangen ist, und der andere, der mit der Pfeife? Ist ja egal. Bonn sieht fertig aus. Komm, Kodo, gib Gas.

(*tip* 3 / 1984)

Die nützlichen Idioten

Dass Karla, der Chef der Moskauer Geheimdienstzentrale, am Ende von *Smileys Leute* tatsächlich über die Oberbaumbrücke in den Westen schlurfte, verweist le Carrés Stoff eben doch in jene schöne Welt des Scheins, wo Fiktionen aus Wunschvorstellungen blühen. Die Wirklichkeit sieht in diesem Winter unseres Missvergnügens einmal mehr ganz anders aus, und es war natürlich ein kompetenter Brite, der die Dinge beim Namen genannt hat, Sir John Hackett, ehemaliger Oberkommandierender der Britischen Rheinarmee. Die Wörner-Kohl-Affäre, so der General, sei eindeutig ein Produkt der Desinformationsabteilung der Moskauer Zentrale; irgendwer im KGB bekomme jetzt einen dicken Orden umgehängt. Wer immer das sein mag, es gibt auch in Bonn einen Kandidaten für diesen Orden, und das ist kein anderer als Dr. Helmut Kohl.

Als Kohl Kanzler wurde, gab es ja noch viele in diesem Land, die glaubten, auf der Regierungsbank habe sich eine Art Pfälzer Bhagwan installiert. Sprüche wie »Ich will die Kraft unseres Landes werden« oder »Ich will ein geistig-moralisches Klima schaffen«, mit – der Kanzlerschaft vorausgreifenden – Büttbeiträgen wie »Nächstenliebe ist ein ganz und gar politisches Wort« und »Die Sehnsucht nach Frieden ist nicht ein parteiisch Ding« hatte der Politmensch aus Oggersheim jahrelang sich selbst als eine Art CDU-Maharishi und seine Politik als Kasperltheater verkauft, bei dem zumindest die Satiriker zu Potte kommen würden. Nach 15 Monaten mit Kanzler Kohl wissen wir es allmählich besser. Diese Regierung ist kein Thema für Satiriker mehr, sondern für Geheimdienstspezialisten.

Es war Gerhard Zwerenz, ein genauer Kenner der Frankfurter SPD, der 1975 den Roman zur Guillaume-Affäre vorlegte *(Die Quadriga des Mischa Wolf)*. Gefragt ist jetzt ein intimer Kenner der CDU-Achse Mainz–Bonn, der ebenso faktenkundig wie spekulativ den dringend benötigten Roman über den politischen Werdegang des Mannes vorlegt, der die Bundesrepublik in die sicherlich widerlichste Staats- und Vertrauenskrise ihrer 35-jährigen Geschichte geführt hat. Ja, Roman; unsere Presse wäre mit diesem Stoff überfordert, unser Fernsehen ist ja gerade dabei, den Wilhelminismus als politische Lebensform wiederzuentdecken.

Es gab immerhin einen Kommentar, der die Richtung wies, in der ein solcher Roman zu graben hätte. Robert Leicht schrieb in der *Süddeutschen Zeitung*: »Max Weber, der zu Beginn des Jahrhunderts die Situation des Berufspolitikers analysiert hatte, kommt jetzt erst zu seinem vollen Recht. Im Grunde hat sich heute die Generation jener Berufspolitiker ganz durchgesetzt, die – Leute ohne sonstigen Beruf und Stand – außerhalb der Politik so gut wie nichts darstellen. Geradezu zwangsläufig haben sie ein anderes, ein existentiell abhängiges Verhältnis zu ihrem politischen Posten. Wenn sie diesen aufgeben, droht ihnen die Existenz einer *quantité négligable.*« Ersetzt man bei dieser Beschreibung das Wort Berufs*politiker* durch das Wort Berufs*agent*, dann eröffnet sich – der Herr des Grauens lässt grüßen – die makabre Dimension heutiger Politiker. Und man begreift vielleicht besser das alte britische Konzept des Amateuragenten; auch Smiley hätte notfalls in Oxford über Deutsche Barocklyrik lesen können.

Der Auftrag des Agenten Guillaume bestand – nach Zwerenz – darin, Karriere bei der SPD zu machen, und zwar über den rechten, beinhart antikommunistischen Flügel, in der Erwartung, dass eines Tages die SPD die Regierung stellen würde. In der Moskauer Zentrale – so mein Wunschautor – hat man sich nie Illusionen über den zutiefst konservativen Charakter des westdeutschen Staates gemacht und folglich immer auf die CDU gesetzt. Folgt mein Autor dieser Prämisse, dann liest sich allerdings die Geschichte der Bundesrepublik und ihrer CDU wie ein Comic aus dem Unterrichtsprogramm der Desinformationsabteilung des KGB, und der Skandal um Wörner trüge einen Titel von Heiner Geißler: *Moskaus nützliche Idioten.*

Wie sieht es heute mit der »geistig-moralischen Wende« aus? Was das Staatsvolk angeht, lässt sich immerhin festhalten, dass die Geschäfte des Bhagwan bei uns glänzend laufen, *»Far Out«* vielleicht auch bald in Oggersheim. Die schwule Subkultur hat eine Woche Hochkonjunktur auf der Bonner Hardthöhe, ob das nun schon die moralische Wende war, vermag ich nicht zu entscheiden, eher sieht es ja so aus, als habe diese Regierung nur mal zeigen wollen, welch schwüles Kontrastprogramm sie zum »sozialistischen Dschungelstaat« (Kohl) auf Lager hat: Tom-Tom. Nein, diese Bundesrepublik ist keine Bananenrepublik – in einer

Bananenrepublik hätte die Armee sich eine solche Schande nicht bieten lassen. Die SPD, so Geißler, sei die Fünfte Kolonne Moskaus, klar ist, wer von der »geistig-moralischen Wende« bisher eindeutig profitiert hat: Aber vielleicht würde der Generalsekretär der CDU ja auch Sir John Hackett als Sprachrohr des Kreml bezeichnen. Wer sein Glashaus schon zerschmissen hat, dem kann doch längst alles wurscht sein.

Und genau das steht zu befürchten: dass diesen Leuten längst alles Wurscht und Wellfleisch ist. Anders als Profis halten sie sich an keine Regeln und keine Direktiven mehr, sie haben sich in die Macht so verbissen, dass sie glauben, sie könnten jeden Preis dafür zahlen – jeden, das heißt keinen. Bedauerlich, dass der Konservativismus auch in der zweiten deutschen Republik nur Possenreißer und Panikmacher, Perspektive-Agenten und Profitgeier an die Macht gespült hat. Apropos Posse: Sollte Karla doch bei uns sein, gebührt ihm der nächste Karl-Valentin-Orden. Und ein Ehrentitel: Dr. h. c. Karla Kohl.

(*tip* 4/1984)

Blick in den Spiegel

Mach doch mal was über den neuen Narzissmus der Männer, sagte der Redakteur, schreib mir einen schönen Meinungsbeitrag, das ist doch ein Thema. Inwiefern neuer Narzissmus, gab ich zurück, ich kenn höchstens den alten, und der bedeutet laut Duden »krankhafte Verliebtheit in den eigenen Leib, ins eigene Wesen«, weißt du, sagte ich, wenn man so lange Biertrinker war wie ich, hat man zum eigenen Leib, zum eigenen Wesen alle möglichen Einstellungen, aber die krankhafte Verliebtheit ist nicht darunter. Was soll denn dieser Neue Narzissmus sein? Na ja, meinte der Redakteur, diese Tango-Welle, diese Bodybuilder-Welle, der Mann entdeckt seinen Körper, muss ich denn wirklich ins Detail gehen? Lies doch mal den neuen *Spiegel*. Er klang irgendwie düpiert, als er auflegte.

Ich las den neuen *Spiegel*, da hatten die Blattmacher also mal wieder den Softy entdeckt, »Das dritte Geschlecht«. Alle Jahre wieder dieser Libero der Regenbogenpresse auch im Blatt für die kritischen Manager, es muss wohl einen festen Stamm von Interessierten für diese Sülze geben, dachte ich, eine Abschlaffstrecke im Blatt bei so viel Kohl und Flick und Gift und wo selbst die Grünen so penetrant realpolitisch werden. In der Hausmitteilung wurde auch die Redakteurin und Autorin mit Tochter im Bild gezeigt, der alte *human touch,* und vor Selbstlob über die eigene Aufklärungsarbeit kriegte die Redaktion sich gar nicht mehr ein, was hatten sie nicht alles schon aufgespürt und entwicklungsmäßig vorangetrieben da in Hamburg, nun also die »fließenden Übergänge im Reich des Sexus«, hatte ihnen Rudolf Augstein denn immer noch nicht das Alte Testament nahegebracht? Und auch dies: Es gibt nichts Neues zwischen Himmel und Erde.

Es gab allerdings wieder eine politische Form des Narzissmus, ich möchte das aus gegebenem Anlass die »Politik der Betroffenheit« nennen, aha, sagt der Kenner, Petra Karin Kelly, Politikerin aus Betroffenheit, das Buch von Monika Sperr. In der Tat hat es sich Petra Kelly nicht nehmen lassen, jetzt schon ihre Biographie vorzulegen, sie hat der Münchner Autorin Monika Sperr ihr Leben erzählt, als ich das Buch las, dachte ich zuerst: Das muss eigentlich ein Coup der Desinformationszentrale beim Parteivorstand der SPD sein oder sogar ein raffiniert eingefädeltes Diffamierungsmanöver der innerparteilichen Gegner der Petra Kelly – die Gruppe Z des KB hätte da ziemlich oben auf meiner Liste gestanden, aber auch Frankfurter konnten ja Komplotte schmieden. Aber nein, heute weiß ich es besser, es war wirklich so, wie es sich da liest, zwei betroffene Frauen haben sich zusammengetan, und heraus kamen Sätze wie diese: »Petra Kelly brach in Tränen aus: erst Martin Luther King, jetzt Bobby Kennedy! Was war das für ein Land, in dem die besten Männer umgebracht wurden!« Oder: »Petra Kelly hatte tatsächlich viel vor. Die ganze EG-Bürokratie wollte sie verändern, das schien ihr dringend nötig. Der Marktordnungswahnsinn … musste beendet werden.« Oder: »Eben hatte sie die Wahl verloren … Sie aber forderte die Sozialdemokratie zum Dialog heraus. Dabei ging sie, typisch für ihren kosmopolitischen Lebenslauf, unbekümmert aufs Ganze: Das Schicksal der Menschheit steht zur Diskussion.« Und so ist das ganze Buch.

Wenn es einen neuen Narzissmus gibt, finde ich, dann hat er viel zu tun mit dieser Politik der Apokalypse (und die wiederum viel mit dem manischen Ehrgeiz von Karrieristen wie Petra Kelly). Wer sich krankhaft ins eigene Wesen und in die eigene politische Welt verliebt, dem müssen Überlegungen eher fremd sein, wie sich denn solche politischen Ideale – grüne, radikale, weltverbessernde – in handfeste Politik, d. h. in scheibchen- und tröpfchenweise reale Verbesserung der Verhältnisse umsetzen lassen. Die Grünen haben mit ihrer Politik der Betroffenheit – also auch mit Politikerinnen wie Petra Kelly – eine ganze Menge erreicht, vor allem dies: einer frustrierten Generation von Aussteigern und Abmeldern die Hoffnung auf den Sinn politischer Arbeit zurückzugeben. Nun allerdings muss sich zeigen, ob sie in der Lage sind, den politischen Narzissmus ihrer Gründerphase – die Selbstverliebtheit in die eigene Betroffenheit, die apokalyptische Vision, das manichäistische Weltbild – zu überwinden und zur Politik jenes radikaldemokratischen Reformismus vorzustoßen, die nicht nur zwei Millionen Wähler von ihnen erwarten.

Ein Beispiel aus Berlin: Als Heinrich Lummer in der unsäglichen Talkshow *Leute* seinen Auftritt hatte und die Moderatoren mit ihren (nur für sie selbst peinlichen) Fragen nach der Schuhgröße und den Tanzproblemen des Innensenators am Ende waren, kam dann doch noch die Rede auf die Politik, in diesem Fall auf die Zuständigkeit des Senators für den Tod von Kemal Altun und der sechs Abschiebehäftlinge. Und schwupp! war sie wieder da, die Politik der Betroffenheit, »Leichen pflastern ihren Weg«, »Fühlen Sie sich denn nicht moralisch betroffen?«, »Können Sie denn damit leben, Herr Lummer?«, bis der Mann die Contenance verlor: »Sie verstehen einen Dreck davon, Frau von Lehndorff!«

So ist es. Mir wäre es lieber gewesen – und dem Gemeinwesen Westberlin wäre es, denke ich, gut bekommen –, wenn Heinrich Lummer nicht die Contenance in der Talkshow, sondern die Abstimmung über das gegen ihn gestellte Misstrauensvotum verloren hätte, deshalb plädiere ich weniger für Tränendrüsenpolitik als für parlamentarische Mehrheiten – und für harte politische Arbeit. Ach, wem ist denn der Narzissmus nicht fremd, ob alt oder neu? Aber solange ich schreibe, werde ich alle, denen es genügt, sich an sich selbst satt zu sehen, daran erinnern, dass sie nur völlern können, weil andere hungern.

(*tip* 5/1984)

Terror für den Staatsanwalt

Autoren und alle, die noch an die Macht des Wortes auch im Zeitalter des Videohorrors glauben, haben einen neuen Freund in Berlin, es ist – aber ein Fass aufmachen brauchen wir deshalb noch nicht – der Oberstaatsanwalt beim Kammergericht, Klaus-Jürgen Przytarski. Przytarski ist im Bereich der Strafverfolgung von Terror & Co. zuständig und vertrat soeben erfolgreich die Anklage im Prozess gegen die als *radikal*-Herausgeber dingfest gemachten Benedikt Härlin und Michael Klöckner, derer sich – vom Regen in die Traufe? – nach Prozessende sogleich die Grünen bemächtigten, für die sie ins Europaparlament einziehen sollen. Wenn aber das Kammergericht unter dem Vorsitz des Richters Palhoff – auch diesen Namen werden gerade die Journalisten unter uns Wortproduzenten sich gut merken – dem Oberstaatsanwalt Przytarski mit seinem Urteil viel Freude gemacht haben dürfte, so bleibt doch fraglich, ob die 2 ½ Jahre für Härlin und Klöckner, die noch dazu die Revision beim Bundesgerichtshof kaum überstehen werden, der allgemeinen Gemütslage, ja dem Seelenfrieden des Terroristenhäschers auf Dauer Auftrieb geben. Wie schlecht es um diesen stehen muss, gestand Przytarski noch während des *radikal*-Prozesses dem *Stern*: Er sei ja mittlerweile der Einzige, jammerte er im Interview, der »in Berlin noch

Terrorismus macht«, und er erklärte auch, warum das so ist: »Die Bewegung 2. Juni gibt es nicht mehr, und die RAF, wenn es sie noch gibt, meidet Berlin. Wir haben praktisch nur Verfahren gegen Unbekannt. Das ist schon sehr unbefriedigend. Es gibt Terrorismus, aber keine Täter.«

Als ich diese Zeilen las, musste ich an Burroughs denken, an den Verfasser von *Naked Lunch*, der in diesem Jahr 70 wird und dessen Bücher bevölkert sind mit Figuren, für die der Oberstaatsanwalt Przytarski Vorbild sein könnte (wie natürlich auch, räumlich näherliegend, für manches Personal aus dem *Untertan*). Die Techniker der Macht, die Paranoiaklempner und die Bewusstseinsagenten – so Burroughs – haben es noch immer verstanden, das Futter für die Machtapparate zu produzieren, ohne die ihre Parasiten nicht existieren können, Rauschgift für die Rauschgiftapparate, Terror für die Terrorapparate, Atome für die Atomapparate, diese ganze Pyramide der Macht- und Menschenfresser, gemästet von Revolutionen, Seuchen, Kriegen und Apokalypsen. Der Junkie braucht Junk, der Politiker braucht Macht, der Staat braucht Terror, und der Staatsanwalt braucht Terroristen, auch wenn es sie nicht gibt.

Aber es gibt sie ja. Ich schlage eine alte Nummer von *radikal* auf, es ist die Nr. 114 vom März 1983, dem Wende-März, wäre ich Oberstaatsanwalt, ich müsste in der Tat glauben, auch beim Terrorismus habe damals gleich der Aufschwung eingesetzt. »Herzschläge« nennen die *radikal*-Macher die Seiten für die heißen Nachrichten von der Zündelszene, das liest sich dann so: »am 6. 2. 1983 haben wir das amtsgericht groß-gerau mit einer 7,5 kg kordelbombe angegriffen ... dass unsere bombe aus bisher noch nicht geklärten umständen wahrscheinlich nicht hochgegangen ist und die bullen eine nachrichtensperre verhängt haben, hält uns nicht davon ab, noch einmal ein startbahnamtsgericht zu besuchen«, oder: »Wir haben in der Nacht zum 18. 1. 83 5 Liter Benzin in den Briefschlitz der Kreissparkasse Löhnhorst gekippt und angesteckt. Es entstand erheblicher Sachschaden, 40 000 DM laut Presse ... Auf die Dauer Pyro Power«, für so etwas zeichnen die Revolutionären Zellen verantwortlich, vielleicht vergeben die *radikal*-Redakteure ja demnächst den Mollie des Monats für den gelungensten Brandanschlag, also ich weiß nicht: Mit original revolutionärem Terror hat das so wenig zu tun wie – sagen wir's rundheraus – das Berliner Kammergericht unter Herrn Palhoff mit dem Volksgerichtshof unter Roland Freisler. Mit diesem Terror ist ein Staat nun wirklich nicht aus den Angeln zu heben – höchstens ein Staatsanwalt. Brauchen tun sie sich ohnehin, denn so unbefriedigend die Situation für Herrn Przytarski ist, so unbefriedigend müsste sie auch für die Zündler sein, gäbe es keine Przytarskis mehr: Stellt euch vor, ihr macht aus dem Staat Gurkensalat, und alle sagen, Mensch, schmeckt das gut ...

Terror und Terrorbekämpfung sind eben zwei Seiten des gleichen Geschäfts, und der lachende Dritte ist auch in diesem Fall jene Solidargemeinschaft, die unsere Gesellschaft in der Tat so umkrempeln wird, dass wir sie schon bald nicht mehr erkennen werden, ich meine das organisierte Verbrechen samt seiner Hintermänner und Helfershelfer in Politik und Justiz. Es werde sich – so jedenfalls Dagobert

Lindlau, Chefreporter beim BR und einer der letzten couragierten Journalisten im öffentlich-rechtlichen System – als einer der vielleicht entscheidenden politischen Irrtümer der 70er Jahre erweisen, in welchem Missverhältnis damals die Milliarden, die für äußere und innere Hochrüstung verpulvert wurden, zu jenen armseligen Millionen standen, die der Staat übrighatte, um diese Gesellschaft gegen das organisierte Verbrechen zu schützen. Angesichts der jüngsten Berliner Urteile ist man versucht zu fragen: Irrtum? Oder vielleicht auch System?

Die Bevölkerung – so die Staatsanwaltschaft im *radikal*-Prozess – müsse geschützt werden vor solchen Druckerzeugnissen. Fest steht: Die Leserschaft dieser geschmacklosen Polit-Postille dürfte sich dank des Prozesses vervielfacht haben, vervielfacht haben wird sich auch die Zahl derjenigen Bürger, die die Berliner Justiz schon seit langem für einen wesentlichen Verursacher politischer Radikalität in dieser Stadt halten. Ob *sie* alle an die Macht des Wortes glauben?

(*tip* 6/1984)

Emmas Rache

Ein Mitarbeiter der Fraktion der Grünen im Bundestag erzählte mir unlängst, er habe Schwierigkeiten gehabt mit einigen Grünen wegen seines Äußeren, genauer gesagt: wegen des Anzugs, den er sich angeschafft hatte. Er trug das gute Stück am Leib; ein solides Tuch, aber nichts, weswegen man in einem Straßencafé, in der Disko oder auf einer Bonner Pressekonferenz auffallen würde. Doch Grüne nehmen daran Anstoß, sie, die mit der Überlegenheit Anti-Autoritärer über die rigiden Sitten und die vermufften Bräuche des ›Establishment‹ herfallen, sehen es gar nicht gern, wenn einer von ihnen vom Raster abweicht. Ein bisschen großstädtisches Flair im Aufzug, ein Spritzer Ironie in der Rede, da kommt diese früh vergreisten Provinzmatadoren der öffentlichen Dienste, die Heilpraktiker und Ökoquacksalber, die Bhagwanmarxisten im Schillerkragen und die Feministinnen im Einheitsschlabberlook der Zombie-Zeit das Grausen an – weiche, o Satan der kessen Lippe, bekehre dich, o Macho-Teufel, tue Buße, Dandy, oder die Verdammnis ist dein!

Mich hat es deshalb nicht überrascht, dass bei den Neuwahlen der Fraktionsspitze Otto Schily und Joschka Fischer, Petra Kelly und Marieluise Beck-Oberdorf mit Pauken und Trompeten durchfielen. Schily und Fischer sind nun einmal die brillantesten und kompetentesten Redner der Grünen (nach ihnen kommt hundert Jahre Dadada-Rhetorik), und da Brillanz und Kompetenz besonders für die Nachrücker unter den grünen Gemütern zu den extrem satanischen Attributen des verhassten Berufspolitikers gehören (deshalb auch ihr schon pathologischer Horror vor Politikern wie Brandt oder gar Schmidt), war der Durchfall der beiden Macker von vornherein programmiert – ganz abgesehen davon, dass sie es offenbar nicht vermochten, für ihre politischen Perspektiven und ihre differenzierte Argumentation gegenüber der SPD eine Mehrheit in der Fraktion zu finden. Mit der Demütigung ihrer herausragenden Repräsentanten hat sich der grüne Haufen in Bonn bis 1987 politisch abgemeldet – so die veröffentlichte Meinung am Tag nach dem Coup, womit sie allerdings – eine alte Berufskrankheit – ihre eigenen Erwartungen auf die Köpfe derer projiziert, um die es nun einmal geht, die Wähler. Und da kann man – Helmut Kohl hat es doch nun wirklich oft genug gezeigt – auf einige Überraschungen gefasst sein.

Dass auch Petra Kelly und die Beck-Oberdorf aus der Fraktionsspitze flogen – zwei immerhin noch profilierte und irgendwie leicht extravagante Damen – und an Stelle dieser vier jetzt der sechsköpfige »Weiberrat« das Zepter schwingt, markiert eine Art Wende à la Kohl bei den Grünen – der Aufstand des Gemüts gegen die Professionalität, der Meinung gegen den Sachverstand, der Reaktion gegen die Liberalität, der Provinz gegen die Großstadt. Der Geist von Oggersheim triumphiert nun auch bei den Grünen, vielleicht könnte man ihn – Antje Vollmer zu Ehren, die dort eine Lehrtätigkeit ausübt – auch den Geist von Bethel nennen, ich meine damit das evangelische Element, das Volkshochschulelement, das Rüben-und-Runkel-Element, das Pädagogikelement, das Matriarchat der ledigen Mütter auf dem Zweiten Bildungsweg, aber auch das der Selbstverwirklichungsgruppen in Stadt und vor allem Land – und auch ein bisschen das Matriarchat der kessen Väter; sie alle sind nun über die Politik der Grünen Fraktion gekommen und, so steht zu fürchten, damit auch auf uns.

Allerdings nicht wie Jesus in Mariens Schoß, sondern durch zähes Bohren und manchen gezielten Stoß. Wer sie einmal in Bonn beobachtet hat, der weiß, dass diese Abgeordneten – und zwar gerade die Frauen – dort nicht zufällig sitzen, es waren auch nicht nur Meere von Schweiß und Kontinente aus Papier, über die sie auf ihre Plätze geraten sind, sondern so etwas wie ein Urdruck in den Gemütern und dumpfen Nebelhirnen von Millionen Deutschen, ein qualvoller Drang, sich selbst so, wie sie sind, zu sehen in den finsteren Auen der Politik. In Frauen wie Antje Vollmer, der Agrarexpertin und Theologin – welch geniale Verbindung fürs deutsche Publikum! –, wie Christa Nickels, »Mitglied der ÖTV, bei Pax Christi und einem Heimatverein«, oder der Apothekerin Erika Hickel aus dem Niedersächsischen sehen sie sich selbst, all die deutschen Hausfrauen beider Geschlechter, sie dürfen nun von den Windelbergen und Ehebetten aufblicken und sagen: Siehste, das könnten wir auch.

Fast jeder interessante Mensch, den man trifft, so heißt es unter Frauen, die Gelegenheit haben, so etwas zu Papier zu bringen, ist heutzutage eine Frau. Ich weiß nicht, welche Maßstäbe da angelegt werden, kann mir aber nicht vorstellen, dass sie viel anders als die gängigen männlichen sind, ich betrachte mir also die neue Fraktionsspitze der Grünen und sehe sechs Frauen, die mich nicht interessieren, warum? Weil sie wie das weibliche Pendant zu Egon Franke oder Norbert Blüm wirken, zu Helmut Kohl oder Erhard Eppler, und so reden sie auch, bloß dass es Alternative sind, Grüne, ja und? Die ästhetische Komponente in der Politik, die wir in dieser vermufften Provinz dringend bräuchten, mindestens so dringend wie ein Neues Theater oder eine vielleicht lieber etwas ältere SPD, sie ist das nicht, und den radikalreformistischen Pragmatismus, den die intelligenteren Grünen ja nicht nur fordern, weil das so schön klingt, ihn bringen Extratouren wie das Bonner Grünen-»Feminat« auch nicht voran. Solange sich solcher Radikalreformismus von einem »Weiberrat« düpieren lässt, sieht er ohnehin einer Chimäre à la '68 immer ähnlicher – und der Darstellung einer politischen Krankheit, die Historiker dermaleinst die Grüne Malaise nennen werden. Emmas Rache.

(*tip* 8/1984, als »Der Geist von Oggersheim trägt jetzt auch Grün« in: *Weltwoche*, 10.5.1984)

Weitere Kolumnen

Hamlet oder The Frankfort State of Mind

Als ich noch in Frankfurt war, 1972, 1973, ging ich manchmal in die Traube, das war sicher eine der ersten ›Szene‹-Kneipen, damals, als das Wort noch was bedeutete, oder einige dachten, dass es was bedeutete. Die Traube, ein trübes Loch in einer trüben Gegend, noch Innenstadt, aber am Rand, wo früher das Roxy gewesen war, das Scala, die Bums-Kinos, Übergang Nord, Übergang Ost, Übergang Frittenbuden, Imbissstuben, Mietskasernen, Gebrauchtwagenhandel, Amischuppen, da, wo zwischen den Bürgerhäusern und der Wohlanständigkeit schon das billige Neon flackert, die Auflösung west in diesen Ritzen, heute ist das alles weitgehend in türkischer Hand. Eine gute Gegend, gutes Sumpfgelände, wenn man das trockenlegt, sterben viele Tierchen aus, heute die Frösche, die Kröten, morgen die Störche, die bleiben dann weg, aber die Bauern wollen nichts davon hören, die haben noch Nachholbedarf, wir haben die Türken.

Da hockten sie also alle zusammen und lurchten und häuteten sich, Alkis und Junkies, Drücker und Gedrückte, Wetzer und Gewetzte, Portokassenjünglinge auf dem Gewalttrip und Stenogirls als Belles de Nuit, verkannte Folk-Sänger, verlauste Stink-Finger, verstörte Auf-Rührer, all die Sumpfdottern mit dem 68er Blues, die Linken, Linker und Gelinkten, und dazwischen auch einfach der Teppichhändler Özekan und die Apfelwein-Opas aus der Flattergass mit ihrem endlosen Gewäsch, diesem Frankfurter Singsang, der etwas Chinesisches an sich hat, dieses Gegrein und Gejaul, eine der nuancenreichsten Sprachen der Welt, immer gut geölt mit dem Gespritzten, dem Speierling, dem Possmann, der Musik, Essig und Öl, läuft wie geschmiert, immer auf der Kippe zwischen dem Geflenn und der Gewalttätigkeit, diese Frankfurter Heimathistörchen.

Ich war nicht oft da, war ja meistens in Bornheim, im Schmalen Handtuch, und habe ihn nicht oft gesehen, aber der beste Geschichtenerzähler in der Traube war ein langer, schlaksiger Mensch mit blonden Strähnen und bleichem Gesicht, merkwürdig gewundenen, spiralförmigen Bewegungen, mit schwarzem Hut und dunkler Brille, mal katzenhaft, dann wieder mehr lemurenartig, irgendwie geheimnisvoll, ein flotter Schlucker und manischer Raconteur. Dabei weniger interessant, was er erzählte, sondern sein Stil, wie ein Kreisel, der sich dreht und dreht und dreht, so lange, bis sich auch die Augen drehen, die ihm zuschauen, und wenn er schließlich fällt, muss man erst mal kräftig blinzeln, bis man wieder richtig sehen kann. Er wurde Hamlet genannt, Hamlet hieß er. Hatte auch so irre Sprüche drauf, manche waren in die Klosetttür geritzt, überhaupt schien er einiges Gewicht zu haben in dieser ›Szene‹, nicht nur in der Traube, man hörte da so manches oder hätte hören können, ich hörte nicht hin, ich wollte da raus. Ich hatte ja sechs Jahre mit Drogen zu tun gehabt, mit mancherlei ›Szenen‹, jetzt arbeitete ich als Flughafenarbeiter auf Rhein-Main, trank mein Bier, meinen Apfelwein, meinen Sauren Fritz in diesen Kneipen, überlegte – soll ich es doch noch mal mit dem Schreiben probieren oder diesen Beruf ergreifen, es gab ja Möglichkeiten, heute könnte ich für die Lufthansa die Gepäckabwicklung in Lahore machen oder Luxemburg.

Ich überlegte, während des Überlegens verbummelte ich den Flughafen schon, die Weite Welt, wurde dann Nachtwächter, da hatte man noch mehr Zeit zum Überlegen. Aber von den ›Szenen‹ wollte ich nichts mehr wissen, diese Hasch-Wiesen, diese Flipper-Dielen, *waiting for the man*, das war nichts mehr für mich, das war aber noch etwas, was in dieser Traube abging, und auch der Hamlet hatte noch diesen Ruch um sich. Ich bin dann nicht mehr hingegangen, die Musik war auch viel zu laut, ich mag laute Musik nicht, am besten gar keine oder höchstens die Box, »*La Paloma ohé*«. Aber dieses Frankfurt und die Nachtwächterei und das allmähliche Versacken waren auch wie eine Droge, irgendwann war mir klar, du gehst weg, sonst wirst du alt und tatterig hier, Apfelweinsüffel, Speierling-Junkie, dieser Frankfurter Muff, alles so eng, das schnürte mich ab.

Ich ging also weg, das Elend ist ja überall das gleiche, dieser Luxus, den wir uns erlauben, alle, aber es kann weiträumiger sein und damit auch beschreibbar. Aber Frankfurt geht einem nach 30 Jahren nicht mehr so leicht aus den Knochen, auch aus dem Sinn, wie jede 30-Jahres-Geschichte, aber Frankfurt noch weniger, weil es so dicht war, so stickig und stachlig, klettenartig. Also hockst du immer mal da und denkst, was aus dem geworden ist und aus der, all die Geschichten, die Milieus, die Friedhöfe. Und damals und dann und jene und doch und weil und aber, all die Köpfe, all die Pflaster, diese Geschichten, dieser Fluch, und dann noch die und die, aber jene, und vor allem das, immer wieder das. Und dann sagst du dir, weg damit, was wird aus ihnen geworden sein, Staub, was aus allen wird, es ist höchste Zeit für neue Geschichten, neue Gegenden, neue Gesichter.

Was aus Hamlet geworden ist, brauche ich mich nicht mehr zu fragen, es stand schon im *Spiegel*, jetzt habe ich das auch auf dem Tisch, 554 Seiten, ein Buch, ein Autor, ein Tusch, hisst die Flagge, Jungs, willkommen an Bord!

Ich übertreibe ein bisschen. Hamlet ist einfach dem Jörg Schröder begegnet und hat ihm seine Lebensgeschichte erzählt, auf Tonband, und so ist er unter die Autoren geraten, im O-Ton-Verfahren, so neu ist das nicht. Vor allem der Jörg Schröder selbst hat da ja einige Erfahrung, er hat ja 1973 dem Ernst Herhaus seine Geschichte erzählt, *Siegfried,* die Geschichte des verhinderten Schriftstellers Schröder, der es schließlich doch in der Kulturbranche noch schafft, nämlich als Verleger, als Macher, als Drücker, als Durchzieher, auch wenn es nur wenig mehr als Moden waren, die da dem Feuilleton reingedrückt wurden, aber da war er Meister, der Schröder, Meister seines Drückerfaches, wie es ihnen gefiel!

Auch der *Siegfried* liest sich heute, in der 20. Auflage, ganz anders als damals, als den Feuilletonmeistern der Schaum von den Lippen nur so flog: »Romantizistische Intensität«, »Autodafé«, »Ein Ereignis«, »Bündel von unhaltbaren Widersprüchen«, »Raffinierter literarischer Einfall«, »Mehr als Literatur«, »Literarische Größe«, »Vernichtung von Leben« (das alles aus der FAZ), »Adieu«, »Kulturverzweiflung«, »Schelmenroman«, »Größte Herausforderung«, »Selbstmordkommando oder Amoklauf«, »Wirkliche Größe«, »Deutscher Anti-Mythos«, »Bombe im gelben

Umschlag«, »Erschütternd noch im Hass und Ekel« – usw. usf. – also wirkliche Ereignisse feuilletonistischer Schaumspuckerei, und natürlich von genau den Leuten, die Schröder in seinen »Bekenntnissen« als die hauptverantwortlichen Jauchemeister der Kulturjauche, in die sich so nett scheißen und an deren Scheiße sich so flott verdienen ließ, ausgemacht hatte – also heute liest sich dieses Autodafé als genau kalkulierter Einstieg in das Zweite Leben des März Verlags, gleichsam als Manifest und Leitlinienfibel der Neuen Literatur: »Du kannst von allem sprechen, von dem alle Leute meinen, dass du davon niemals sprechen darfst.«

Das ist ja freilich als Literaturanleitung auch schon alter Schnee, aber das Geschickte und Beeindruckende an Schröder ist ja, wie er es immer wieder fertigbringt, seinen Behauptungszwang in Gedrucktes umzusetzen und dies Gedruckte mittels der Behauptungsgenossen in der Kulturmafia dem Markt reinzudrücken. Das war mit dem *Siegfried* so, das lief nicht anders mit der *Reise* Bernward Vespers, diesem völlig unfertigen, für mich unlesbaren Bekenntnisbuch, das ohne den Selbstmord seines Autors und seine Beziehungen zu den Mördern und Selbstmördern der RAF aber auch lange nicht den Schaum der Feuilletonisten und die Nerven des Publikums so gekitzelt haben würde, wie es das 1977 getan hat, und das wird mit *Hamlet*, dem Buch Hamlets, so sein, das sicher in diesem Jahr des Herrn 1980 mehr umsetzen wird als die Autoren früherer *Hamlets*, Shakespeare beispielsweise oder Döblin, sich das zu ihren Zeiten hätten träumen lassen.

Von *Siegfried* zu *Hamlet*, aber man verstehe mich recht: Ich mäkle nicht, ich bekrittle nichts, täte ich das, würde ich keine Zeile darüber schreiben. Ich schreibe aber darüber, denn ich habe es, als Bewohner dieses Landes und als Teilnehmer an seinen Märkten, mit uns allen, denen Gott nicht gnädig ist, mit dem gleichen Sumpf zu tun, in dem jeder steckt, der hier überleben will, auch Münze machen, auch zu Potte kommen will und auf mehr Arten, als Adam sich je träumen ließ und Kain und Abel auch, seine Haut zu Markt tragen will. Nicht: muss. Denn wir müssen nicht. Wir wollen. Alle wollen wir. Und es wird allmählich Zeit, dass wir uns eingestehen, dass wir das wollen, und dass der Sumpf nicht von irgendwoher, von den Blauen Bergen gekommen ist, sondern aus uns. Und dass wir, wenn wir sagen, jetzt waschen wir uns diesen ganzen Moder und Morast mal von unserm unschuldigen Leib, mit Meister Proper, nur noch mehr Dreck in den Sumpf schleusen. Und auch noch Spaß dabei haben.

Beim *Hamlet* jedenfalls darf gelacht werden, und schon deshalb ist er seinem geistigen Ziehvater, dem *Siegfried*, um Welten überlegen. Das liegt nicht daran, oder jedenfalls glaube ich das nicht, dass in der Welt Hamlets es lustiger zugegangen wäre als in Schröders Kulturmuffwelt, beileibe nicht; beispielsweise würde ich jedenfalls lieber zehn Jahre Kultur drücken als Knast schieben; nein, es ist die Sprache Hamlets, die, zumindest einige hundert Seiten lang, und immer unter der Voraussetzung gelesen, dass der Verleger Schröder das Buch bearbeitet hat, diesen Bekenntnissen eines Frankfurter Schlippchens ihre Komik verleiht. Und der Durchblick, den dieser Mann, Heinz-Jörg Peter Kuper, genannt Hamlet, sich nach 40 Jahren im Sumpf erworben hat:

»Jedenfalls haben die Jungs früher auch mal gedacht, es

geht eine Zeit immer so weiter. Die haben auch versucht, auf der Wirtschaftswunderwelle mitzuschwimmen, aber das hat nicht geklappt. Im seriösen Milieu hatten sie keine Beständigkeit, also haben sie die unseriösen Geschichten gemacht, haben die Wäschepaketesache aufgezogen, haben die Trockenlegung gemacht, haben angefangen, sich ein bisschen für die Teppicharie zu interessieren, der Allo Murr und so. Es ist eben alles rückläufig, es geht vorwärts, es geht aber anders vorwärts, als die das sehen. Man wird sich immer mehr abkapseln, mehr und mehr die eigenen Interessen verfolgen, die großen Cliquen- und Bandengeschichten, das hört auf. Die stehen rum und saufen drei und vier Tage, da hängt das Hemd vorne raus, da läuft der Sabber aus dem Mund, da sind die Augen schon rot wie Signallampen, aber es wird weitergemacht, weitergesoffen. Sie kriegen keinen Schwanz mehr hoch, keine Zärtlichkeit mehr drin, sie können nichts mehr sehen, nur noch Gelaber, immer und immer wieder wird die alte Suppe aufgerührt, die immer und immer wieder mit Maggi gepanscht ist. Eines Tages saufen sie das pure Maggi. Die können nicht mehr entscheiden, wo links und rechts ist, denn nach einem Maggi kommt das andere.«

Man sieht schon, weswegen die Kulturknackis auf dieses Buch wieder abspritzen werden; es ist nicht nur eine der klassischen Wichsvorlagen aus dem März Verlag, es enthält nicht nur all die ›Authentizität‹ inklusive Stories aus der Halbwelt, Huren, Sex im Knast, zwar reichlich Maggi, aber auch jede Menge schwüles Parfum, es ist also nicht nur die 500-Seiten-Wortorgie und Bekenntnisarie eines Mannes, der ›dort‹ war (Wo? Wo alle Feuilletonmeister doch auch gern mal gewesen wären, in diesem Sumpf, der ihrem Gewerbe so betörend ähnlich sein kann), nein – mit diesem *Hamlet* können die Wild Boys in den Redaktionen mal wieder mit dem ganzen Wortarsenal, dessen sie mächtig sind, dem zu Leibe rücken, was ihr Vorturner Schröder ja schon immer als den Muff, den Dumpfmuff in unserer Literatur diagnostiziert hat. (Sie glauben nicht, dass es in unseren Redaktionen, damit meine ich: den Redaktionen der paar Leute, die hierzulande die Freie Meinung aushalten, diese Wild Boys gibt? Da haben Sie natürlich recht, aber sagen Sie es nicht zu laut, sonst kriegt der Schultz-Gerstein vom *Spiegel* am Ende doch noch die Motten.) Und das Fatale daran ist, dass sie sogar mehr im Recht sind, als sie sich zu sagen getrauen.

Denn das werden sicher nicht wenige Leser sein, die sich sagen, wenn ich schon lese, will ich auch meinen Spaß dabei haben (und dabei dürfen sie sich auf keinen Geringeren als Somerset Maugham berufen, der, *pro domo*, aber auch für uns alle, gesagt hat: »Kein Lesen lohnt, wenn es nicht unterhält.«), ja – und wenn dazu auch was abfiele an Dramatik und Spannung, an Erfahrung und Durchleuchtung, an Welt, das wäre ja dann schon Literatur. Aber bei uns in der Bundesrepublik ist es damit ja Pustekuchen. Essig ist es damit oder Maggi. Ich spreche jetzt nicht von Lyrik, verstehen wir uns recht, oder von denen, die jetzt angefangen haben, oder von den Österreichern, weder von denen, die erst am Ende der Reise in Tränen ausbrechen, noch von den anderen, die schon beim Packen vom Weltschmerz übermannt werden; ich spreche von der Generation der 40-bis 60-jährigen, von Kupers Generation, die den Krieg mitgemacht hat oder zumindest den Nachkrieg, was kommt denn da noch zu uns, was wird denn da noch aufgeschrieben aus dieser Zeit, die uns dahin gebracht hat, wo wir sind, im Sumpf? Da langen ja schon die Titel, diese »Seelenarbeit«, diese »Kopfgeburten«, dieses »Schwanenhaus«, und der Mann in Köln mit seinem bizarren Katholenmuff, und das sind ja angeblich die Meister ihres Faches. Oder dieser »Alkohol-Dichter« (Kuper), von dem es in einem Buch, das auch bei März erschienen ist, heißt, dass er damals, als das mit dem Porno noch aus vollem Rohr lief, bei den Round Tables den großen Anti-Porno-Kopf gegeben hat und gleichzeitig unter verschiedenen Pseudonymen selber die Händchen im Trog hatte. Und heute ist er bei Jesus, na klar. Kann man da noch Literatur verlangen?

In diese Lücke, man muss schon sagen, in dieses Riesenloch, kippt der Schröder nun seine gesammelte Bekenntnisliteratur, ob noch in Handarbeit oder gleich im O-Ton, wer will es ihm verdenken? Die Kulturknackis gewiss nicht, und das ausgehungerte Große Publikum auch nicht. Oder woher kommt denn die fast psychopathologische Verbreitung Bukowskis bei uns? Die kommt doch nicht von den ausgeklügelten Werbemethoden seiner Verleger, sondern vom Hunger der Leser auf nahrhafte Literatur. Den haben Leser überall auf der Welt, und der wird auch mal so, mal so gestillt, während hier – hier hieß es ja erst: »Nach Auschwitz kein Gedicht mehr!«, und dann aber schon gleich: »Nu aber mal wieder los mit dem Gewerbe, flottgemacht!«, und dann geklüngelt und gekungelt und geschoben und die Buletten vermacht, was das Zeug hielt, das hält ja bis heute vor, man braucht ja nur auf Kongresse des Schriftstellerverbandes zu gehen, da sieht man ja den Hund, auf den diese Art Literatur gekommen ist. Damit wir uns verstehen: Ich bin auch zahlendes Mitglied in diesem Schwundverein; Maggi muss sein.

Das Feld, das die Literatur zu beackern hätte, wenn die deutschen Literaten nicht so viel Zeit in ihren Schrebergärten verbrächten, Kuper/Hamlet führt es uns bis zur Vergasung vor: das pralle Leben des Volks, dort, wo geprobt und gespritzt wird, im Sumpf. Z.B. Politik: »Mein Vater hat irgendwelches Geld gehabt und hat für 60 000 Reichsmark diese Villa in Seckbach gekauft. Hat das ein bisschen renovieren lassen, hat den Garten gemacht und hat seine politische Laufbahn in Frankfurt als Sozialistenkopf fortgesetzt ...« Z.B. Nachkrieg: »Die große Zeit der Anschaffe, des Kunkelns und des Tauschens. Beziehungen waren da alles. Wer eine Metzgerei hatte, der hat auch ein Auto gehabt, wenn du ein Auto gehabt hast, dann hast du auch Backsteine gehabt ... wie die Rafferei so ist, da wird gleich wieder angeschafft und angerafft, der Mensch ist ja nicht untätig.« Oder Sex? »Das ist die Fickerei, das kann nicht wahr sein. Das ist alles?« Oder Rauschgift? »In derselben Nacht habe ich gesagt, ›also Leo, das ist ja schon dufte, das Leben‹.« Oder Knast? »Aber diese permanenten Stunden immer und immer eingesperrt zu sein, da wirst du führerlos innerlich, du hast gar keine Kraft zum Steuern mehr.« Und natürlich Einsichten, versteht sich, etwas für die höheren Stände, die Schichten, die Bücher kaufen, unser Publikum: »Alle Psychologen, die ganzen Köpfe im Laufe der Jahre, haben diese Prognose gestellt, dass ich in irgendeiner Zelle als Verbrecher ende. Was das für Dumpfmeister sind, darum gebe ich da gar nichts mehr drauf.« Oder einfach die große

Weisheit aus der Tiefe des Lebens: »Ich habe noch nie in meinem Leben verloren, weil ich noch nie gespielt habe.«

Der eigentliche Reiz des Buches liegt für mich in der Darstellung dessen, was wir, als gelerntes Kolonialvolk, den *frankfort state of mind* nennen könnten. Denn dieser Hamlet (den Spitznamen bekam er, als er, von Fritz Rémond ›entdeckt‹, Statisterie auf den Frankfurter Bühnen gemacht hat) ist vielleicht nicht der erste, aber der erste zur Selbstdarstellung ›geprobte‹ *homo francofurtiensis americanus* in Reinkultur, in »Jimmy«-Kultur:

»Die amerikanische Konsumwelt hatte nichts Bedrohliches, das war eine bewegliche vergnügliche Landschaft, die ich mir gerne angeschaut habe und die mich beruhigt hat. Wenn ich mir diese Hefte angeschaut habe, oder ich bin über so eine Landstraße rausgefahren, Richtung Bad Nauheim, und der Wagen hat schön langsam ausgefedert auf diesen schlechten deutschen Straßen oder ist drüber hinweggeglitten und das schöne leise Säuseln der Räder auf dem Teer und das genüssliche ruhige Brummen des Motors und das gute Drehen der Maschine. Ja, das hat mir eine unheimliche Ruhe und einen unheimlichen Frieden gegeben.«

Kein Literat könnte sich das besser ausdenken: Dieser Hamlet, dieses Frankfurter Schlippchen, der sich so sehr nach Ruhe und Frieden gesehnt und sich diese Ruhe und diesen Frieden dort hat nehmen wollen, wo die Herren saßen, die neuen Herren, die Amerikaner, der also so amerikanisiert war, dass er bei seiner ersten Festnahme noch wohlgefällig den eleganten Schnitt der amerikanischen Handschellen bemerkt und sich, als er das erste Mal in der Jugendstrafanstalt sitzt, sofort Ketchup in den Knastladen kommen lässt – dieser Hamlet hat nicht etwa deshalb im Knast fast zehn Jahre seines Lebens verbringen müssen, weil er einen Menschen erschlagen oder weil er Unterschlagungen oder Raubüberfälle begangen oder gar das Land verraten oder den roten Terror in die Straßen gebracht hätte, nein, er wollte immer nur einen Amischlitten fahren, und weil er nach den ersten geklauten Schlitten keinen Führerschein machen durfte, musste er sie sich eben immer weiter klauen, 30 Stücke schließlich an der Zahl, 30 geklaute Amischlitten, zehn Jahre Knast, »dass da eine Jugend versaut und verhunzt wird, und dass die Jugend auch ein bisschen eigene Schuld hat«.

Ein bisschen. Ein bisschen Schuld und ein bisschen Durchblick. »Ich habe ja nicht allein geklaut«, sagt Hamlet irgendwo in diesem weithin einzigartigen Frankfurter Gemisch aus beleidigter Anmache, leberwurstigem Trotzköpfchen, bittersüßem Selbstmitleid, das dieses Buch durchtränkt und es manchmal richtig ungenießbar macht, ungenießbar hessisch, ungenießbar menschlich, denn die Hessen, nicht wahr, wir haben das Menschliche doch mit der Muttermilch bekommen, mit Essig und Öl. Nun ja, wir haben ja alle in diesem Amiland angefangen zu leben und alle ein bisschen dies und das gemacht und haben alle so ein bisschen Schuld, wie ja auch unsre Eltern ein bisschen Schuld hatten, und die Juden hatten wohl auch ein bisschen Schuld?

Warum mir das im Kopf geblieben ist, weiß ich nicht, aber irgendwann neulich habe ich ein Interview gelesen, das Kurt Vonnegut vor Jahren mal dem *Playboy* gab, und da sagt er unter vielem anderen, das ich völlig vergessen habe, so in etwa sagt er, er könne allmählich nicht mehr ohne Kultur leben, statt Kultur hätte er nur diese Werbespots im Kopf, und das ginge jetzt nicht mehr. Da er, das Interview wurde so 72, 73 gemacht, immer noch lebt, nehme ich an, er hat die Kultur inzwischen bekommen, und das nächste Mal, wenn ich ihn treffe, werde ich ihn fragen, was das denn nun ist, diese Kultur, und der Teufel soll mich holen, wenn es nicht das ist, was *ich* so vermisse, ohne das ich es kaum noch aushalte, nämlich eine Art von Moral, nicht Durchhaltemoral, nicht Kampfgeist, nicht Sittenwächter, etwas ganz Einfaches, was ich mit dem und jenem an manchen Ecken teilen könnte, Moral, Kultur, vielleicht, dass wir wieder anfangen könnten, uns in die Augen zu schauen, ohne uns für uns schämen zu müssen?

Denn wenn es mal wirklich wieder hart auf hart geht, was wird denn aus diesem Land ohne Geschichte, ohne Kultur, ohne Moral? Und was werden wir denn eines Tages unsern Kindern sagen, wie das geworden ist, dieser Sumpf, in den wir sie gesetzt haben? Ob wir uns dann auch wieder behelfen werden mit den alten Ausreden, ob wir dann faseln werden von »die Gesellschaft«, »die Atomindustrie«, »die SPD«, »der Staat«, »die Linken«, »die Rechten«, »die Politiker«, »die Ratten und Schmeißfliegen«, »die braunen / roten / grünen Horden«, »der Amerikaner«, »der Russ'«, »so war's halt, das Leben, da konnte mer gar nix mache dagege«, ja?

Vielleicht könnte uns, ja eigentlich müsste uns die Literatur dazu etwas sagen können, das wäre auch ihre Aufgabe, eine Chronik der Zeiten zu liefern, aber auch mitzuhelfen, dass wir wieder eine Kultur bekommen, eine Scham, eine Moral. Freilich, mit Bekenntnisarien à la Hamlet ist es dann nicht getan, irgendwann ermüden wir doch über all diesen Geschichten, die ja eigentlich gar keine Geschichten sind, sondern Entblößungen, aber wie die Orientalen ziehe ich doch die halb verhüllte Dame vor. Irgendwann stößt uns auch diese Sprache auf, die *Siegfried*-Sprache, die *Hamlet*-Sprache, all diese ausgestreckten Zeigefinger, aber drei Finger zeigen ja immer auf den, der ausstreckt, zurück, diese »Dumpfmeister«, diese »Mutter, die Dumpfkuh«, diese »Fittis«, dieser »Ülülü aus Izmir mit seinem rostigen Halbmondschwanz«, und auch die akribische Aufzählung der 1001 Details macht uns dann nur mehr müde, »die schöne Hornbrille, die honiggelbe mit weißen Streifen«, »das Drehbein mit der angeschlagenen Emailleschüssel«, die »geschmiedeten Dreibeine mit Emaillekübel, graugestreiftes Emaille«, denn wenn allem der gleiche breite Raum eingeräumt wird, dem Wipproller und der Vergewaltigung, der Staffage wie der Seele, wenn das alles zu einem einzigen Brei zusammengerührt wird, dann kann uns Sprache zwar immer noch amüsieren oder abstoßen, einen Bogen zu der Literatur, die sein müsste, schlägt sie nicht.

Was aber nun beileibe keine Kritik an Kuper / Hamlet sein soll, wie auch! Literatur hat der ja nicht machen wollen, er ist nur dem »Siegfried« begegnet … nein, Literatur hat Hamlet nie im Sinn gehabt, malocht hat er sein Leben lang, sich abgestrampelt hat er, geschwitzt, gespritzt, gefeilt, gesägt, geprobt, getan, gemacht, gesessen, genossen, verhandelt, vertan, verprasst, geschoben, geschubst, verkasematuckelt hat er und ist auch verkasematuckelt worden, dieser *homo francofurtiensis americanus*, dieser Anschaffer und Wühler und Macher, jetzt hat er eine Kneipe und schafft wieder seine 14, 16 Stunden am Tag, und damit nicht genug, muss er auch noch dem Schröder in die Hände fallen mit seinem Tick von der authentischen ›Volks‹-Literatur und ihm die Tonbänder vollklotzen, Hut ab, bravo, willkommen an Bord des Seelenverkäufers, auf dem brauchst du keine Papiere, bei der Schrottkultur. Was einer alles machen muss in diesem Leben, nur weil er mal Bock gehabt hat auf Amischlitten!

(*tip* 18/1980)

Ballett der bösen Buben

Nach einer Pause von drei Jahren präsentiert Karl-Heinz Kuhnert in der ›Neuen Welt‹ wieder Catch as catch can: ein Kurz-Turnier mit einem Dutzend starker oder zumindest böser Männer aus der dahinsiechenden Branche in der Glitzerzone des Sports. Mit am Start: Rene Lasartesse. tip *war am Eröffnungsabend dabei.*

Der erfahrene Sportreporter am Ring wusste es schon in der Pause: »Das ist ja nur noch Zirkus für kleine Kinder.« Nicht nur ihm fehlte in den drei bis dahin gebotenen Kämpfen beim 1. Catch-Kurzturnier nach dreijähriger Pause in der traditionsreichen ›Neuen Welt‹, was dem Sport der Muskelprotze einstmals seinen Glamour verliehen hatte – jene einzigartige Mischung aus Kraft und Show, aus Ballett und Blutvergießen, der das Catchen seine Anziehungskraft verdankte. Auch das Publikum – fast alles alte Hasen und mollige Häschen aus den bekannten Hasenheide-Revieren – machte ›Neue-Welt‹-Chef und Veranstalter Karl-Heinz Kuhnert und seinem Sohn, der als Ansager fungierte, unmissverständlich klar, dass man nach drei Jahren Abstinenz von Sport und Brutalo-Spaß sich nicht aus den Stehausschänken, den Schnapsbudiken und Bulettenbeiseln von Kreuzberg, Wedding und Neukölln hierher bemüht hatte, um sich von einem Angel Grey aus Venezuela (»Opa, hast wohl die Babypille vergessen«) oder einem Indio Guyaro (»Du Tier!«) zeigen zu lassen, was Catchen aber nun wirklich nicht sein sollte: ein gepflegtes Amüsemang für den Abend mit der Zweit-Freundin.

»Blut muss fließen!«, war die Losung auf den billigeren Plätzen, zumal die Berliner ja in den letzten Wochen und Monaten mit erstklassigem Catchsport in der politischen Arena verwöhnt worden waren. Gegen Riebschläger und seine Gang stanken an diesem Abend aber auch der türkische Amateurmeister Kerim Saka (der seine Auftritte in der ›Neuen Welt‹ als glatte Heimspiele verbuchen dürfte, aber noch ein paar Kilo Speck und ein paar böse Tricks zulegen muss, um zu einem echten Catcher aufzusteigen) oder Billi Samson, kolumbianischer Ex-Sparringspartner von Cassius Clay, erheblich ab. Kein Biss, kein Bums, kein Bock, lautete der Befund der Kenner; nichts, was den Hautgout echten Catchens verraten hätte.

Das änderte sich erst, doch auch nur wenig, mit dem Kampf zwischen »Weltmeister« René Lasartesse und dem deutschen Muskelprotz Franz van Buyten. Lasartesse mit seinen weißen Haaren, seinem schwarzen, goldbestickten Umhang und seiner undefinierbaren Schurkenaura ist einer der wenigen noch aktiven Catcher auch von intellektuellem Format, das zu diesem Showbiz-Sport nun einmal gehört, und seine Interview-Antworten lassen noch jeden Reporter von *Stern* oder BZ den Griffel fester packen und Schlagzeilen meißeln wie *Wenn der weiße Würger wieder weint*. Im Ring, wo die Aufgaben und die Rollen beim Catchen fest vergeben sind, übernimmt er den Part des Unholds, dem kein abgefeimter Tritt zu viel ist. Franz van Buyten nun, dem einzigen Deutschen dieses Turniers, fiel an diesem Abend die Aufgabe zu, den Weltmeister in die Schranken zu weisen.

Zum ersten Mal kam so etwas wie Stimmung auf. »Gib's ihm, Franz!«, »Pappi, mach ihn weich!« Aber der Unhold – so ist das Leben, Erna – triumphierte wieder einmal, und diesmal auch noch durch den Ringrichter, einen Herrn Josef von Wallenstein (Österreich). Er nämlich zeigte Franz van Buyten, als dieser ihn zum wiederholten Male tätlich angriff, jene rote Karte, die auch beim Spiel der Muskelmänner anzeigt, dass nun alles alle ist. Das aber nun schien der erste Moment in diesem Turnier zu sein, der nicht abgesprochen war. Die Aufregung bei Veranstaltern und Catchern war unübersehbar, der deutsche Recke musste von den Kollegen gewaltsam aus dem Ring geschafft werden, und manch einer im Publikum grollte hörbar: »Zeig's ihnen, Franz!«

Mag das Catchen auch (wie fast jeder Sport und nicht nur er) aus der Sicht des professionellen Beobachters auf den Hund gekommen sein, uns gefiel es an diesem Abend in der ›Neuen Welt‹, und das lag nicht nur am Bockbier. Wie kaum ein andres ist das Publikum bei diesem Sport noch Herr seiner Träume, denn wichtig ist nicht das Ergebnis der Kämpfe (sie enden meist unentschieden), sondern der Ertrag an Phantasie, und beim Catchen ist die Phantasie ganz grenzenlos.

Mögen die Kämpfe noch so getürkt sein, die Stimmung in dem verrauchten Saal mit den trüben Lichtern, den Bierpfützen, der Rettich-Mamsell und den Ermahnungen der Polizei an der Wand (»Das Stehen auf den Stühlen ist verboten.«) ist immer goldecht. Denn ist das Catchen nicht ein getreues Bild des Lebens? Catchen wir nicht alle und werden gescannt und hängen am Schluss mit den Stiefeln in den Seilen und schnappen nach der letzten Luft – und wünschen wir uns dann nicht alle einen Ringrichter, der zum Sensenmann, dem Würger, sagt: »Es ist noch Pause! Lösen! Lösen!«

Ja, uns gefiel es, wie der Indio Zeigefinger und Daumen aneinander rieb, um auszudrücken, wie klein er seinen Gegner machen würde, uns gefiel die alte Mutti, die den Weltmeister, als er in den Seilen hing, am Stiefel wieder in den Ring schubste; und wir wünschten ihnen Glück und stellten uns gern vor, wie der Indio, behangen mit seinen Ketten und Talismanen, am Abend in seiner Absteige saß, das Tier, und in der Sprache seiner Seele einen Brief nach Hause, wo immer das war, schreiben mochte, der mit den Worten anfing: Liebe Mutter, mir geht es gut … während er zusah, wie die Ratten fickten. Wir wünschten uns und ihm auch ein hungriges Publikum: Nur wer hungrig ist, ist gut.

(*tip* 3 / 1981)

Grüße von der Potse

Auch von den Autoren, meinte der Kanzler, müsse ein Beitrag zur geistigen Führung des Volkes kommen. Von Berlins sündiger Meile meldet sich Jörg Fauser zu Wort.

Als aber die Regierung ins elfte Jahr kam, begab es sich, dass das Volk aufgerufen war, die Politiker zu richten, die guten ins Töpfchen, die schlechten ins Kröpfchen; und siehe, das Volk war gar trüber Stimmung über den Gang der Welt und sorgte sich sehr um Wohl und Wehe, denn auf allen Mauern stand schon mit Vierfarb-Spray geschrieben: Mene Tekel Uparsin, was zu übersetzen war mit: Und das Wachstum wächst nicht mehr. Da aber fürchtete das Volk sich sehr, denn seit es Gotteslaune vor 35 Jahren aus Ruinen auferstehen ließ, hatte es an keinen anderen Götzen geglaubt und zu keinem als jenem Fetisch gebetet, der Wachstum hieß; er wurde zu Bonn am Rhein in einem Tabernakel gehalten und von den Hohepriestern des Kults nach Orakeln der Wirtschaftsweisen mit geheimen Essenzen begossen und wuchs und wuchs; wenn er aber, so ging die Fama, aufhörte zu wachsen, war das Ende gekommen, das Ende allen Endes. So war die Stimmung im Volk; und auch die Regierung hatte der schlaflosen Nächte gar viele.

Nun begab es sich aber, dass die Opposition im Lande

sich anvertraut hatte einem bösen Bayern, der zwar mit großer Kraft begabt war, aber auch mit großem Horror. Das Volk indes war dem Horror entwöhnt und wollte nichts mehr von ihm wissen, und so wandte es sich von dem bösen Bayern ab und wieder der Regierung zu, obwohl es dieser Regierung überdrüssig war und an ihrer Weisheit und gar ihrem Wachstum großen Zweifel hegte. Es nannte dies aber das kleinere Übel und hatte es schon wiederholten Mals gegessen, und das hieß man Demokratie. Und siehe da, kaum war die Regierung wieder gewählt, tat sie die Wahrheit kund und zu wissen, und die Wahrheit war, dass sie nicht wusste aus noch ein und schon gar nicht, wessen Geistes sie war. Doch das Volk war das westdeutsche Volk, und nun es sich des Wachstums beraubt fand, dürstete es gar sehr nach dem Geist. Und auf den Mauern stand schon in Vierfarb-Spray geschrieben: *No Future*; und dies hieß zu Deutsch: Sozialismus. Und die Furcht wuchs und wuchs.

Als die Regierung gewählt war, hatte sie sich aber im Parlament, das an Volkes Stelle seine Stimme mimte, einer Aussprache über ihr Programm zu stellen; und siehe, es erwiesen sich sein Umfang als mager, seine Qualität als dürftig, seine Ziele als nebulos. Die Opposition aber, begierig in ihrer Lust auf Führerschaft umso mehr, als sie selbst nicht zu führen brauchte, forderte von der Regierung nicht nur Prozente und Ziffern, Bilanzen und Beteuerungen und den obligaten Weihrauchakt im Wachstumstabernakel, nein – sie suchte das Heil des Geistes und die Wohltat der Vision:

(Dr. Kohl, CDU / CSU:) Herr Bundeskanzler, welche Antwort geben Sie mit Ihrer Erklärung dem Jugendlichen, der Sie fragt: Wofür steht unser Staat, die Bundesrepublik

Deutschland? Wozu ist es wert, für diesen Staat persönlichen Einsatz zu wagen? Gibt es hinter der technokratischen Vision von immer mehr Gesetzen, mehr Verwaltung und mehr Bürokratie wirklich einen verpflichtenden Sinn, einen Weg in die Zukunft, die große Vision?

Und der Bundeskanzler, ein Mann, der den Staat am liebsten als Firma und sich als ihren leitenden Angestellten betrachtete, er erschrak gar sehr vor diesem Ansinnen auf »good vibrations, happy visions«, dies war ihm denn doch zu dick als Anleihe bei den Aposteln der Innerlichkeit und den Gurus des Goldenen Gemüts, er war ein kühler Mann, ein Funktionär des Nordens, und er wies solche Ansprüche auf seinen Feierabend in jene Richtung ab, in die sie seiner Überzeugung nach gehörten:

(Schmidt, Bundeskanzler:) … aber die geistige Führung muss doch von den Philosophen, von den Autoren, aus der Kunst, aus der Universität, aus den Kirchen, von den vielen kommen, nicht von der Regierung …

Das muss man ihm lassen: clever, der Kanzler. Genau in dem historischen Augenblick, da die Leute den Suppentopf fast ausgekratzt haben und nun über den Rand schielen mit diesem dumpfen Gefühl im Kopf, das Fressen könne doch nicht alles sein im Leben; genau in diesem Moment, da selbst die vermufftesten Bonzen merken, dass ihre miesen Deals durchschaut wurden und die gezinkten Chips an der Kasse nachgeprüft werden; genau in dieser Zeit, da pünktlich zum Inszenario von 1984, Ausgabe BRD, die neueste Masche der Intellektuellen die Lust an Mode und Untergang und die neueste Stimmung der Jugend Hass und Violence sind – genau also heute, da selbst in den Restdeutschen wieder ein Bedürfnis nach Wertigkeit sich zu regen beginnt, entzieht sich ihre Regierung solchen Forderungen, denn so viele Hände nun nach Führung greifen, in so viele Abgründe könnte ja taumeln, wer ihnen nachgäbe. Wer, wie diese Regierung, so tief im Morast steckt, dass sie bei jedem Ruck den Karren nur noch tiefer reinzieht, muss es wohl zu schätzen wissen, wenn ihm ›die vielen‹ die Mühe des Nachdenkens über den geistigen Anspruch abnehmen. Ob es aber das Problem dieser ›vielen‹ eigentlich sein kann, immer nur einem ›kleineren Übel‹ aus dem Morast zu helfen – anstatt endlich einmal auf freies Feld zu kommen?

Und ausgerechnet das Problem der Autoren?

Nun hocken wir ja immer noch in den geistigen und politischen Trümmern, die uns die Führungsqualitäten eines dilettierenden Polit-Autors und eines expressionistischen Pubertär-Dramatikers angerichtet haben (und dass die kurzweiligen Aspekte ihrer Terrorherrschaft gerade wieder auf unsren Bühnen und in unsren Lichtspielhäusern fröhliche Urständ' feiern, gehört wohl zu den psychosomatischen Folgen des Dritten Reichs, eine Art geistige ›Rache Hitlers‹, ein gemanschter Dünnschiss, gegen den anscheinend kein politisch Kraut gewachsen ist – und wirft ein makabres Licht auf elf Jahre ›Mehr Demokratie wagen‹ unter sozialliberaler Ägide). Aber einmal ganz diesseits von Gut und Böse, gibt es in der Tat keinen demokratischen Prozess, dem sich die Schriftsteller in unsren Provinzen von vornherein verweigern sollten. Viel zu lange haben verquaster Idealismus und pseudomystisches Geraune von nordischer Männer Macht in den Köpfen vieler Halbgebildeter ihr Giftgas gemixt, als dass wir nicht endlich mit aller gebotenen Skepsis auch das, was der Amerikaner ›City Hall‹ nennt, nämlich das politische Tagesgeschäft, ins Auge fassen und einer auch literarischen Deskription für wert halten sollten (zumal wir mit Journalisten nicht gerade gesegnet sind, die das Auge eines Entdeckers mit schreiberischem Gusto zu verbinden wüssten). Wenn uns nun gar der Kanzler selbst zum Schulterschluss mit Kunst und Kirche delegiert, wer könnte sich der bedeutenden Aufgabe so einfach entziehen? Ja, bleibt ihr nur außen vor, rufen wir da, schon in City Hall's Jargon, den Kollegen mit Lorbeer und Leid und Bazon in der Plastiktüte zu, ihr gehört doch auch dazu! Wenn ihr tanzt in der Morgengischt, gehört ihr dazu! Und wenn ihr absauft des Abends in der Sturmflut, gehört ihr erst recht dazu! Denn teilen lassen dürfen wir uns nicht mehr; und auch den Einsamen mit der Träne auf dem Schnittlauchstengel, auch ihn werden wir nie verlassen. Das macht ja gerade die Stärke von Spatzen aus, dass man mit Kanonen nicht auf sie schießen kann. Und da wir der Adler nun einmal entraten, wer wollte uns die Macht der Spatzen verargen?

Aber ach: wirklich die Autoren?

Denn ausgerechnet in diesen Zeiten stellt sich unsere Literatur dar als eine Läuferin mit miserabler Kondition. Lange Winter, Meniskusschäden, kaputte Pumpe, zu satt – die Diagnose mag wechseln, das Bild bleibt gleich. Wenn sie überhaupt das Ziel erreicht, dann als Letzte, schon werden die Schatten lang, es leeren sich die Ränge. Oder gar auf der Bahre, *›no future‹* im verzerrten Gesicht. Dabeisein sollte aber für die Literatur nicht alles, *olympischer* Geist das Gegenteil dessen sein, was sie beflügelt. Und was, bitte, wäre das? Ich bitte Sie: der *rein irdische* Geist. Das ganze Leben mit all seinen schmutzigen Geschichten. Der Klumpen Fleisch auf dem Siegertreppchen, die Bande von Metzgern auf der Tribüne. Der Diktator, der ihm das Gold umhängt, der Trödler, der ihm das Gold in 30 Jahren abkauft, dann die Gosse, und die drumherum, es sind die Enkel des Diktators, jetzt verkaufen sie Rheumawäsche. Und das Wetter dazu, das Wetter ist fast das Wichtigste der Geschichte. Der Sieger geht leer aus, gewiss; aber der Regen geht nie leer aus.

Nun aber unsre Schriftsteller, betrachten wir sie einen Augenblick. Warum sehen sie so mürrisch aus? Selbst wenn man sie an Flughafenbars oder in Hotelhallen trifft, auf Weinbergen oder in Venedig, nie kann man sie mit Handelsvertretern oder Touristen verwechseln, sie sehen immer aus, als sei ihnen gerade das ganze Gewicht der Welt verliehen worden wie die Stadtschreiberei von Säckingen. Sie sehen aus wie gallekranke Buchhalter hoch verschuldeter Heftklammer-Fabrikanten oder wie zuckerkranke Assistenten von Funktionären aus dem mittleren Verwaltungsbereich der IG Nahrung und Genussmittel. Manchmal sehen sie sogar so aus wie die Redakteure, denen sie ihre Manuskripte anbieten, und immer kann sie schon der gleichgültige Blick des Funkportiers aus der Fassung bringen. (Ich weiß, wovon ich rede; ich gehörte dazu.) Sie frühstücken in Barcelona und essen in Rom zu Mittag und machen Siesta in Kalkutta und sausen am nächsten Tag schon mit dem Taxi an die Große Mauer, aber sie bringen selten etwas anderes mit als Texte, die sich wie Ansichtskarten von ihrem Balkon lesen. (Und Born ist tot.) Oder sie entdecken das Glück, aber nicht allzu oft bitte! Dann wankt nämlich das Zimmer, das Licht fällt aus, jetzt schwirren die Dämonen, denken wir, aber rechtzeitig kommt die neue Freundin mit den Reiseprospekten, und es gibt Butterbrot und Kakao zu Abend. Überhaupt die Lyriker! Nach Rilke noch Sonette schreiben, welcher Mut! Aber dann wünscht man ihnen weniger Mut und mehr Prosa. Und darüber schweben die Präsidenten und Verbandsvorsitzenden und Jury-Mitglieder von Tagung zu Tagung und verwalten das Kulturgut und die geistige Führung. Sicher nicht im Auftrag des Kanzlers, aber wenn er, der Akten müde, den Blick zum Himmel hebt, dann weiß er doch: Da schwebt der Max … und da der Günter … und da der Siegfried … und er lächelt.

Dabei sind die Zeiten so herrlich zum Schreiben, und nirgendwo ließe sich das besser tun als in der Mitte des alten, schon so lang am Untergang profitierenden Abendlandes. Seit einiger Zeit gehe ich fast täglich ein Stück die Potsdamer Straße in Berlin, und ich finde, es kann keine günstigere literarische Vorlage geben als diesen Weg, vom Bülowbogen zum Landwehrkanal. Ist die Potsdamer nicht ein Musterbogen für dieses unser Land, genotzüchtigt von politischer Führung, und Mamatschi schenkt uns den Geist dazu? Diese Imbissbuden, Bierhallen, Bordelle, ihre Huren, Stricher und Fixer, Läden mit Reizwäsche, Landkarten oder Heroin, die Sex-Dielen und Dealer-Ecken, die vernagelten Fenster und schwarzen Fassaden, die Hinterhöfe und Apartmentblocks, die letzten Bastionen alten Unternehmertums und die ersten des neuen, diese Häuserstümpfe und Brandmauern und Stundenhotels zwischen den Banken und Discountergeschäften, welch Objekt für Baulöwen und für Literaturwölfe, freilich hungrig müssen sie schon sein! Mit dem graugelben Himmel darüber wie Giftgasschwaden und den blondierten

Giften in den Torbögen und dem Kanal am Ende, in dem die Luxemburg trieb, welch Vorlage noch für Freiheit!

Führung? Aber bitte! Ziehen wir auf einen Weinbrand in den Bierhimmel, der hat sogar einen Neuen Deutschen Film überlebt! Wir sind auf der Potsdamer, auf der guten alten Potse, wen hat sie nicht alles überlebt! Und es fragt sich, ob die Kohorten der Siegermächte die letzten Eroberer waren, die den Strich markierten mit ihren blutigen Federkielen, das Abendland geht schon so lange, es geht immer unter. Dem Schriftsteller aber gibt die Potse verlässliche Auskunft über die Lage der Stadt und ihrer Nation, und das Wasser da hinten erinnert ihn: Bleibe, was du bist, tu deine Sache, geh deinen Weg, und verteidige ihn gegen alle Apostel, sei ihr Name Legion …

Wenn alle Chips gezählt sind, bleibt der Macht nur der Krieg, aber der Literatur bleiben die Leidenschaft und die Liebe, Leidenschaftliche Liebe, und Stolz – wie dem Adligen auf Sizilien, von dem ich in der Zeitung las, er hatte nach jedem Geschlechtsakt mit seiner 40 Jahre jüngeren Geliebten die Glocken einer Kirche geläutet, und als seine schwer verbitterte Frau ihn anzeigte, in zweiter Instanz gewonnen. Und ich stelle mir vor, auch wir müssten eigentlich die Glocken läuten nach jedem Akt mit unserer Geliebten, der Phantasie, und die Fensterscheiben müssten klirren, als hätte ein irrer Glöckner das All zerbrochen. Hätte unsere Literatur solchen Adel, uns müsste nicht bange sein um ihre Zukunft und um alles, was sie sonst noch von uns wollen, die Kanzler und ihre Kohorten, auf der Potse und überall.

(*tip* 6/1981)

Vegetarier-Boykott gegen Schlachter-Innung?

Im Herbst 1980 wurde am Rande einer PEN-*Tagung eine alte Kampagne neu in Szene gesetzt. Auf Initiative des Schriftstellers Peter Rühmkorf unterzeichneten seither mehr als 400 Autoren und Künstler den Aufruf: »Wir arbeiten nicht für Springer-Zeitungen.« Als Opfer des Boykotts steht nach einem halben Jahr das liberale Literaturprogramm des Berliner Ullstein Verlags fest. Die* tip-*Redaktion wendet sich in einem Offenen Brief an die Boykotteure.*

OFFENER BRIEF AN DIE BOYKOTTEURE

Geschätzter Peter Rühmkorf! Werte Unterzeichner des Aufrufs »Wir schreiben nicht für Springer-Zeitungen«!

Damit wir uns nicht missverstehen: Wer in Berlin eine Publikumszeitschrift macht, bekommt tagtäglich die Macht des Axel Cäsar Springer vor Augen geführt. In den letzten Tagen haben sich Gerüchte bestätigt, wonach der Medienkonzern nun auch nach dem Markt der Stadtmagazine greift. Lassen sich diese Pläne realisieren, dann werden wir das mit unserer Berliner Ausgabe mit am schärfsten spüren. Wenn wir uns heute in dieser Form an Sie wenden und Ihren Boykott zur

Sprache bringen, dann also gewiss nicht als blauäugige Illusionisten, die an den Realitäten im deutschen Pressegeschäft vorbeischreiben …

Im Gegenteil: Blauäugig und entschieden weltfremd schien uns von Anfang an Ihre Aktion angelegt. Wenn wir Sie richtig verstanden haben, war es die Absicht des Boykotts: 1.) auf die menschenverachtenden Praktiken des BILD-Journalismus hinzuweisen und 2.) den Springer-Konzern durch Anzeigen-Entzug und die radikale Aufkündigung Ihrer Mitarbeit (z. B. durch Artikel und Interviews) wirtschaftlich zu treffen.

Das hörten wir gern: Nun muss also *Bild am Sonntag* ohne die Feuilletons von Günter Grass' letzter China-Reise auskommen; nun wird sich die *Welt* auch noch nach einem Nachfolger für den Leitartikler Bernt Engelmann umsehen müssen; keine Interviews mehr von Ingeborg Drewitz im *Journal für Haushalt und Familie*; Peter-Paul Zahl wird seine Pop-Ecke in der BZ räumen; Klaus Staeck wird seine Schaffenskraft nicht mehr in die Titelblattgestaltung von *Hörzu* stecken; und Sie, geschätzter Peter Rühmkorf, werden Ihre launigen Literaturrezensionen statt in der *Welt am Sonntag* wohl oder übel in den Spalten des Manager-Organs vom Main an den Mann bringen. Bravo!

Aber Spaß beiseite: Die Wirkung Ihres Boykotts schien uns von Anfang an so zu greifen, als boykottiere die Genossenschaft der eingeschriebenen Vegetarier und niedergelassenen Reformhaus-Lieferanten den Bundesverband der Deutschen Schlachter-Innungen (sollten wir mit dieser Einschätzung danebenliegen, dann wäre wohl die Frage berechtigt, warum Sie Springer erst im Oktober 1980 Ihre Mitarbeit aufkündigten).

Und da Sie – wie Klaus Staeck in der *Feder* (4/81) in einer Art Stufenplan skizzierte – zum Autoren-Boykott auch noch den Boykott dieser Presse durch Politiker eingeplant haben, erlaubten wir uns einen Augenblick lang die Vorstellung einer Springer-Presse, in der nur noch Kolumnen von Dr. Edmund Stoiber und Interviews mit Alfred Dregger erschienen ... Zu guter Letzt schien uns auch der Zeitpunkt des Aufrufs – einige Wochen nach und noch in den Ausdünstungen der Bundestagswahl 1980 – auf jene für uns allmählich unverständliche Feindbildfixierung eines beträchtlichen Teiles der inzwischen etablierten Literaturen dieser Republik – hier Strauß, dort Springer – hinzuweisen, an deren Realitätssinn nicht nur wir langsam zu zweifeln beginnen. Oder ist nicht – um nur ein Beispiel zu nennen – ein internationaler Multi wie Bertelsmann/Mohn auf Dauer eine viel größere Gefahr für unser kulturelles Leben als die Abfütterung eines bestimmten Publikumsgeschmacks durch die Journaille eines alternden Pressemoguls?

Und nun sind Sie böse, weil der Mogul seinen Feinden die Ehre erweist und zurückschlägt. Oder warum heißt es in einer Verlautbarung Berliner Schriftsteller, denen Springers Ullstein Verlag ein Projekt aufkündigte, er übe »Druck gegen Autoren« aus?

Natürlich übt Springer Druck aus; womit hatten Sie denn gerechnet? Bleiben wir bei den Fakten: Seit 1979 wurde im Ullstein Verlag, der zu 85 % der Axel-Springer-Gesellschaft für Publizistik KG gehört, unter der Leitung Hans F. Erbs ein liberales, der neuen deutschen Literatur offenes Verlagsprogramm gemacht (Beispiele: Rogner's Edition, Ullstein Taschenbuchverlag, Erb Verlag und Anthologien wie die jetzt in diesem Verlag unmöglich gemachte *Hälfte der Stadt – ein Berliner Lesebuch* mit Autoren aus beiden Teilen Berlins). Als Sie, Peter Rühmkorf, im November 1980 in der *Zeit* ausführten, bei dem Boykott bleibe »der Ullstein Buchverlag außen vor«, mussten Sie bei aller Blauäugigkeit wissen, dass Sie damit Springer erst auf ein liberales Eiland innerhalb eines Imperiums hinwiesen, das er – wie sich jetzt zeigt – so nicht beizubehalten gedachte. Erst mit Ihrer Aktion und Ihrem ausdrücklichen Hinweis auf Ullstein bekam Springer einen für ihn triftigen Grund geliefert, ein unliebsames Programm zu kippen. Einzige bisher erkennbare Opfer Ihrer Aktion sind ein Verlagsleiter, ein liberales Literaturprogramm und alle Autoren, die unter Springers oder Ihrem Druck keine Chance mehr haben, bei Ullstein zu veröffentlichen. Wenn es das Ziel fortschrittlicher Kulturarbeit ist, liberale Positionen zu stärken, dann haben Sie mit dieser Aktion das Gegenteil davon erreicht.

Aber all das wäre für uns nicht Grund genug, Ihnen in dieser Form zu schreiben. Lassen Sie uns davon sprechen. Lassen Sie uns von einer Kultur sprechen, die sich in ihren Erscheinungsbildern und Verkehrsformen in nichts mehr von jener Politik zu unterscheiden scheint, die sie fortwährend zu bekämpfen vorgibt.

Als im letzten Jahr in Zürich Jugendliche auf die Straße gingen und gegen die Verschwendungssucht einer offiziell subventionierten Kultur demonstrierten, war nicht nur die Oper gemeint. In Berlin erfahren wir alltäglich, was Jugendliche meinen, wenn sie sagen, sie seien »die Kulturleichen dieser Stadt«.

Wie ein riesiger verwesender Leichnam liegt die institutionalisierte – und durch Aktionen wie die Ihre sich weiter institutionalisierende – Kultur über der Phantasie, den Träumen, den Wünschen, den Utopien und auch Illusionen der Jugend, die eine eigene Kreativität in eigenen Formen darzustellen wünschen. Für diese Generation ist das, was hier unter Kultur segelt, genauso weit entfernt wie das, was als Politik »außen vor« ist. Da wirkt es dann auch nur noch wie eine Karikatur, wenn in Gazetten dieser Hochkultur jetzt auch das noch unartikulierte Aufbegehren dieser Generation von flinken Meinungsmachern als neuer Trend der geistigen Saison großflächig aufgemacht wird und die handgreiflichen Zukunftsängste vieler Menschen als neueste Stimmung im Feuilleton zur Sprache kommen. Wenn Sie die über 400 Namen auf Ihrer Liste – alles ehrenwerte gewiss, von Günter Grass zu Hans Christoph Buch, von Hoimar von Ditfurth bis Werner Höfer – einmal genau betrachten, müsste Ihnen auffallen, dass Namen von Autoren fehlen – von solchen nämlich, die für Ihren Dauerauftrag im Kampf gegen politische Popanze nur noch das gleiche müde Achselzucken aufbringen wie jene Jugendlichen für den ganzen Staat.

Und jetzt schlagen wir den Bogen: Wer in Berlin eine Zeitschrift macht, weiß über Springer besser Bescheid als viele, die ihre Unterschrift noch auf jedes Blatt setzen, das man ihnen vorlegt; und weiß auch besser, welche Kultur sich die Generation wünscht, die nach Ihnen kommt. Mit diesem Wissen arbeiten wir. Wer gegen Springers Presse ist, sollte bessere Zeitungen machen, aber nicht mit den Formen von vorgestern gegen das kämpfen, was heute ansteht.

Jörg Fauser, Werner Mathes (*tip*-Redaktion, *tip* 9 / 1981)

Berliner Lehrstück

»Politik macht Spaß«, sagen die Alternativen, und dieses Statement kann man ihnen abnehmen – so locker, so witzig, so nah an (vermeintlichen und wirklichen) Bedürfnissen der Bürger hat in dieser verkrampften Republik noch keiner für Politik geworben. Der Sturm und Drang der 60er, versachlicht in den Erfahrungen der 70er, in den 80ern mit neuer Energie aufgeladen, dabei für weite Teile der Bevölkerung zum ersten Mal realistisch dargestellt: das verspricht endlich die politische Verkrustung dieses Gemeinwesens aufzubrechen, mit tausend feinen Stacheln den Panzer der denaturierten Organe unserer Polit-Verweser zu durchlöchern.

Verspricht es mehr? Denn freilich bleibt Politik auch in neuen Besetzungen, was sie immer war: Machteroberung, Machtverteilung, Machtgebrauch, bleibt – vom Präsidenten zum Hauswart – Vergabe von Pfründen, von Arbeit, von Brot, bleibt das mühselige Geschäft des Verwaltens und sich-Kümmerns; bleibt Flicken, Ausbessern, Sorgen, Machen; bleibt aber auch Kampf um jene soziale Gerechtigkeit, die abseits aller Utopien jeden Tag neu zu verteidigen ist, mit List und Tücke, mit Argumenten und Apparaten, und im äußersten Fall auch mit Gewalt.

So unbekümmert die Alternativen Politik machen, so unbekümmert klingt dann in manchen Ohren auch ihr Credo: »Wir geilen nicht auf Macht.« Dieser Askese mögen viele ihrer Wähler jene Art Ehrlichkeit abgewinnen, die in der Szene so gefragt ist; politisch ist sie nicht. In der Demokratie steht fast nie Himmel oder Hölle zur Wahl, sondern meist nur die Verteilung der irdischen Sorgen. Seltsam, wenn ausgerechnet die alte Hauptstadt der deutschen Arbeiterbewegung an verbiesterte Ruck-Zuck-Demokraten und fröhliche Einsteiger verlorenginge. Freilich kein Untergang der sozialen Demokratie; eher ein Lehrstück, dessen Subventionierung – wie üblich – wir alle zu tragen hätten.

(*tip* 10/1981)

Die Nacht, als ich ein Spion war

Der Außenminister hob die Hände und riss die Augen so weit auf, als hätte ihn eben der Leibhaftige gekitzelt. »Meine Damen und Herren«, sagte er, »auch Sie als Vertreter der Freien Presse sind in die Pflicht genommen.« Seine Stirnfalten schoben sich über die Schädeldecke bis zum Ansatz der gelichteten Haare. »Ich will hier gar nicht den Bundeskanzler bemühen und Immanuel Kant – obgleich ich Ihnen ausdrücklich versichern darf, dass die Koalition in dieser Frage absolut übereinstimmt –, sondern lassen Sie mich abschließend nur auf Max Weber verweisen: Es handelt sich hier um das berühmte Bohren am Backenzahn.« Er senkte die Lider, entspannte seine Falten und öffnete den Mund so weit, um einen Schluck Afri-Cola nehmen zu können. Die Korrespondenten schossen ihre Fragen ab – »Beziehen Sie das auf das Junktim der Afghanistan-Frage mit Salt-II?« – »Halten Sie die SS-20-Raketen für einen Backenzahn?« – »Hat Max Weber nicht von Brettern gesprochen?« –, aber der Außenminister hatte nur noch ein Lächeln dafür übrig, das die Hofberichterstatter ohne Zweifel sardonisch genannt hätten; wir waren aber keine Hofberichterstatter, sondern hartgesottene politische Korrespondenten, und als wir nachher noch ums Büfett standen und die lauwarme Erbsensuppe und das Afri-Cola vereinnahmten, die zu

Bonn zu gehören schienen wie der Nebel überm Rheinufer und der faulige Dunst im Hochsommer, hörte ich, wie der Mann vom *Spiegel* den *Newsweek*-Korrespondenten fragte, ob ihm Erbsensuppe und Africola nicht nachgerade zum Hals heraushingen; und der Amerikaner sagte ganz trocken: »Well, Jürgen, du weißt doch, was unser eminenter Kollege Hunter zu sagen pflegte, als er noch einer von uns war: *Free Food, Free Drinks, Free Press.*« Ich wollte mich gerade nach Thompson erkundigen, als mich ein Assistent davon unterrichtete, dass der Außenminister noch ein paar Worte mit mir zu wechseln wünsche.

Der Kies knirschte unter unseren Schritten. Die Frühlingsnacht war voller Rosenduft, aber der Minister sprach, als blicke er in ewiges Eis. Der russische Bär … Polarluft … kälter als der Kalte Krieg. Er sagte: »Und gerade jetzt hören wir, dass Sie uns Schwierigkeiten machen.« Nun fror ich auch. Ich sagte: »Ich? Aber Herr Minister, ich vertrete doch nur ein Stadtmagazin, eine Unterhaltungszeitschrift, etwas Kulturelles …« Er: »Lieber Freund, Sie haben unsere Erfahrungen aus der Nachkriegszeit nicht. Wenn der Russe uns weichmachen will, wo fängt er an?« – »Ich dachte, die Raketen …« Die Hand schnappte nach einer Mücke. »Sicher, sicher … aber die eigentliche Bedrohung geht doch über die Kultur, die Medien.« – »Aber wir?« Er riss wieder die Augen auf und sprach jedes Wort sorgfältig aus: »Das ist es ja gerade, mein Gutster. Was braucht Moskau noch die BILD-Zeitung, die FAZ, den *Spiegel*? Die arbeiten doch längst in ihrem Sinn. Ihre Sorte, das ist noch das letzte Reservat des Freien Worts …« Ich glaubte, verrückt zu werden. »Aber Herr Minister, ich fürchte, ich verstehe nicht ganz. Geben

Sie mir etwas Erleuchtung, führen Sie mich!« Das Weiße in seinen Augen glänzte, aber konnten sie die Lichter sein am Ende des Tunnels?

Ich wimmelte drei bestrasste Entertainerinnen ab und verzog mich in eine der Nischen, wo die Musik nur noch so laut war, dass das Cocktailstäbchen in der Kirsche meines Whiskey Sour wippte. *I Lost My Heart to a Starship Trooper*. Seltsam, das Faible der höheren Beamtenschaft und der Nachrichtendienste – und der Mann, mit dem ich hier verabredet war, musste zu einer oder beiden Kategorien gehören – für fashionable Diskotheken. Manche sind eben auch vorm Finanzamt gleicher, dachte ich bitter, als sich ein Schatten über die Nische legte, den ich sogar durch meine dunkle Brille wahrnahm. Kein Wunder, bei den Kurven. Mein Kontaktmann war eine Frau in einem raffiniert geschnittenen Tiger-Dress, das ihren üppigen Busen wie auf einem Tablett servierte. Was die zweifellos künstliche Mähne von ihrem Gesicht freiließ, war von der enormsten Plastikbrille bedeckt, die mir außerhalb Hollywoods aufgefallen war. Aber dass ich nicht im Crazy Mouse war, um schöne Augen zu sehen, machte sie mir sofort klar. Sie schob mich zur Tanzfläche, und dort, inmitten der Ministerialräte auf der Suche nach dem Lebenssinn und der Sekretärinnen des Verteidigungsministeriums, die ihre Freizeitgestaltung zweifellos mit großzügigen Zuwendungen des DDR-Staatssicherheitsdienstes finanzierten, ihre roten Lippen an meinem Ohr, im Zucken der Stroboskope, die uns in alle Farben des Regenbogens zerlegten, weihte sie mich in eine Verschwörung von so ungeheuren Ausmaßen ein, dass mir bald die Beine schwach wurden und sie mich zuletzt wie einen Zombie durch die verrenkten Gliedmaßen der Tänzer dirigieren musste. Ich bekam ohnehin nur noch Fetzen mit: »Der KGB arbeitet seit 16 Jahren nach dem Asew-Plan ... gezielte Desinformation westlicher Medien ... totale Kontrolle der Informationsträger ...« *Baby you need me, Baby you feed me, oh yeah* ... »Bis 1985 den Westen erobert haben ... moralisch unterminieren ... Ölquellen ... Rohstoffe ... Krisenherde ...« *Baby you don't cry, Baby you don't lie*, jaulte der Lead-Sänger, und dazu das *Whack-Whack-Whack-Whacka-Whack* von mindestens 5000 Urwaldtrommeln ... »Ohne Frühwarnsystem ... in der Lage, Washington atomar zu erpressen ... bürgerliche Demokratie unterhöhlt ... Top-Agenten in Redaktionen« ... bis ich schwer atmend in der Nische stand und stammelte: »Aber ich doch nicht. Aber wir doch nicht. Was soll das denn? Bei Löwenthal schalte ich auch immer ab«, und sie mich fixierte mit ihren rosa Plastikdingern: »Wissen Sie, was eine *tjomnaja verbovka* ist?«, und ich patzte: »Trink' nur Wodka Tonic«, und sie fragte: »Wollen Sie's wissen«, und ich sagte: »Ich bin schließlich Profi.«

Über die Galerie von Fernsehschirmen flimmerte die Video-Aufnahme wie das billige Remake eines patriotischen Films aus den 30er Jahren – ein Mann, der an den jungen James Stewart erinnerte, legte dem Senatsausschuss dar, wie die Ungläubigen sich angeschickt hatten, das Mekka der Demokratie zu erobern. Die Dame im Tiger-Dress hatte sich einen Hosenanzug angezogen, und ohne ihre Perücke und die Plastikbrille sah sie jetzt so aus, wie alle die mausgrauen

Diener der Macht aussehen, wenn sie sich endlich klargemacht haben, dass es für sie keine ehrliche Arbeit mehr gibt. Aber der Kaffee war heiß. »Die Hauptfunktion des Direktorats A«, erklärte gerade der junge James Stewart mit russischem Akzent, »liegt in der Täuschung westlicher Regierungen und der westlichen Öffentlichkeit über die wahren Ziele der Sowjetunion. Die Aufgabe der sowjetischen Desinformation bestand darin, die öffentliche Meinung im Westen so lang einzuschläfern, bis sie unsere Politik akzeptierte, und gleichzeitig Zweifel und Misstrauen gegenüber der Politik des eigenen Landes zu säen. Die Sowjetunion hat in ihrem Bemühen, das westliche Bündnis zu übertrumpfen, zwei parallele Wege gewählt – die Vergrößerung der Kriegsmaschinerie und den systematischen Kampf, dem Westen den freien Zugang zu seinen Öl- und Rohstoffquellen zu verwehren. Ein dritter Weg bestand darin, Agenten und anderen unter sowjetischer Kontrolle stehenden Personen nahezulegen, in den westlichen Gesellschaften Positionen zu erlangen, die ein großes Maß an Einfluss in Politik und Medien garantieren.«

Die Kassette war durchgelaufen, und während meine Kontaktperson sie wechselte, setzte ich meine Pfeife in Brand und machte ihr deutlich, was ich von dieser Vorführung hielt. »Reine Zeitverschwendung, Sie. Wenn Sie meine Zeitschrift je gelesen hätten, wüssten Sie, dass uns das überhaupt nicht betrifft.« Sie warf mir einen kalten grauen Blick zu: »Sind Sie nun politischer Korrespondent oder nicht?« – »Ja, aber Politik ist für uns doch etwas ganz anderes«, versuchte ich ihr zu erklären. Unter ihrem Blick gingen mir bald die Worte aus. »Politik ist immer dasselbe«, sagte sie. »Was denn?« Sie prüfte in einem Taschenspiegel ihr Make-up. »Entweder oben oder unten liegen, oder was dachten Sie?« – »Sehen Sie, und genau deshalb …« »Ach, halten Sie Ihren Mund und passen Sie auf den Film auf.« Ich versuchte, das letzte Wort zu behalten: »Wenn Sie den Regisseur kennen, sagen Sie ihm, er soll sich mal 'n besseren Cutter leisten.« Natürlich behielt sie es: »Das ist kein Kino, Sie, das ist eine Zeugenaussage vor dem Senatsausschuss für Auswärtige Angelegenheiten in Washington D. C. Wir wollen dann weitermachen.«

In der neuen Szene führte der russische James Stewart aus: »Eine wertvolle Quelle nennen wir einen Hauptagenten oder *osnovnoj agent*. Normalerweise ist er auf lange Sicht vom KGB angeworben und ausgebildet. Ein anderer Typ von KGB-Kontaktperson ist die Vertrauensperson oder auch *doverennoje litso*. Wir wenden diesen Begriff auf Leute an, die politisch völlig zuverlässig sind und bewusst sowjetischen Interessen dienen, ohne dass sie jedoch vom KGB formell als Agenten angeworben worden sind.«

Ich wollte meine Vorführdame gerade an Howard Hughes erinnern, der ja selbst Old Ike Eisenhower für einen Roten gehalten hatte – aber dann verschlug es mir die Sprache, als James Stewart, als wende er sich direkt an mich, in die Kamera sagte: »Der dritte Typ von KGB-Kontakt ist eine Quelle, die nicht weiß, was gespielt wird, auch *tjomnaja verbovka* genannt. Eine solche Person dient sowjetischen Interessen und arbeitet unter dem wachsamen Auge des KGB, ohne zu wissen, was sie tut.« Dann schwenkte die Kamera auf einen der Senatoren, der sagte: »Die Sowjets haben es, dank der unwissentlichen Hilfe des Vizepräsidenten, geschafft, einflussreiche Agenten in die Regierung zu schleusen. Aber ihr größter Erfolg ist, dass sie uns blind und taub für ihre eigenen Ziele gemacht haben.«

Das Eis in meinem Glas war längst geschmolzen, doch ich rührte den Drink nicht an. Ich wusste nicht einmal, in welcher Bar ich hockte. Manchmal ist das selbst in meinem Beruf nicht mehr so wichtig. Mein Blick fiel auf eine zusammengeknäulte Papierserviette, die neben der Chiantiflasche mit der flackernden Kerze lag. Ich konnte erkennen, dass etwas auf der Serviette stand. Ich sah mich verstohlen um, aber die Trinker am Tresen lachten gerade über einen Trinkerwitz, den der Barmann zum Besten gegeben hatte. Ich strich die Serviette glatt und entzifferte die rote Schrift: »Erst das Wasser, dann die Säure, sonst passiert das Ungeheure.« Das ergab doch keinen Sinn. Irgendein Dichterling in modisch-apokalyptischer Laune. Oder? In Chemie hatte ich immer meine Kolumne für die Schülerzeitung geschrieben, deshalb war ich ja auch politischer Korrespondent. Aber auch das ergab keinen Sinn. Was hatte ein Schriftsteller in der Politik zu suchen? Ich dachte an die letzte Verlagsabrechnung. Ein Mann musste schließlich von etwas leben. Und für den Fußball war ich auch schon zu alt. Immerhin hätte ich ja auch Sportreporter werden können. Warum hatte ich mich für die Politik entschieden? Hatte ich mich überhaupt entschieden – oder hatte jemand für mich entschieden? Die ominösen 60er Jahre. Hatten damals nicht gewisse Leute behauptet, das sei alles ferngesteuert? Und Wehner? Ich dachte an Lenin: »Sie knüpfen die Schlinge, an der sie baumeln werden.« Mich fröstelte. *Tjomnaja ver-*

bovka. Was war das Ungeheure? Der Asew-Plan? Asew, jetzt erinnerte ich mich. Chef der zaristischen Geheimpolizei und zugleich der sozialrevolutionären Terroristen. Der Mann, der die Bomben legen und die Bombenleger hängen ließ. Asew, Schlüsselfigur des 20. Jahrhunderts? Wieder legte sich ein Schatten über meinen Tisch. Diesmal war es ein Mann. Ein joviales Gesicht mit wäßrigen blauen Augen in einem Netz roter Äderchen, eine plumpe Figur in einem grauen Anzug, über dem er trotz des Frühlings einen gefütterten Wintermantel trug. Ich dachte an den Außenminister: *Kälter als der Kalte Krieg.*

»Ich bin befugt, Ihnen jede Frage zu beantworten. Wir beobachten die Bemühungen Ihres geschätzten Blattes für Völkerverständigung und Frieden mit großer Sympathie. Wissen doch die jungen Deutschen, dass ein Dritter Weltkrieg ihr Land von der Weltkarte streichen wird.« Ich fragte ihn nach seinem Namen, aber er lachte nur gutmütig und steckte sich eine neue »Leichte Marke« an (»Der Job ist schwer genug«): »Ich vertrete ein Institut, das dem Frieden dient – wie Ihr Blatt.« – »Heißt es zufällig Direktorat A?« Er schnickte mit den Fingern. »Direktorat A? Bei uns gibt es keine Direktorate.« Der Barmann brachte eine Flasche Black Label. Er schien diesen Gast zu kennen. Der Russe trank pur. »Vielleicht hat es einen anderen Namen, aber seine Funktion soll darin bestehen, die westlichen Medien im Sinne der sowjetischen Außenpolitik zu beeinflussen.« Der Russe lachte tief. »Das ist natürlich eine Erfindung der CIA, die ja nicht gerade faul ist, wenn es darum geht, die öffentliche Meinung in ihrem Sinn zu beeinflussen – ich erinnere Sie an die Zeit des Kalten Krieges und all die Gelder, die da flossen, wie hieß das noch? ›Encounter‹, ›Monat‹, ›Kongress zur Verteidigung der kulturellen Freiheit‹, und die Gewerkschaften sind ja auch nicht zu kurz gekommen – aber bitte sehr! Ich bin nicht hier, um alte Geschichten aufzuwärmen. Was ist denn so falsch daran, jemanden beeinflussen zu wollen? Es kommt doch darauf an, in welchem Sinn, wofür man ihn beeinflussen möchte.«

Ich sagte: »Und Sie möchten uns glauben machen, dass Ihr einziges Ziel der Frieden ist – und nicht die Weltherrschaft?« Er beugte sich vor und sagte mit starker Stimme, wobei ich sein Abendessen roch: »Eine solche Idee wäre unserer Denkweise und Weltanschauung vollkommen fremd. Ein Weltreich aufrechtzuerhalten wird heutzutage immer kostspieliger, während der Nutzen geringer wird. In der Welt von heute ist der Imperialismus ein Verlustgeschäft«. »Dass ich nicht lache. Und Afghanistan?« – »Wir sind dagegen, anderen Ländern den Sozialismus aufzuzwingen. Wir haben die April-Revolution 1978 nicht nach Afghanistan exportiert. Wir haben von der Revolution zuerst aus den westlichen Medien erfahren.« – »Das glauben Sie doch selbst nicht«, sagte ich. »Was werfen Sie mir hier denn an den Kopf? Die Leitartikel aus der *Prawda*?« – »Mein lieber Freund, Sie brauchen nichts von dem, was wir sagen, zu glauben. Es steht Ihnen völlig frei, die Welt aus dem Blickwinkel eines Hollywood-Western zu betrachten. Aber Sie dürfen sich nicht wundern, wenn es dann eines Tages zu jenem Showdown kommt, nach dem sich die Amerikaner jetzt zu sehnen scheinen. *Machismo* ist in der Politik eine äußerst gefährliche Sache, wenn die Kontrahenten über Arsenale verfügen, mit denen sie die ganze Welt in die Luft jagen können.«

»Hat Breschnew nicht die Weltherrschaft bis 1985 gefordert?« Die Flasche war fast leer; wir waren beide Profis. »Woher beziehen Sie solche abstrusen Ideen?« – »Und wie ist das mit dem Asew-Plan?« Er schüttelte den Kopf. »Jetzt weiß ich es, Borchgrave und Moss. Zwei Journalisten, die unter die Thriller-Autoren gegangen sind. Traurig, aber natürlich eine Folge der Korruptheit Ihres Kultursystems.« – »Wollen Sie etwa leugnen, dass es drei Kategorien von Agenten gibt – den osnovnoj agent, das doverennoje litso und die *tjomnaja verbovka*?« Er sah mich eine ganze Weile stumm an. Ich sagte: »Ich bezweifle keinen Augenblick, dass die Gegenseite dieselben Kategorien hat. Ich versuche nur, Ihnen klarzumachen, dass ich und das Blatt, das ich vertrete, in keine dieser Kategorien passen. Wenn Politik bedeutet, wer oben oder unten liegt, dann verweigern wir uns dieser Politik. Kein Spion für niemand, Bürger X.«

Schließlich sagte er: »Wem wollen Sie sich eigentlich verweigern, Herr Schriftsteller? Den Milliarden Menschen, die an Unterernährung leiden und an Hunger sterben? Den Milliarden Menschen, die ohne Wohnung, ohne Wasser, ohne Elektrizität, ohne Arbeit, ohne Medizin, ohne Gerechtigkeit, ohne Brot, ohne Frieden leben müssen? In welcher Welt wünschen Sie denn zu leben, Herr Politischer Korrespondent? Denn wenn Sie – und das Blatt, das Sie vertreten – sich dieser Welt verweigern, dann haben Sie doch wohl eine andere im Sinn?« – »Keineswegs«, sagte ich. »Sie haben bei Ihrer Aufzählung nur jene Milliarden Menschen vergessen, die auch ohne Freiheit leben müssen. Wenn ich mich Ihrer Politik verweigere, dann deshalb, weil sie für alle anderen Milliarden Unfreiheit bedeutet.« Er lehnte sich zurück, und ich bemerkte, dass in seinen Augen kein Wasser mehr stand. »Ach ja«, sagte er, »Freiheit – Ihre Art Freiheit. Ich weiß nicht, ob Sie mich richtig verstehen, aber Ihre Art Freiheit – die Freiheit des Geistes und des Profits, die Freiheit der Moral und der Ausbeutung, die Freiheit der Piraten und die Freiheit der Pornographen –, sie beruht doch wohl in erster Linie darauf, dass jene Milliarden, von denen ich sprach, in den Minen und den Favelas ihr Blut ausschwitzen und dafür mit etwas importiertem Büchsenfraß und einem Comic abgespeist werden.« – »Das ist gut möglich«, sagte ich, »und auch Ihr Friedensinstitut beruht auf den Sklaven im Gulag.« – »Kommen Sie«, er breitete die Hände aus, »hat nicht jeder Staat die Pflicht, seine Bürger zu schützen?« – »Gewiss«, sagte ich, »und haben die Bürger nicht auch das Recht, sich vor dem Staat zu schützen?« – »Hier sitzen wir nun«, sagte er philosophisch, »zwei Bürger verschiedener Gesellschaftssysteme, die miteinander im friedlichen Wettstreit liegen, in einer Moskauer Bar bei Whisky – ist das nicht schon ein Triumph der Koexistenz?«

Ich stürzte auf die Straße. Noch lag die Nacht über der Stadt, aber aus dem Dunkel ragten die goldenen Türme des Kreml. Schneeflocken tanzten auf dem Roten Platz. Man sollte doch *immer* wissen, in welche Bar man geht, dachte ich bitter. »Und dort ist ein Gebäude, das Sie schon immer einmal sehen wollten«, sagte mein Trinkkumpan, der jetzt neben mir stand, »das Institut für Freiheitsforschung.« Ich kannte die Lubjanka von Photos. »Was war ich eigentlich«, fragte ich ihn, »die Säure oder das Wasser?« – »Ich würde sagen«, antwortete er und schob mich zu dem Wagen, der unter einer Laterne hielt, »Sie waren beides – nur nicht in der richtigen Reihenfolge. Und vor solchen Bürgern müssen sich *alle* Staaten schützen.«

Als ich aufwachte, war ich schweißgebadet. Das kommt davon, dachte ich – irgendwann fängt man an, das Zeug zu lesen, und dann erst die Paranoia und weiter die Alpträume. Was würde als Nächstes kommen? Schizophrenie? Amok? Koma? Denn die Politik lässt uns nun einmal nicht; wen sie angefressen hat, den gibt sie erst wieder frei, wenn sie die abgenagten Knochen ausspuckt – und den Rest besorgen dann die kleinen roten Waldameisen. Horribel, aber unser Jahrhundert. Die Vorführdame hatte ganz recht gehabt, oben oder unten, und wenn es schneite, konnte es eben kein Sommer sein. Ich starrte meinen gesammelten le Carré an, und mir war, als ob Smiley selbst zurückstarrte und sagte: »Und Sie glauben, Sie könnten sich verweigern?« Ich zog mich an und nahm eine Taxe und ließ mich zum Checkpoint Charlie bringen. Ich stand vor der verschlossenen Tür des Hauses mit der Ausstellung »Die Mauer – The Wall – Le mur« und sog begierig die kalte Luft der Dämmerung ein. Berlin war gut. Alles lag klar zutage – Mauer und Macht. Schriftsteller waren Spione, und wenn sie aufflogen, mussten sie das Wasser sein, das in die Säure kippte. Der Himmel war auch froh, in Berlin zu sein. Der Himmel war auch ein Spion. Er fing schon mal an zu kippen. Es war lange genug Frühjahr gewesen. Jetzt schneite es wieder.

Dieser Bericht stützt sich auf folgende Bücher: Georgij / A. Arbatow / Willem Oltmans: Der sowjetische Standpunkt. *Aus dem Englischen von Georg Krahmer. Rogner & Bernhard, 349 S., 38 dm.*

Arnaud de Borchgrave / Robert Moss: Die Falschmelder, *Roman. Ins Deutsche übertragen von Stefan Karolinski. Ullstein, 443 S., 34 dm.*

Alle genannten Institutionen und Personen sind – wie der Autor selbst – Phantasieprodukte der größten nachrichtendienstlichen Agentur dieser Erde: des Lebens.

(*tip* 10 / 1981)

Vom Anfang und vom Ende

Als ich 23 war, verfasste ich ein Gedicht, in dem es – nach der Aufzählung verschiedener Stationen meines jugendlichen Leidensweges – als Resümee sinngemäß hieß: »Keats starb mit 25 – ich bin nun auch schon 23« – eine Drohung, deren Absicht sich mir heute verschließt. Von der Existenz eines Leonce-und-Lena-Preises für debütierende Lyriker wusste ich nichts, also tat ich das Nächstbeste und schickte das Poem einem Mädchen, in das ich – wie ich annahm: hoffnungslos – verliebt war, packte eine Reisetasche und setzte mich in den Orient ab. Keats war zwar zu Hause gestorben, aber er hatte ja auch die Schwindsucht gehabt. Die Geschichte hat natürlich eine Pointe, wenn nicht zwei: Mit dem Mädchen lebte ich später eine ganze Zeit zusammen; und heute schreibt N. – inzwischen eine verheiratete Frau und als Jüdin zum Islam übergetreten – mir regelmäßig aus Damaskus und anderen Orten im Orient und malt in deutlichen Worten den nahen Untergang des Westens aus. Das ist es ja mit den Geschichten: Je älter man wird, umso interessanter werden sie; und je interessanter die Geschichten, um so vertrackter ihre Pointen.

Natürlich war mein Weltschmerz damals schon nicht mehr ganz *à la mode*, er bezog seine Empfindungen – jedenfalls auf literarischem Niveau – aus Attitüden und dazugehörigen Texten, die von Suhrkamp nicht ediert wurden. Und doch war diese Untergangssehnsucht (die ja bestenfalls eine Lebensunlust war) nicht ganz unecht, manifestierte sich ja auch in vielen, die allerhand Waffen gegen sich und – später – gegen andere richteten; und ob wir sie nun in den Romantikern des 19. Jahrhunderts, in den weltverachtenden Schriften Buddhas oder dem dramatischen Geheul der Beat Generation (und Charlie Parkers Nirwana-Riffs) wiederfanden, wir identifizierten uns nicht grundlos mit dem Gefühl des Nicht-mehr-eins-sein-Könnens mit einer Welt, die über Auschwitz und Hiroshima den Smog ihrer Fabrikationen legte und in den Ausflugslokalen am Rand der Landstraßen, durch deren Staub wir über Ostern jene rührend machtlosen Transparente trugen, auf denen *Ban the Bomb* stand, BILD-Zeitung las.

Inzwischen bin ich in einem Geschäft, in dem die Empfindungen erst berücksichtigt werden können, wenn die Fakten auf dem Tisch sind, und in dem der Weltschmerz so wenig Anspruch auf Kredit hat wie jener interfraktionäre »Sachzwang«, mit dem Politiker aller Couleurs hausieren gehen, wenn die Kundschaft ihre Leimsiedereien nicht mehr abzunehmen geneigt scheint. Nun mir gar das Feuilleton die Neue Apokalypse *en gros andient* und »No Future« zum Börsenhit auf den liberalen Märkten avanciert ist, scheint es höchste Zeit, das gesunde Misstrauen gegen jede Art von Stimmungsmache und Meinungsgesülze zu mobilisieren, mit anderen Worten, jenes sachliche und im besten Sinn bürgerliche Fakten-Empfinden, das uns Volksschülern ein Lehrer namens Godziba mit den Worten auf den Weg gab: »Wer Förster werden will, muss im Wald wohnen.«

Vadim Glowna zeigte einigen Kritikern seinen Film *Desperado City*. Kaum hatten wir uns nachher in einer Pinte niedergelassen, kaum hatten die Kritiker die ersten Bälle ausgespielt, musste ich vermuten, einen ganz anderen Film gesehen zu haben. Was für sie das Fazit von zehn Jahren sozialliberaler Koalition und der adäquate Ausdruck für die Endzeitstimmung einer ganzen Generation gewesen war, hatte sich mir als das Stimmungsbild eines Mannes meines Alters dargestellt, der ein Milieu in Hamburg-Altona mit seinen eher randständigen Figuren als Folie für seine private Faszination genommen und zwei Jugendliche in den Hauptrollen seine eigenen Untergangsdepressionen und Todestriebe hatte ausspielen lassen. Ein gut gemachter Film, nebenbei, in dem Sinn etwa, in dem Benn von gut gemachten Gedichten sprach; aber Ausdruck unserer Zeit? Ja, doch, sagten die Kritiker, sie konnten auf eine ganze Reihe solcher Stimmungsbilder hinweisen, und je mehr sie hinwiesen, desto störrischer wurde ich und desto ungerechter. Ich fand den Gedanken nicht einmal absurd, nur ekelhaft: dass die einen Industrien machen, die die Menschen zerstören, und die anderen Industrien, um diese Zerstörung darzustellen. Und eine Luther-Bibel kostet immer noch weniger als eine Kinokarte samt dazugehörigen Feuilletons. Und in der Luther-Bibel lese ich: »Da ward ein großes Erdbeben, und die Sonne ward finster wie ein schwarzer Sack, und der Mond ward wie Blut, und die Sterne des Himmels fielen auf die Erde, gleichwie ein Feigenbaum seine Feigen abwirft, wenn er von großem Wind bewegt wird« (Offenbarung 6, 12–13).

Apokalypse also! Nichts weniger ist angesagt. Nun einige Fakten: Den Krieg beispielsweise haben bei uns als Akteure und bewusst in Mitleidenschaft Gezogene nur noch die über 50-jährigen erlebt; die Inflation die über 70-jährigen; und über 60 muss immerhin schon sein, wer die Weltwirtschaftskrise, die 6 Millionen Arbeitslosen, das Ende der Ersten Republik, den Hitler-Staat oder das Exil mitgemacht, mitgelitten hat. Nur so kann ich mir Stimmungslagen und Standesallüren erklären, die unsere Republik beuteln, als drohe tatsächlich auch schon ihr Ende: das mangelnde Verständnis der Jüngeren dafür, dass ein Staat seine territoriale und politische Identität zu verteidigen bereit sein muss; die panische Angst vom Volk bestellter Politiker vor jeder spontanen Regung kleinster Teile dieses Volks; die hanebüchene Unvernunft von Gewerkschaftsmanagements und Wirtschaftsführern, die ihre Klientel nur mit rücksichtslosen Besitzstandskämpfen bei der Stange halten zu können glauben; überhaupt der unverfrorene Gruppenegoismus dieser Bauern, Bonzen und Beamten, die ihrer materiellen Interessen wegen allemal bereit scheinen, die leergemelkte Kuh auch noch auszuweiden. Wer keine Lobby hat, geht da leer aus. Also geht die Jugend leer aus.

Solange es Jugend gibt, wird es jugendlichen Weltschmerz geben, jugendliches Aufbegehren, James Dean, verzweifelt: »Vater, hilf mir doch.« Auch der Narziss vor seinem Spiegelbild gibt einen klassischen Part unserer Darstellungsrituale; und ewig grüßen die Riten der Selbsterregung. Überhaupt darf uns nichts Menschliches mehr fremd sein, seit *Sex-Report* und Selbsterfahrung unter »Lebensqualität« geführt werden wie ehemals Bordellbesuch oder Hauskonzert. Zumal die Bewusstseinskrisen sogenannter Minderheiten – ob es nun Frauen, Transvestiten oder Schriftsteller im Bundestag sind – gehören mittlerweile zu den standardisierten Statussymbolen unserer intellektuellen Ausrüstung. (Attraktiv müssen solche ›Minderheiten‹ freilich sein; Baupoliere oder Busfahrer haben da wenig Chancen.) Die Jugend mit ihren Ritualen – ob es der Weltrekord im Brustschwimmen oder der Schülerselbstmord war – konnte von jeher schon deshalb mit einer gewissen Aufmerksamkeit rechnen, weil sie – wenn sie die ganze unleidige Zeit überstand – ja selbst einmal in die berühmten Fußstapfen, in die Bankkonten und Vernichtungsarsenale der Erwachsenen eingeführt zu werden hatte.

Aber all das änderte sich mit der Erfindung des Jugendmarktes: Wenn sich nun ein Narziss vor dem Spiegel bewunderte, dann filmten es Kameras mit, und Millionen Gleichaltriger brachten die Kassen zum Klingeln; und einige wussten sogar, was sie taten. Sie erinnerten nämlich die Erwachsenen daran, was für eine miese Bande von hässlichen Ärschen sie waren, und wenn sie nicht die Atombombe erfunden hätten, könnte man sie einfach ins Meer kippen, zu den Haifischen, der Ölpest und den Orchestersesseln von der Titanic. Das aber hatte zur Folge, was die Amerikaner eine ›Revolution‹ nennen: Jugend war ›in‹, hatte Marktwert, war Kultur geworden. Die kleinen Nasenpopler waren einer der wachstumsträchtigsten Märkte der Welt. Die von cleveren Bewusstseins-Managern lancierte Parole »Trau keinem über 30« fasste alles zusammen: Mode, Kult, Geschäft, Paranoia. Wer jetzt nicht jung wurde, wurde nie mehr jung; wer jetzt noch störte, war ein Staatsfeind.

Denn in einer Welt, in der alles miteinander verzahnt ist – die ausgepowerten Minenarbeiter in Bolivien mit dem weißen Pulver, das die Münchner Schickeria auf Touren bringt, so gut wie der OPEC-Moloch mit den Vinylscheiben, von denen die »No Future«-Message dröhnt; die Sinn-Fragen des Feuilletonisten mit dem Umsatz der Henkelwerke so gut wie die Schnellen Brüter des Technologieministers mit den Schillerkragen Rudolf Bahros –, in einer Welt, in der jeder Betonklotz auf den Turm von Babylon verweist und ein Computerchip die atomare Apokalypse auslösen kann, in dieser Welt muss jede Verweigerung eines Marktes als ein Angriff auf alle Märkte verstanden werden und jede Infragestellung eines Ordnungssystems alle Systeme an der Wurzel bedrohen. Wenn also auf Seite 1 der »liberalen« Wochenzeitung der Chef des Wirtschaftsressorts von einer Jugend spricht, die unser Land zum Jammertal degradiere, dann gehört das genau zusammen mit dem Interview des Kulturchefs mit Max Frisch und Sätzen wie »Immer ein ungeheures Element des Vergeblichen, eigentlich des Finsteren«, mit denen er den Dichter traktiert; wenn Herr Stolze den karrierebewussten Ingenieur als den Prototyp dessen fordert, der dieses Land noch vor dem Untergang retten kann, oder sein Adlatus Jungblut einige Nummern (und wohl viele ungeweinte Tränen) später ohnehin schon alles aufgibt und unser Ende nur noch den Japanern als mahnendes Beispiel empfiehlt, dann ist das nicht zu trennen von Raddatzens Frage an Thomas Brasch: »Mischung aus Bitterkeit und Anarcho?« und – im gleichen Feuilleton – von des Handke-Verehrers Benjamin Henrichs Resümee einer Schaubühnen-Aufführung: »Die Kunst versteht mehr vom Leben als die Politik oder der Journalismus.« Mit anderen Worten: Wenn die direkten Befehlsempfänger der Geldgeber das Ende der Zivilisation ankündigen, falls das mit dieser Jugend so weitergeht, dann steigern sich noch allemal die Schaumschläger in den Kulturspalten in die (dezent parfümierte) Apokalypse, mit der das bürgerliche Zeitalter sich vor dem Wüsten Land, das es angerichtet hat, davonzumachen droht. Aber – um ein berühmtes Bild Orwells aus seinem Essay über die Bergarbeiter abzuwandeln – vergessen wir nicht, dass, nur weil Jugendliche Steine schmeißen oder Heroin spritzen, geistig höherstehende Menschen geistig höherstehen können; du und ich, der Filmregisseur und der Feuilleton-Chef der *Zeit*, die Gralshüter des Unversöhnten Ich und der Senator für Wissenschaft und Volksbildung, der Punk-Musiker und der Vorsitzende der Untersuchungskommission für die Probleme des Jugendprotests, wir alle dürfen an der Apokalypse als Neuester Stimmung im Kulturbetrieb verdienen, weil in der Tat Millionen Jugendliche unsre Welt zum Teufel wünschen.

Auch dieser Jugend wird es allerdings nicht erspart bleiben, älter zu werden; man kann vielleicht ein ganzes Leben lang Latzhosen tragen und auch noch als Mümmelgreis kein' Bock auf gar nix haben, aber um die Entscheidungen, die das Leben nun einmal abverlangt, kommt man auch dann nicht herum. Wenn ich ihn richtig verstanden habe, dann meinte unser Lehrer Godziba, als er vom Förster und dem Wald sprach, etwas, das ein sehr kluger Mann, der Staatsphilosoph Groethuysen, einmal in die Worte fasste: »Was aus dem Menschen einen Menschen macht, ist zugleich das, was ihm Rechte verleiht.« Treffender ist, was jedem von uns abverlangt wird, kaum auf den Punkt zu bringen; aus apokalyptischem Mummenschanz entstehen keine Menschenrechte.

Mittlerweile bekomme ich wieder Post aus dem Orient und erfahre, dass der Untergang des Abendlandes näher rückt – nur Tag und Stunde sind noch nicht bestimmt. Ich halte mich allerdings weiterhin lieber an die Luther-Bibel, die mich – am Ende der Offenbarung des Johannes – in mancher Formel schon an Benn erinnert, der angesichts all der Verzahnungen von Wohl und Wehe das Himmelhochjauchzend ja auch für so unangemessen hielt wie das Zutodebetrübt. Ist denn nicht Anfang gleich Ende, Ende gleich Anfang? Es heißt jedenfalls dort im letzten Kapitel: »Wer böse ist, der sei fernerhin böse, und wer unrein ist, der sei fernerhin unrein; aber wer fromm ist, der sei fernerhin fromm, und wer heilig ist, der sei fernerhin heilig.« Und die Apokalypse? Vergeht so gut wie alles, denn einer spricht: »Ich bin das A und O, der Erste und der Letzte, der Anfang und das Ende.« Also servus dann – bis zur nächsten Saison.

(*tip* 11/1981)

Spanien 1936 – Das Chaos und die Macht

Ich möchte über ein Buch schreiben, dessen Autor unbekannt ist und dessen Text nur wenige Seiten umfasst – ein Aufruf, erschienen zwischen dem 12. und 17. März 1937 in der anarchistischen Tageszeitung von Valencia, in Auszügen nachgedruckt in einem historischen Fachbuch, eine winzige Fußnote zum 20. Jahrhundert, eine Spur, die vielleicht in die dunkelsten Verliese unserer kollektiven politischen Seele führt, zu den vermodernden Fahnen und den Knochenbergen, die geblieben sind von 2000 Jahren Utopie und Freiheitstraum. Also eine Reise in die Nacht; und machen wir uns nichts vor, das Morgenrot, das der Stunde folgt, in der es am dunkelsten ist und am kältesten, hat nichts mehr mit dem Rot der einst verheißenen Paradiese zu tun, es erinnert nur an das Blut, das um sie vergossen wurde. Und also an Spanien.

Ob es wirklich eine Million Anarchisten gab in Spanien in seinem »kurzen Sommer der Anarchie« (H. M. Enzensberger), mag bezweifelt werden. Außer Zweifel steht, dass der Anarchismus und seine gewerkschaftliche Variante, der Anarcho-Syndikalismus, nirgendwo auf der Welt stärkere Hochburgen als in den Industriezentren Kataloniens und im Afrika zugewandten Andalusien hatten. Außer Zweifel steht, dass die anarcho-syndikalistische Gewerkschaft CNT mit einer Million Mitglieder fast ebenso stark war wie die sozialistischen Gewerkschaften, und dass am Vorabend des Bürgerkriegs der politische Arm der CNT, die Federación Anarquista Ibérica (FAI) mit 35 000 Mitgliedern mehr als dreimal so viele Mitglieder hatte wie die Kommunistische Partei. Und schließlich waren es am 18. und 19. Juli 1936 die Anarchisten, die in Madrid und Barcelona, in Valencia und Aragonien die putschenden Soldaten besiegten und der zögernden Regierung den Widerstand gegen Franco diktierten.

Zu Spanien gehörten politische Glaubenskriege und ideologische Kreuzzüge seit den Tagen der Inquisition. Seine Geschichte ist düsterer und blutiger, grausamer und desillusionierender als die anderer Völker; seine Maler, allen voran Goya, und seine Dichter, allen voran Cervantes, beschreiben das Leben der Spanier wie einen Alptraum, der den Schläfer noch höhnisch auslacht, wenn er aufwacht und feststellt, dass der Horror Wirklichkeit ist. Nur natürlich, dass sich in diesem Land politische Doktrinen radikaler festsetzten und um vieles blutiger bekämpft oder verwirklicht wurden als anderswo. Und der Schlachtruf der Faschisten – »Viva la muerte! Es lebe der Tod!« – fand seine Echos auch in den Seelen ihrer politischen Feinde.

Als der Bürgerkrieg ausbrach, schien die ganze unglückliche Geschichte Spaniens sich in wenigen Wochen wie in einer Explosion aus Gewalt zu entladen. Im Sommer 1936 wurden nach Schätzungen 120 000 Menschen in einer kollektiven Raserei durch politischen Terror ausgerottet. »Man erschießt hier, wie man Wälder abholzt«, notierte der französische Schriftsteller Saint-Exupéry, der mit einer Kommission versuchte, Unschuldige zu retten. Wer 45 Jahre danach in den Metropolen des Kapitals von Revolution faselt oder es für einen Akt politischen Terrors hält, einen Lebensmittelladen zu plündern, der lese Berichte wie den des deutschen Schriftstellers Franz Borkenau, der seine Sympathien für die Republik jedenfalls nicht mit Blindheit abgalt: »Auf der Chaussee standen zwei Lastwagen ohne Licht, und in der Mitte der Straße von Madrid nach Córdoba lagen – o entsetzlicher Schrecken – Leichen. Nichts, was ich in meinem Leben gesehen hatte, kam diesem Eindruck des Grauens gleich. Die Lastwagen schienen ein furchtbares Geheimnis zu bergen. Einige meiner Begleiter glaubten, Geräusche zu hören, die von diesen Wagen kamen. Ich wollte halten. Aber der Fahrer, fast wahnsinnig vor Angst, gab Vollgas.« Selbst Anarchisten waren erschrocken, als ihnen das Ausmaß an Brutalität deutlich wurde, mit der ihre Genossen – oder solche, die sich dafür hielten – ihren Hass auf die Kirche austobten, indem sie Nonnen und Pfarrer massakrierten. In jeder Stadt, in jedem Dorf herrschte in den ersten Monaten des Bürgerkriegs der Terror, wurden unter politischem Deckmantel Privatabrechnungen getätigt, war die eine Hälfte Spaniens damit beschäftigt, die andere abzuschlachten. Die spanische Geschichte fraß ihre Kinder.

Nachdem der Putsch Francos in den Bürgerkrieg geführt hatte, wurde Spanien zum Aufmarschplatz europäischer Mächte, zum Experimentierfeld der deutschen und italienischen Armeen. Mit 50 000 Mann griff Mussolini in den »Heiligen Krieg« ein, und Hitler schickte die Legion Condor, deren Bombenflieger über Guernica lernten, was sie über

London und Moskau beherrschen sollten. Die westlichen Demokratien – zu feige und zu berechnend, um dem republikanischen und sozialistischen Spanien zu Hilfe zu kommen – übten eine Politik strikter Nichteinmischung, von der nur Franco profitierte. Außer dem fernen und armen Mexiko gab es nur einen Staat, der Hilfe anbot: die Sowjetunion. Aber in das außenpolitische Konzept Stalins und der von ihm beherrschten Komintern (die gerade erst die deutsche Republik kampflos preisgegeben hatten) passte ein Spanien nicht, das Russland den Anspruch streitig zu machen drohte, die wahre Arbeiterrepublik zu errichten. Also kamen mit den Waffen auch die Polit-Kommissare und die Agenten, und mit den Kommunisten der deutschen Emigration und der Komintern die Methoden der Tscheka und des NKWD. Wenn der Spanische Bürgerkrieg noch heute europäischen Linken Tränen der Rührung und eine Erregung wie aus Urträumen eingibt, dann nur, weil sie sich immer noch nicht klargemacht haben, dass antifaschistischer Heldenkampf in Wirklichkeit ein brutaler Drei-Fronten-Krieg war, bei dem die spanische Revolution gegen zwei Systeme der Gegenrevolution kämpfte, von denen das eine den Bürgerkrieg gewann und das zweite seit 1945 an der Elbe steht und in Berlin-Mitte. Die Spanische Revolution braucht keine Tränen der Rührung mehr auf verlogenen Kameradschaftstreffen, und sie braucht gewiss keine falschen Nachahmer unter der ausgeflippten Jugend überfütterter Völker. Was sie braucht, sind ihre Chronisten.

Zu den Ideologien und den Waffentechniken des Kriegsschauplatzes Spanien kam als dritte Front die Propaganda. Gegen die Mauren und Fremdenlegionäre, die Nazibomber und die Heerscharen Mussolinis bot die Republik die Crème der intellektuellen Linken auf. Ernest Hemingway, André Malraux, Ludwig Renn, Egon Erwin Kisch, Ilja Ehrenburg, Alfred Kantorowicz, Gustav Regler, Georges Bernanos, Arthur Koestler, um nur einige zu nennen – sie alle fochten mit dem Wort, viele mit der Waffe gegen den Faschismus. Spanien war auch der Schauplatz des größten Propagandakrieges der Geschichte. In diesem Kampf waren die potenteren Bataillone auf Seiten der offiziellen Propagandamaschinerie, die die Losungen der Regierung und damit die der Kommunisten vertrat, deren Zahl unter dem Eindruck ihrer Effizienz und der russischen Hilfe immer mehr zunahm. Sie lautete: »Wir können über die Revolution erst sprechen, wenn wir den Krieg gewonnen haben.« Der englische Schriftsteller George Orwell hat in seinem Buch *Mein Katalonien* beschrieben, wie er unter dem Eindruck der Ereignisse (er war mehrere Monate mit einer Milizeinheit an der Front, wurde schwer verwundet Zeuge der Unterdrückung der Trotzkisten im Mai 1937 und musste schließlich aus Spanien fliehen) sich von der offiziellen Lesart entfernte und schließlich zu der Überzeugung kam, dass der Krieg sich überhaupt nur lohnte, wenn er von der Revolution begleitet wurde: »Wir müssen vorwärts gehen oder wir gehen zurück.« Das aber war die Linie der militanten, aber zahlenmäßig schwachen, von den Trotzkisten dirigierten POUM, einiger Linkssozialisten und der oppositionellen Anarchisten. Denn es gab auch das in diesem Spanien – Anarchisten in der Regierung.

Anarchisten in der Regierung! Das vielleicht bizarrste Paradoxon der neueren Geschichte, und für viele damals und heute mit ein Grund für die Niederlage nicht nur der Republik, sondern vor allem des Anarchismus als politischer und sozialer Bewegung von Bedeutung. »Viele Träume waren der Preis«, sagte die Katalanin Federica Montseny, Spross einer berühmten Anarchisten-Familie und Frauenrechtlerin, die das Amt des Gesundheitsministers übernehmen musste. Die Anarchisten, die unter Monarchie *und* Republik verfolgt worden waren, die Erben Bakunins und dessen Plädoyer gegen Marx und das Konzept von der verstaatlichten Revolution, die Anarchisten, deren Inkarnation der Terrorist Durruti war, Arbeiter, Revolutionär, Volksheld und soeben auch erfolgreicher Truppenführer – die Anarchisten ließen sich auf das größte Abenteuer ihrer Geschichte ein: Sie setzten nicht mehr auf das Chaos, aus dem der Phönix der sozialen Revolution steigen sollte, sondern auf die Beteiligung an der Macht – und verloren beides.

Einige Wochen bevor es im Mai 1937 in Barcelona zum Machtkampf zwischen den Kommunisten und ihren Gegnern kam, der mit dem Sieg der Gegenrevolution endete, erschien in der anarchistischen Zeitung *Nosotros* der Aufruf eines unbekannten Soldaten aus der berühmt-berüchtigten »Eisernen Kolonne«. Dieser Aufruf eines Mannes, der zu den Sträflingen der Kolonie von San Miguel de los Reyes gehörte, die von den Anarchisten aufgelöst worden war und deren Insassen, zumeist Schwerkriminelle, sich den »libertären Kommunisten« angeschlossen hatten, ist in seiner Weise ein einzigartiges Dokument: Es ist nicht nur ein leidenschaftliches, stellenweise poetisches Plädoyer für die einzige proletarisch-libertäre Revolution, die die Welt je erlebt hat, sondern darüber hinaus auch eines der ganz wenigen unverfälschten Zeugnisse des Anarchismus, die den Bürgerkrieg und die Repression überlebt haben – auch die Repression innerhalb der anarchistischen Bewegung selbst. Dokumenten wie diesem ist es zu verdanken, wenn eine zukünftige Geschichtsschreibung unter den Müllhalden der offiziellen Lügen und Gegenlügen noch Spuren dessen finden wird, was die Männer und Frauen bewegte, die, obwohl um sie sich alles bewegte, noch immer zu schweigen hatten, wenn die Propagandamühlen die Zuchthäuser der Staaten zu Paradiesen der Werktätigen erklärten.

Die Proletarier und Kriminellen, aus denen sich die »Eiserne Kolonne« zusammensetzte, gehörten zu den fanatisch Reinen dieser Spanischen Revolution. »Wir akzeptieren nichts, was gegen unsere anarchistischen Ideale geht, Ideale, die Wirklichkeit werden müssen, weil man nicht das eine predigen und das andere tun kann«, erklärte ein Delegierter der Kolonne auf dem Kongress der CNT, der im November 1936 den Eintritt in die Regierung abzusegnen hatte. Für wen, wenn nicht für sie, diese »Verdammten der Erde«, war die Revolution gemacht? Die Tränen der Ministerin Montseny müssen bitter geschmeckt haben, als ihr diese Genossen erklärten, sie sei eine Verräterin an den Idealen des Anarchismus. Die uralte Frage, ob eine soziale Bewegung in dem Augenblick, in dem sie an der Macht teilnimmt, die sie bis dahin bekämpft hat, ihre Ideale so verfälscht, dass der Kampf für sie zur Lüge wird – am Beispiel der spanischen Anarchisten und der »Eisernen Kolonne« lässt sie sich neu diskutieren. Der Verfasser des Pamphlets, das den Titel *Einspruch gegen die Kapitulation von 1937* trägt, zielt in seiner Argumentation gegen die Militarisierung der Revolution und gegen die Disziplinierung des Kriegs genau in den Kern der Sache, wenn er schreibt: »Es gibt – und wir, die Leute aus der Strafkolonie, die mehr als jeder andere auf der Erde gelitten haben, wir wissen es allzu gut –, es gibt, sage ich, in der Luft eine riesige Verbürgerlichung. Der Bourgeois von Leib und Seele, der alles Mittelmäßige und Unterwürfige zusammen ist, zittert beim Gedanken, seine Ruhe zu verlieren, seine Zigarre, seinen Kaffee, seine Stiere, sein Theater und seine Nuttenbesuche; und als er etwas von der Columna, dieser Columna de Hierro, der Stütze der Revolution in den Gebieten der Levante, erzählen hörte und als er erfuhr, dass die Columna ihren Marsch runter nach Valencia ankündigte, zitterte er wie Espenlaub und dachte, die von der Columna würden ihn aus seinem bequemen und elenden Leben reißen.« Gewiss; denn wo diese Anhänger der reinen Lehre das Bild der Städte bestimmten, wurden nicht nur Priester und Nonnen erschossen, sondern auch Rauschgiftsüchtige und Prostituierte, und unter den Fahnen der FAI baumelten nebeneinander der Ausbeuter aus der Fabrik und der Ausbeuter vom Strich; wer das Geld und den Kaffee abschaffte, wird den Nutzen von Freudenhäusern geringgeschätzt haben, und wer die Bank und die Kirche in die Luft jagte, auch nicht zimperlich mit dem Theater umgegangen sein. Aber im Visier hat dieser Autor, der »Unkontrollierte« der »Columna de Hierro«, die eigenen Genossen, in denen er plötzlich die Gesichter seiner Feinde erkennt, der Ordnung, der Autorität, des Staats: »In jenen dunklen Nächten, in denen ich mich bemühte … in die Tiefe des Landes ringsherum einzudringen, fand ich wie in einem Alptraum kein anderes

Hilfsmittel, als mich hoch aus der Deckung aufzurichten, während ich die Lust fühlte zu schießen; nicht nur auf den Feind, der weniger als hundert Meter von mir versteckt lag, sondern auch auf den anderen Feind, auf den, den ich nicht sah, auf den, der sich neben mir versteckte und der heute noch Genosse ist und mich Genosse nennt, während er mich gemein verkauft, denn es gibt kein feigeres Verkaufen als das, welches sich vom Verrat ernährt.«

Es gibt bedeutendere Bücher über den Spanischen Bürgerkrieg und die proletarische und libertäre Revolution; es gibt historisch abgeklärtere, politisch austariertere und sicher auch gewichtigere als dieses Bändchen, mit dem spanischen Originaltext und der deutschen Übersetzung, zusammen 55 schmale Seiten; doch 45 Jahre nach der Revolution wird es vielleicht wieder Zeit, sich an das zu erinnern, was die Männer in den Schützengräben schmeckten, fühlten und wofür sie krepierten. Dass die Revolution kein Kaffeekränzchen ist, brauchte den Anarchisten nie ein Mao zu erzählen (auf dessen Konto die Liquidierung der bedeutenden chinesischen Anarchisten-Bewegung geht); aus den paar Seiten dieses Bändchens lässt sich deutlicher herausspüren als aus tausend Seiten Theorie, warum die libertäre Revolution einmal Massen begeisterte – und warum sie gescheitert ist.

Im Dezember 1936 wurde Durruti unter nie geklärten Umständen bei der Schlacht von Madrid durch einen Schuss in den Rücken getötet. Vom 25. März 1937 an wurde die »Eiserne Kolonne« in die »Volksarmee« der Republik integriert. Am 7. Mai wurde der Aufstand der libertären Milizen in Barcelona niedergeschlagen. Wenige Monate später erklärte der Delegierte der Sozialistischen Arbeiterpartei Deutschlands in Spanien vor dem Vorstand der SAP in Paris: »In einer Situation, wo alles auf die Sammlung der Kräfte gegen Franco ankommt, müssen die Methoden der KP, die Methoden der Verleumdung ihrer proletarischen Widersacher, der Hetze und des blinden Terrors gegen sie die Kampfmoral untergraben und lebensgefährlich für den antifaschistischen Kampf werden … In Spanien haben sie bereits dazu geführt, die positive Entwicklung der anarchistischen Massenbewegung zu bremsen und eine gefährliche Rückentwicklung auszulösen.« Der Name des Delegierten: Willy Brandt.

Am 30. März 1939 rückten Francos Truppen in Madrid ein. Fünf Monate später begann der Zweite Weltkrieg. Der »Unkontrollierte« der Eisenkolonne aber liegt in den dunkelsten Verliesen unserer kollektiven politischen Seele, und manchmal, nachts, vor dem ersten Morgenrot, sollten wir uns an seine Knochen erinnern, an die Macht, an die er verraten wurde, und an die Fahnen, unter denen er vermodert ist.

(*tip* 15 / 1981)

Die Händler der vier Jahreszeiten

Einer wollte mit dem Boykott von russischem Wodka den abstinenten Freiheitskämpfern in Afghanistan zur Hilfe kommen, der ist jetzt Innensenator und Stellvertreter des Regierungschefs. Ein andrer – Weinhändler aus dem Pfälzischen – möchte jetzt aus Berlin die Hochburg fortgeschrittener Computertechniken machen; aber mit dem Mittelstand hält er es auch. Ein Dritter könnte in einer ZDF-Verfilmung von Zuckmayers *Schinderhannes* den Titelhelden geben, denn er ist sozusagen ein Sozialrebell, wie ihn nur deutsche Rebenländer wachsen lassen, von so christlicher Blume; der vertritt die Halbstadt jetzt beim Bund. Als Vorzeigefrau haben sie sich die Kultusministerin auch gleich vom fröhlichen Weinberg geholt, die wird den Heidenkindern jetzt beibringen, dass man sich die Hände wäscht, bevor man bei Bolle grillen geht. Als Chef dieser Vereinigung umherschweifender Händler für alle Jahreszeiten aber fungiert der evangelische Kirchentagspräsident, den haben sie sich geholt, weil keiner so salbungsvoll sprechen kann: »Fürchtet euch nicht! Denn siehe, ich bin gekommen, euch den Frieden zu bringen!«

»Ein Lehrstück, dessen Subventionierung wir alle zu tragen hätten«, hieß es im *tip,* bevor in Berlin die Stimmen gezählt wurden, die die SPD in die Wüste schickten, und dieses Lehrstück läuft jetzt ab. Im 1. Akt konnten wir bereits verfolgen, wie die Christenpartei noch immer große dramaturgische Effekte zu setzen versteht, wenn es darum geht, dem Publikum zu zeigen, wes Geldes Geist und Macht sie denn vertritt. Und nicht minder beeindruckte auch der Theaterdonner ihrer Sympathisantenpresse (*Quick*: »Der Krieg in Berlin«) und der quicke Zugriff ihrer Kettenhunde von der Justiz, denen freiheitliche Grundrechte der Presse schutzlos ausgeliefert worden sind, weil nun endlich wieder das Recht von den Einigen und ihrem Eigentum gemacht wird. Das wird noch teuer werden.

Und die Alternative? Sie werden noch bitteren Lorbeer ernten und schmecken müssen, wenn sie zu wählen haben werden zwischen dem Auftritt mit Lummers apokalyptischen Reitern und dem politischen Kleinkram, mit dessen mühseliger Beförderung sie ihre Klientel aus Sozialarbeitern und Soziologieassistenten, aus Zehlendorfer Grünen und Charlottenburger Roten beauftragt hat. »Wir geilen nicht auf Macht«, hieß ihre sympathische Devise; doch stellt die Politik keine Blankoschecks auf *Tea & Sympathy* aus.

Und die Sozialdemokraten? Wer die letzten Reden Vogels gelesen hat, sah sich in seiner Vermutung bestätigt, dass dieser Mann so etwas wie eine Symbolfigur der politischen Erneuerung der deutschen Sozialdemokratie werden könnte. Denn Frankreich zeigt: Nicht in der konservativen Kastrationspolitik eines Helmut Schmidt liegt die Zukunft des demokratischen Sozialismus, sondern in der politischen Offensive, die es auch Randständigen erlaubt, ihre Lust an der Veränderung einzubringen in den Kampf um einen menschenwürdigen Alltag in einer lebenswerten Welt. Freilich muss die Hauptaufgabe der Sozialdemokratie jetzt darin liegen, den kleinen Leuten nicht nur in Kreuzberg, im Wedding und in Neukölln beizubringen, dass ihre Zukunft bei den Händlern der vier Jahreszeiten nicht erst dann vorbei ist, wenn auf der letzten Laube Herr Pieroth zum Abschreibungsball bittet. Ansonsten stünde zu befürchten, dass die Koalition zwischen dem großen Geld und der großen Angst die deutsche Demokratie zum zweiten Mal verwirtschaftet.

Als am 10. Mai die Stimmen ausgezählt wurden, tanzte das Volk von Paris auf den Straßen. Vielleicht heißt auch im Berliner Lehrstück der nächste Akt: Hoffnung.

(*tip* 15 / 1981)

Sauberer Lorbeer

In der Bundesrepublik und Westberlin gibt es noch etwa 70 lizenzierte Berufsboxer, von denen knapp 40 aktiv sind. Damit stellt die Berliner Wissenbach-Familie derzeit gut ein Zehntel der bundesdeutschen Boxprofis. Frank Wissenbach, der seinen Titel als deutscher Meister im Mittelgewicht am 26. März in Kiel gegen Rüdiger Bitterling zu verteidigen hat, galt bei seiner Entdeckung vor zehn Jahren als das größte deutsche Boxtalent nach Bubi Scholz. Ein Bericht von Jörg Fauser.

Man weiß, wie peinlich diese Frage ist, weil man sie vielleicht auch schon beantworten sollte und sich dann verlegen am Ohr gekratzt hat, aber wenn man selbst die Fragen stellt, fällt einem oft auch nichts Besseres ein, also frage ich Frank Wissenbach: »Wie hat das für dich angefangen, Frank, wie bist du zum Boxen gekommen?«, und Frank sagt: »Als ich drei Monate war, hat mein Vater zu den Leuten, die um mich herumstanden, gesagt: Das wird mal ein Weltmeister.« Kein Wunder, dass er Trouble mit der Presse hat. Ich meine, man kennt ja sein Feuilleton, und es gibt keinen Grund zu der Annahme, dass die Jungs in den Sportredaktionen zimperlicher sind, im Gegenteil: Weltmeister sind für die doch im Dutzend billiger.

Außer vielleicht – immer noch – im Profiboxen. Irgendwo wissen natürlich auch die törichten Plaudertäschchen in den Fernsehstudios, jene Schönschwätzer mit der ondulierten Silberlocke und den manikürten Fingernägeln, dass es – immer noch – einen himmelweiten Unterschied gibt zwischen einem Weltmeister in den südamerikanischen Tänzen oder im Tontaubenschießen mit doppeltem Salto rückwärts und einem Champ im Faustkampf über 15 Runden. Denn wenn du da oben im Ring einen Fehler machst, musst du dafür dreifach büßen: erst mit deinem Körper, dann mit deiner Börse und – je öfter, desto grausamer – mit deiner Seele. Gewiss, Boxen, zumal Berufsboxen, gilt nun einmal als brutal, andere Sportarten kommen da besser weg, konservieren den bürgerlichen Appeal. Ein Walter Scheel käme jedenfalls nicht auf den Gedanken, den Boxern zur präsidieren, aber wenn man sein Leben lang das Volk betrügt, das berechtigt dann zu Zylinderhut, Fanfarengeschmetter und Staatsbegräbnis. Mag das Boxen aber noch so geschmäht und gemieden werden, wenn wir es nicht im Kopf oder im Herzen wissen, dann wissen wir es eben in der Magengrube, dass dieser Sport mehr als alle anderen noch etwas von der Magie alter Zeiten hat. Ja, welch anderer könnte noch immer den Lorbeer für seine Helden reklamieren, den selbst die Dichter für Altersversorgung und Gewerkschaftsmief hingegeben haben – und sei er auch, dieser Lorbeer, so schmutzig, wie ein Hollywood-Film das behauptet hat.

Deutschland hatte bisher überhaupt nur zwei Boxweltmeister, Schmeling natürlich und dann, 1976–1977, Dagge, Eckhard Dagge im Juniorenmittelgewicht. Könnte Frank Wissenbach der dritte Titelträger aus Deutschland sein –

ein Weltmeister aus Lichterfelde? Seiner Biographie nach schon – aber ist sie nicht typisch für Tausende von Boxer-Biographien? Und Frank sagt selbst: »Weltmeister kann immer nur einer sein.«

Dass Vater Horst Wissenbach schon in dem drei Monate alten Sprössling den kommenden Weltmeister sah, erklärt sich jedenfalls auch aus der fast närrischen Boxbegeisterung des Ur-Berliners, der nach dem Krieg selbst fast zwanzig Amateurkämpfe bestritt und seinen unerfüllten Ehrgeiz dann auf die fünf Söhne übertrug, die der jetzige OP-Pfleger unter enormen Opfern allesamt zu Boxern machte – heute sind im Geschäft außer Frank noch die Drillinge André, Mike und Uwe (was böten sich hier für Leute mit Witz und Pfiff und Engagement im Box-/Showgeschäft für Möglichkeiten!). Als kleines Kind hatte Frank einen Sprachfehler und bezog regelmäßig Keile von den Jungen in der Klasse und aus der Siedlung, was lag da näher, als auf Vater zu hören? »Mit sieben habe ich angefangen zu boxen, um mich wehren zu können.« Von dem Sprachfehler ist heute nichts mehr zu bemerken, vielleicht nicht verwundernswert bei einem, der seit seinem elften Lebensjahr Meistertitel gesammelt hat wie andere in dem Alter Briefmarken.

Die frühere Karriere des Super-Talents Frank Wissenbach war gradlinig auf ein Ziel ausgerichtet: 1974, mit 18, deutscher Amateurmeister zu werden, dann Europameister und 1976 die Olympischen Spiele in Montreal. Eine Medaille dort sollte das Entree zum Profiboxen sein, den Griff zum großen Geld erleichtern. Und vom großen Geld muss damals ganz offen die Rede gewesen sein, als der Promotor Fritz Gretzschel Frank Wissenbach unter seine Fittiche nahm. Frank heute: »Fritz Gretzschel hatte Bubi Scholz entdeckt, Gustav Eder und andere namhafte Leute. Gretzschel hat mich mit 15 gesehen und hat mir von da an jede Woche für 50 Mark Fleisch gegeben, vom dritten Jahr ab für 70. Das war eine Riesenunterstützung für zu Hause.« Gretzschel, damals an die 70, hatte sich schon in Spanien zur Ruhe gesetzt, aber Talente wie Eckhard Dagge, der Schwergewichtler August und der junge »Frankie-Boy« Wissenbach ließen den alten Promoter und Manager noch einmal Morgenluft wittern – Leidenschaft kennt nun mal keine Altersgrenze. Niemand rechnete mit den Hohlköpfen der Funktionäre. Was sich im Frühjahr 1974 abspielte, gehört in die dunkelsten Annalen des deutschen Amateursports. Frank Wissenbachs Karriere als Amateurboxer wurde jäh gestoppt, ja, es scheint, als ob damals eine Kette von Ereignissen in Gang gebracht wurde, die letztlich alle dazu beitrugen, dass die Prophezeiung an der Wiege bis heute nicht eingetreten ist. Was geschah? Irgendwelche Funktionäre im Amateurverband, man kennt ja diesen Typ, schlossen »den einzigen Boxer, der 1976 Medaillenchancen hat« (so damals Gretzschel) von den Wettkämpfen um die Norddeutsche Meisterschaft aus, weil er mit Profis trainierte (vielleicht hätten sie selber ihre Nasen hinhalten wollen). Folge: Der erst 17-jährige Frank stieg ins Profilager um – nach übereinstimmender Meinung zwei wichtige Jahre zu früh.

Ein 17-jähriger Boxprofi, der noch mit Sondergenehmigungen in den Ring klettern muss – die Sportpresse, zumal die Berliner, strampelte vor Begeisterung. Im Windschatten der für völlig sicher gehaltenen »Express-Karriere« Eckhard Dagges nun auch noch ein Wunderknabe aus einer lupenreinen »Berliner Arbeiterfamilie«, da ging aber die Post ab! Ich verbrachte einen unterhaltsamen und nützlichen Nachmittag mit der Lektüre der Presseausschnitte aus den ersten Jahren von Franks Profikarriere, nützlich vor allem deshalb, weil sie mir wieder vor Augen führte, wie dümmlich und – vor allem – lieblos die Sportjournalistik sich ihrer Pflegekinder annimmt, von raren Ausnahmen abgesehen; und unterhaltsam im Vergleich mit den Koryphäen des Kulturteils, die in aller Regel am Gegenstand ihrer Betrachtungen noch weiter vorbeischreiben. Wofür diese Art Presse im Zweifelsfall schreibt, verrät eine Schlagzeile im *Abend* vom 15. Mai 74, als Frank Wissenbach seinen ersten Profikampf bestritt: »Nur ein K. o. beim Box-Abend der flotten Schläger und tapferen Nehmer.« Wonach nämlich die »Masse«, in deren Namen diese »Experten« angeblich schreiben, der Sinn steht, musste sich damals schon Dagge so gut sagen lassen wie seither auch Frank Wissenbach: »Er hat keinen Bums.«

Ab 1974 machte das Gespann aus dem Gretzschel-Stall – Dagge / Wissenbach – die Schlagzeilen in der deutschen Boxsportberichterstattung. Selbst das Hamburger Nobelblatt *Die Zeit* setzte unter dem 28. 2. 1975 ihre geneigte Leserschaft von der »noch kurzen Geschichte des Frank Wissenbach« in Kenntnis und ließ dies von einem Mitarbeiter besorgen, der die brechreizerregende Süffisanz, die in diesen Kreisen gepflegt wird, besonders gut draufhatte. Solchen Journalisten kommt es weder auf Fakten (»Frank Wissenbach hat zwei kleine Brüder, Zwillinge«) noch auf die Sprache an (»Als er bemerkte, dass ich das bemerkt habe, sagte er«); ihre Schreibe (die nicht umsonst genau so heißt) lebt mehr von schiefen Andeutungen (»Dagge steht heute sogar in manchen Weltranglisten« – es gibt genau zwei davon) als von präzisen Mitteilungen, und am besten wird immer noch via Unterleib angedeutet, damit nämlich auch die Grüne Witwe noch in Unruhe gerät: »Er bewegt sich mit der Geschmeidigkeit, wie sie – es fällt kein anderer Vergleich ein – den Negern in Jamaika zu eigen ist.« Dabei hatte der Führer doch ausdrücklich dem Max Schmeling gesagt, mit den Negern muss ein für alle Mal Schluss sein, Max. Und jetzt gibt es sie schon als Berliner, die Neger! Aber natürlich klar: »Die Augen erhalten dadurch etwas Stechendes, aber wahrscheinlich schielt er nur ein bisschen.« Er schielt ein bisschen, und er hat keinen Bums (was der Reporter uns durch eine Kunstfigur, nämlich »einen kleinen Dicken in enganliegenden Hosen«, zu verstehen gibt), womit die Grüne Witwe, und wer sich sonst noch an solcher Journaille gütlich tut, den Neger Frank Wissenbach wieder vergessen kann. Was haben Boxen und Boxer mit Schreiben und Schriftstellern gemeinsam?, lautet eine Frage, über die sich gelegentlich beim zweiten Glas ganz gut reden lässt. Ich möchte hier eine eigene Deutung wagen: Von Amerika kann ich ja nicht mitreden, aber in Deutschland sind wir jedenfalls beide, der Preisboxer und der Preisschreiber, Neger.

Als die Sportpresse Dagge schon als Loser abgeschrieben hatte und auch an Frank Wissenbach zu mäkeln begann (als hätte dieser Junge in einer Saison alle Hoffnungen zu erfüllen gehabt – die Hoffnungen der einen, die Schlagzeilen der anderen), widerlegten beide ihre Kritiker an einem Abend. Am 18. Juni 1976 holte Dagge sich in der Berliner Deutschlandhalle den WM-Titel, und was Wissenbachs sensationellen Sieg über den damaligen Europameister Antuofermo anging, musste der Boxreferent des *Tagesspiegel* am Tag danach bekennen: »Er führte jene Kritiker ad absurdum – auch ich zählte zu ihnen –, die diese Aufgabe für ihn für viel zu früh hielten.« Damals war Frank Wissenbach noch keine 20 Jahre alt, aber jene Prophezeiung an der Wiege schien greifbar nahe. Zwei Jahre später gewann er die deutsche Meisterschaft im Mittelgewicht, doch dann folgten Rückschläge. Nach Fritz Gretzschels Tod musste Frank sich von Pelzhändler Zeller managen lassen – heute sagt er dazu nur: »Von da ab ging es schief.« Unter ominösen Umständen platzte der WM-Kampf gegen den Dagge-Nachfolger, den Italoaustralier Rocky Mattioli; Verletzungen, aber auch psychische Downs zwangen ihn zu längeren Pausen. Aus dem »Frankie-Boy« von einst ist inzwischen ein junger Mann Mitte 20 geworden, der viel Zeit und genug Grips hat, um über seinen Beruf nachzudenken. Und sein Beruf ist das Boxen nach wie vor, denn er sagt zwar: »Wenn ich den Berufsboxsport hier betrachte, kommt mir das kalte Grausen hoch«, aber sagt auch: »Ich hab jetzt 18 Jahre Boxen hinter mir und wäre blöd, wenn ich die wegschmeiße. Das Ganze muss ja auch einen Sinn haben.«

Damit meint Frank Wissenbach – und das unterscheidet ihn von anderen Titelaspiranten nicht nur in seiner Branche – mehr als die großen Titel, das große Geld. Er hat inzwischen begriffen, dass auch das Boxen ein Symbol ist, das, richtig verstanden, zum Schlüssel werden kann, denn er sagt: »Ich hab noch keinen Trainer gehabt, wo ich sagen konnte, der versteht was vom Leben. Die haben sich nur selber vorgeführt. Man kann was von ihnen lernen, aber nicht das Eigentliche.« Was wäre das? »Es gibt keine Philosophie der Kampfsportarten, es müsste auch eine Philosophie des Boxens geben. Hier ist das doch wie mit einem halben Stück Schwein, da trommeln sie dem bis zur Bewusstlosigkeit auf den Bauch.«

Wer ihn je im Ring gesehen hat, weiß, was Frank Wissenbach damit meint – und er weiß auch, warum dieses hochkarätige Talent bei der Massenpresse und beim Massenpublikum nicht ankommt. Frank Wissenbach, Boxästhet und Anti-Schläger: »Ich kenne die Leute, die sagen, ich hätte keinen Bums. Dazu muss ich sagen, ich habe keinen Bock, die Leute kaputtzuschlagen. Wenn ich mit jemand machen kann, was ich will, warum soll ich ihn zerstören?« Dabei kann natürlich auch der amtierende deutsche Mittelgewichtsmeister hinlangen, wenn es sein muss – von seinen 42 Kämpfen hat er 18 vorzeitig gewonnen (bei vier Niederlagen). Aber: »Gegen die Meinung der Masse kommst du nicht an.«

Es gab die Zeit, als Frank aufhören wollte. Es gibt Narben, die man sehen kann, obwohl sie nicht auf der Haut sind. Man kann sich vielleicht vorstellen, welcher Erwartungsdruck auf einem lastet, der Weltmeister werden will. Der will dann nicht nur Weltmeister werden, der hat Weltmeister zu werden. Im Berufsboxen sind hierzulande die Töpfe zwar ziemlich ausgekratzt, aber es gibt immer noch genug Geier und Hyänen, die herumschwirren, und vielleicht sind die ›wohlmeinenden Freunde‹ dann genauso unerträglich. Dass Frank damals nicht hingeschmissen hat und nicht umgekippt ist, führt er auf eine Reihe glücklicher privater Umstände zurück, von denen der sichtbarste seine Lebensgefährtin Verena ist, eine junge Frau mit einer heute schon ungewöhnlichen Ausstrahlung positiver Energie. Und so sagt Frank Wissenbach denn auch: »Ich will es noch einmal wissen.«

Dabei gibt er sich kaum noch Illusionen über das Berufsboxen hin: »Wie das jetzt ist, gibt es nur einen Ausdruck dafür – verfilzt. Total verfilzt an Geld und miesen Charakteren.« Und damit hat er dann nicht nur das Boxen im Visier. Vielleicht ist die verfahrene Situation in seinem Sport ein Spiegelbild der allgemeinen Misere, die Frank so beschreibt: »Wenn die Menschen ehrlicher gewesen wären, wenn du nicht ständig denken müsstest, dass du belogen und vorgeführt wirst, würdest du auch glücklichere Gesichter auf der Straße sehen. Aber die glauben doch sogar, dass ich sie vorführen will, nur weil ich mir eine eigene Meinung übers Boxen mache.«

Sich erlauben, eine eigene Meinung zu haben, macht nicht nur Profiboxer suspekt; andererseits könnte gerade dieser Sport bei uns ein paar Leute gebrauchen, die ihn aus der Mottenkiste von Klischees und Vorurteilen befreien, die ihm genauso zu schaffen machen wie die Banausen und Bankrotteure, die Wirrköpfe und Paranoiker, die für den letzten Rest interessierter Öffentlichkeit das Bild dieses Sports prägen. Neue Manager, neue Geschäftsmethoden müssten ebenso dazu beitragen wie eine neue Philosophie (etwas, das in anderen Sportarten längst diskutiert wird); am Ende gäbe es vielleicht sogar ein neues Publikum, eines, das begreift, dieser Lorbeer muss nicht blutbespritzt und auch nicht schmutzig sein. Höchstwahrscheinlich ziemlich unwahrscheinlich, all das, aber wenn man aufhört zu träumen, könnte man gleich anfangen den Ring abzubauen, und das

Boxen, obwohl selbst in einer Depression, ist immer noch gut gegen jede Art von Selbstmitleid. Frank Wissenbach ist aus seinen Depressionen raus, er hat das Gefühl, dass er es noch packen kann, und obwohl die Aussichten ziemlich mies sind (als ob wir uns die Verschwendung auch nur eines Talentes leisten könnten), verlässt man ihn nach jeder Begegnung mit dem angenehmen Gefühl, dass der das packen wird – was immer dieses *es* sein mag. Ein angenehmes Gefühl, und eins, das ziemlich rar geworden ist in diesen Tagen.

(*tip* 6/1982)

Ökopax in Hosenfeld

So recht im grünen Herzen Deutschlands liegt der Vogelsberg, dessen Wald- und Basaltidylle »sich bei radialer Entwässerung und Zertalung« *(Meyers Taschenlexikon)* über 2500 Quadratkilometer, den Taufstein (774 m), den Vogelsbergkreis mit dem Städtchen Lauterbach, bekannt durch den Weichkäse »Lauterbacher Strolch«, und so pittoreske Orte wie Hosenfeld, Birstein-Wettges und Gunzenau bis in den Kreis Fulda zieht, wo für Alfred Dregger einmal alles anfing. Mit der Idylle im zentralen Hessenland war es längst vorbei gewesen, als Mitte der 70er Jahre der in Konkurs gegangene Verleger und »Porno-König« *(Stern)* Jörg Schröder nach einem erzählerischen Harakiri *(Siegfried)* von den Toten auferstanden und aus dem verruchten Frankfurt aufs Land retiriert war, nämlich in den fuldakatholischen Teil des Vogelsbergs. Es musste aber natürlich erst dieser notorische Querulant, dieser Verlegerkopf, stilles SPD-Mitglied seit zig Jahren, in den Wald kommen, um der Welt zu zeigen, was da hinter diesen Tannen alles los war. Und es wäre natürlich dieser Schröder nicht der Medienkopf, der er nun mal ist, würde er von seinem Landleben nicht Bericht erstatten, auf Tonband, transkribiert, ediert und nunmehr vorgelegt von Uwe Nettelbeck in dessen Zeitschrift *Die Republik: Cosmic.*

Wie Schröder es schildert, fing das damit an, dass zwei »hochorganisierte Leichenschnüffler«, nämlich die Literaten Hans Magnus Enzensberger und Gaston Salvatore, bei der Planung ihrer Zeitschrift *TransAtlantik* davon Wind bekommen haben müssen, dass der Schröder »ein bisschen in dieser Land-SPD hier herumgemacht« hatte. Sie trafen sich also in Fulda, Salvatore und Schröder, »und haben da ein dumpfes Essen gegessen, im besten Haus am Platz wahrscheinlich das schlechteste Essen, das der Gaston in seinem Leben gegessen haben wird«. Aber obwohl Salvatore das Projekt in den vorteilhaftesten Farben schilderte, verlor Schröder bald die Lust an seinen Auslassungen, die doch schon einen Titel hatten: »Die Eingeweide der SPD«. Nun tauchte Salvatore gar in Hosenfeld auf: »Was tut man nicht alles, wenn man eine Geschichte über die SPD hören will. Verrückt. So wichtig kann doch eigentlich keine Geschichte sein, dass man nach Hosenfeld fährt, wenn man nicht gerade dort wohnt. Immerhin, er saß da und wartete, so wichtig war ihm das. Und dann habe ich ihm die Geschichte erzählt, wie ich eben so erzähle, ausführlich, mit allem Schrott.«

Für unsere Nacherzählung können wir das klägliche Hickhack außer Acht lassen, das Schröders Mitarbeit bei *TransAtlantik* (11/1980) in der Redaktion in Gang setzte, es zieht ja dieser Mann mit dem »dumpfen Hut« eine Müllspur aus Querelen durch 20 Jahre in der Branche; wichtig ist, dass innerhalb seiner Geschichten über die »Land-SPD« auch die »Wasserwerks-Geschichte« in *TransAtlantik* erschien, die »Rudi-Schrimpf-Geschichte«. Rudi Schrimpf war Techniker, Ingenieur bei den Wasserwerken und SPD-Genosse, und er zeigte dem Schröder die Abschussrampen und die

Wasserwerke, wo »die Atome« liegen, in Rudlos, in Stockhausen, da oben im Vogelsberg: »Ich sah dann die Lafetten, von einem Riesenzaun beschützt. An dem Zaun liefen Schäferhunde entlang. Auf den Lafettentrucks waren Raketen, die sich bewegten, regelmäßig schwenkten, wie ein Radarschirm.«

Mit dieser Wasserwerks-Geschichte nun katapultierte sich Schröder, der, wie er sagt, aufs Land gekommen war, um Fernsehspiele zu schreiben und in der Natur zu leben, mittenmang in die Bewegung, die heute als »Friedensbewegung«, als »Ökopax«, als »Sonne statt Reagan« etc. aber auch keinen Körnerfreak und Naturfreund und Friedensfighter unbewegt lässt. Kaum war *TransAtlantik* erschienen, da krallte sich natürlich schon die *taz* die Wasserwerks-Geschichte: »Atomminendepot an der DDR-Grenze« (27.10.80). Einen Tag später donnerte der »Bund Umwelt- und Naturschutz Hessen« einen Offenen Brief an Holger Börner und seine Minister heraus, und dann stand gleich der Opel Caravan vom Hessischen Rundfunk vor des Verlegers Hütte. Was Schröder nun auf immerhin 287 Seiten erzählt, liest sich – nehmt alles nur in allem – wie das Szenario zu einer Provinzposse des großen hessischen Volksdichters Niebergall *(Der Datterich)*, und wo wären wir schließlich, wenn in solcher Posse heutzutage nicht alles drin wäre, was gut und teuer ist – von der *Fuldaer Zeitung* und der *taz* bis zum *Stern*, von den Geigerzählern und den Abschussrampen bis zum »Lauterbacher Appell«, von den Land-SPD-Köpfen über Lutz Reinecke von Zweitausendeins bis zur »Künstlergemeinschaft Phönix in Gunzenau«, ausführlich und »mit allem Schrott« erzählt von einem, der bekennt:

»Wie ich mich fühle, wenn ich erzähle? Ich fühle mich gut, sonst würde ich es ja nicht machen, obschon ich mich dabei oft übel quälen muss.« Es ist also mal wieder der dumpfe Schröder *at his best,* gequält vom »Gelichter«, den es aber eben doch anmacht, »wenn du siehst, dass eine Geschichte von dir solche Wellen schlägt, wenn du merkst, du hast denen ein Ding ins Nest gesetzt, ein Ei, auf das sie abzischen wie toll, wenn du es irgendwie geschafft hast, dass sie alle wie die Geier angeflogen kommen und dein stiller Vogelsberg zum Zentrum des Schreckens wird«.

Denn dies ist ja, immerhin, eine Geschichte, die auch das Zeug zur letzten Posse hat, zur letzten Geschichte, diese Vogelsberggeschichte, die ja eben doch auch COSMIC ist, höchste Geheimhaltungsstufe der NATO das, was da abläuft im Wald, mit den Raketen, unser Leben womöglich, wo die Geigerzähler ausschlagen, die Atome wesen, rings um Hosenfeld, im Mittelpunkt der Bundesrepublik, und insofern natürlich stärker als *Siegfried*, auch stärker als alles, was je in diesen Büchern des März Verlags erschienen ist, die ihr Verleger Schröder immerhin seine »gelben Bomben« nennt. Wumm.

Und erzählen kann er. Wie er mit dem »Andreas von der *taz*« in den Wald ist, um dem die Raketen zu zeigen: »›Pass auf‹, habe ich gesagt, denn der schlotterte schon richtig, ›ich gebe dir jetzt mal Feuerschutz, und dann machst du das ganz unauffällig. Ich nehme meinen Reservekanister und gieße etwas Benzin nach, und während ich tanke, stellst du dich neben mich und photographierst einfach mal.‹ Gesagt, getan. Ich, bumbum, meinen Bundeswehrreservekanister ausgepackt und etwas in den Tank laufen lassen, musste ich sowieso, die Benzinuhr stand auf Null. Er seine dumpfe Nikon hervorgeholt und klick, klick, klick ein paar Bilder geschossen, aus der Hüfte, natürlich völlig verrenkt, mitsamt seiner Kamera praktisch in seinem Parka verschwunden, die totale Spionkiste, also die ganz auffällige.«

Bei Herrn Perdelwitz, dem Militärexperten des *Stern,* gab es weniger zu lachen. »Und dann habe ich noch gesagt, weil ich mir gedacht habe, da sitzen zwei Typen in deiner Küche, die verdienen zehn Mille im Monat, aber kommen nicht auf die Idee, zunächst einmal auch über Geld zu sprechen: ›Im Übrigen muss ich Ihnen sagen, es ist nicht meine Arbeit, Ihnen hier zu Ihrer Reportage zu verhelfen, dafür werde ich nicht bezahlt, ich habe schließlich noch etwas anderes zu tun.‹ Ich habe gedacht, das ist doch ärgerlich, dass ich das überhaupt sagen muss, aber ich habe es gesagt.« Hätten die Brüder doch wissen müssen, dass der Schröder sich nicht übers Ohr hauen lässt, der haut doch höchstens selber. »Selbstverständlich, die Honorarfrage, bitte, wie Sie wünschen, wir werden uns in Verbindung setzen, ein Informationshonorar, selbstverständlich. In einem Ton, als könnte es nun wirklich nur dem allerletzten Schwein einfallen, in einem Zusammenhang, in dem es um die Geschicke der ganzen Menschheit geht, an Geld zu denken ... Ich weiß wirklich nicht, warum ich nicht aufgestanden bin und Chico auf sie gehetzt habe, aber damit machen sie dich eben doch immer wieder irgendwie ein, moralisch, mit ihrer verstunkenen Menschheitskiste.« Er wartet nämlich heute noch auf sein Informationshonorar, der Schröder, so was.

Aber als der »Rampen-Perdelwitz« dann sein Ding losgelassen hatte (*Stern,* 13. 2. 81), wurde der Vogelsberg definitiv zum Wallfahrtsgebiet, und Hosenfeld so eine Art Lourdes der Ökopaxe: »Dieses Fleckchen Erde hier im Vogelsberg war damals bestimmt das am meisten durchwanderte Gebiet in Hessen, und es passierte immer wieder, dass sie auf meinen Hof fuhren mit ihren Trollies oder sonstigen Lauben, der Hund anschlug, die Klingel ging, und wenn ich aufmachte, so ein Andreas oder ein Latzhosenmädel vor der Tür stand.« Bei einem Abend des »Bundes Natur- und Umweltschutz Hessen« entdeckt Schröder denn auch neben der »üblichen Truppe« (»freundliche Volksschullehrer, reisende Querulanten, Bio-Bauern, Anthroposophen, aschfahle Körnerfresser, tatterige Endzeitpropheten, Kundschafter von den K-Gruppen«) den möglicherweise neuen Typus des grünen Abkochers: »Ein Typ, der Schreiber heißt und den Penny Verlag betreibt, ein cleverer Werbejunge ... mit nichts im Sinn, als ein bisschen grüne Luft zu schnappen, um sich ein bisschen anzuregen, ein wirklich fixer Junge, der es verstanden hat, aus dieser Frische-Kiste eine Karriere zu zimmern.« Schröders Fazit über diesen dumpfen Abend: »Das sind so die Momente, in denen du dich um nichts mehr scheren möchtest und heilfroh bist, dass es an der nächsten Ecke noch den Normalbetrieb gibt, in dem du deine vergiftete Industriemilch bekommst.«

Über die »Bewegung« denkt Schröder auch nach, und er kommt zu Schlussfolgerungen, die ihren Vorturnern bestimmt sauer aufstoßen werden: »Außerdem sind die Leute ja gar nicht gutwillig, weil sie dir nämlich eine in die Fresse hauen, wenn du sie angehst, wenn du ... versuchen würdest, sie von ihrem eingekreisten schwarzen A herunterzuholen.« Die Vorstellung, dass diese Bewegung, auf den Geist gebracht von Leuten wie dem »Erziehungsminister der Islamischen Republik Rhein-Main« Hadayatullah Hübsch und dem »säuerlichen Sittenwächter« Piwitt, bei uns den Ton zur Musik machen könnte, lässt sicher nicht nur Schröder die Haare zu Berge stehen: »Es muss dieser Müslimuff und Moralmuff und Bewegungsmuff sich nicht unbedingt wie schon einmal gehabt transformieren, aber weiß der Teufel, aus welchem Ei es kriechen wird. Also ich finde es keine beruhigende Vorstellung, dass die Grünen eines Tages bei vierzig Prozent liegen könnten, weil es nämlich so viele harmlose Natur- und Umweltschützer gar nicht geben kann, sondern das ein Haufen wäre, der zu drei Vierteln aus alten und neuen Kämpfern bestünde.«

Wie man in der »Bewegung« miteinander umgeht, erfährt Schröder schließlich auch bei der »Aktionskonferenz ÖKOLOGIE UND FRIEDEN vom 6. bis 8. November 1981 in Lauterbach / Vogelsberg«, deren Beschreibung, zusammen mit einem Abend bei der Künstlergemeinschaft Phönix in Gunzenau und einer Abschweifung über den Schriftsteller Peter Mosler, das Finale von *Cosmic* bildet. Zum Beispiel so: »Dauernd raus und rein lief auch ein verhärmtes Mädchen … Als sie einmal neben uns im Foyer stand und ihren Halfzware durchzog, kam ein Typ auf sie zu und wollte sie so brüderlich-schwesterlich umarmen, und sie sofort: ›Aua!‹ – ›Was ist, was hast du?‹ – ›Startbahn.‹ Und er sofort: ›Ach so. Vor der Absperrung?‹ – ›Nein, im Dorf.‹ Aber toll, wie sie das gebracht hat. Wahrscheinlich hatte sie einfach keinen Bock, dass der Typ sie umarmt, und da sagt Frau in diesen Kreisen nun offenbar nicht mehr, hör mal, nimm deine Finger weg, sondern Startbahn.« Oder, Auftritt des

Oberkopfs: »Er hat ein paar schnelle Blicke geworfen, sich einen Stuhl gegriffen, ihn in eine günstige Position geschoben und sofort den Leader herausgekehrt: ›Na, wie ich sehe, habt ihr schon angefangen.‹ Ich dachte nun, er würde sich für sein spätes Eintreffen entschuldigen, aber nichts, mit keinem Wort. Was kam, war nur wieder kurz und knapp die Startbahn: ›Stau hinter Darmstadt, kein Durchkommen zum Frankfurter Kreuz, große Demonstration, Polizeikontrollen.‹« Wer je bei solchen Abenden dabei war, der wird Schröders Blick auf den blauen Vorhang in dem öden Schulraum und den Geruch der Fritten, die auf einmal auftauchen, nur zu gut kennen. Und er wird frösteln, wenn er liest, wie die Teilnehmer der Lauterbacher Konferenz dann Ortsbesichtigung machen, wie diese Idealisten ihre Parolen in die Novemberkälte rufen, 30 Männer und Frauen vor den Abschussrampen, »›Vietnam!‹, rief der Stuttgarter Ostermarschierer von hinten, und eine Frau: ›El Salvador! What is with El Salvador!‹«, und dann das miese Finale, als nämlich ein Forstadjunkt den Busfahrer, Onkel Otto aus Lauterbach, im Halteverbot erwischt: »Sie haben sich, so dämlich sind diese Leute, um den Adjunkten geschart und sich aufgeplustert, ›wir sind hier berechtigt, Bürger der Bundesrepublik, niemand kann uns verbieten, politische Demonstration, die Präsenz der Amerikaner in Mitteleuropa, und El Salvador‹, die Frau, die es immer mit El Salvador hatte, ›wir fragen Sie, was ist mit El Salvador‹, jedenfalls diesen seiner Pflicht nachgehenden Hüter des Waldes mit einem Strafmandat für Onkel Otto in petto so verärgert mit ihren Parolen, dass er wieder grantig wurde, die Amerikaner seien anständige Leute, die würden ihre Autos ordnungsgemäß auf dem Parkplatz abstellen, ihm nie Scherereien machen, es gehe nicht um El Salvador, sondern um einen Bus im Halteverbot …«

Meiner Rezensentenpflicht nun nachkommend, möchte ich festhalten: Niemand sollte voreilige Schlüsse ziehen – Schröder selbst spricht irgendwo davon, dass es notwendige Solidarität gebe –, allerdings Schlüsse sollten doch gezogen werden, und zwar vor allem von denen, die für diese Bewegung publizistisch aktiv sind. Das kann nämlich ganz schnell gehen, dass diese Themen plötzlich weg sind, gefressen, gestorben, aus, und auch deshalb, weil unsäglich dargestellt, hanebüchen propagiert, geisttötend aufgemacht.

Darüber hinaus: Auf dem Jahrmarkt der Eitelkeiten ist Schröder sicher einer der lautesten Pfaue. In seinen Erzählungen kommt er uns zwar satirisch stark begabt, aber völlig humorlos, unfähig zur Selbstironie, zu den leisen Tönen, die vielleicht genauer treffen, eben total dumpf. Sein »Cosmic«-Trip sollte aber von allen gelesen werden, die hier überhaupt den Mund aufmachen, in Stadt und Land. Denn wer sich in den Auslassungen dieses Dumpfkopfs nicht auch erkennt, dem gehört die Schreibmaschine verseucht, der Bockschein entzogen.

(*tip* 13 / 1982 unter dem Pseudonym Jockel Butzbach)

Die hellen Hessen

tip-*Autor Jörg Fauser – gebürtiger Hesse – über den heißen Bonner Herbst und Willy Brandts Liebeserklärung an den hessischen Volkscharakter.*

Am Tag nach dem Ende der alten Koalition konnte man sich die Leitartikel ersparen, indem man gleich zum Wirtschaftsteil griff. Endlich schien dort die Welt wieder auf die entscheidende Funktion gebracht: »Viele Beobachter sprachen von einer seit Jahren nicht mehr erlebten Haussestimmung. Die Umsätze waren sehr lebhaft … Vor allem favorisiert waren Aktien, die im weitesten Sinn mit Kernkraft zusammenhängen« (FAZ vom 18. September 1982).

Doch wer nur zehn Tage später die gleiche Zeitung entfaltete, sah sich mit einer völlig entgegengesetzten Stimmung konfrontiert – die Börse im Wechselbad von »Happy Days Are Here Again« bis »Total No Bock Auf Future«: »Der überraschende Ausgang der Landtagswahl in Hessen hat zu einem kräftigen Kurseinbruch geführt. Am schwersten waren hiervon Elektro- und Maschinenbauaktien betroffen … Auch am Rentenmarkt war die Stimmung gedrückt« (FAZ vom 28. September 1982).

Dabei hatte die Republik – von den Veitstänzen der Börsianer abgesehen – recht gelassen Kenntnis genommen vom Ende der Koalition, die zumindest von 1969 bis 1980 eine knappe, aber qualifizierte Mehrheit der westdeutschen Wähler mit der Wahrnehmung ihrer Interessen beauftragt hatte. Doch ebenso gelassen entschied die Wählerschaft eines Bundeslandes nur gut eine Woche nach der Auflösung der Koalition, ihr zweijähriges Siechtum denjenigen anzulasten, die mit ihrem Salbadern von der »Wende«, die zum »Wechsel« führe, im konservativen Feuilleton und in den Börsenfoyers, nicht jedoch bei der Masse ihrer Wähler auf geneigtes Interesse gestoßen waren. In ihrer vorgestrigen Ausführung als nationalliberale Wirtschaftspartei fand sich die FDP ganz schnell unter dem Strich der »Sonstigen« wieder, wo DKP-Chef Herbert Mies, der westdeutsche Möchtegern-Marchais, von fortschrittlichen Bündnissen und die CIA-gesponserte »EAP« von ihrem Atomstaat träumen. Und das ist gut so: Denn diese Republik wird keineswegs unregierbar, wenn die Börsenlobby und ihre Federkiele beim Industrie- und Handelsblatt vom Main bei freien Wahlen kein uneingeschränktes Votum für eine Politik finden, die Rentenmärkte und Kernkraft-Aktien favorisiert. Dieses ominöse Wort von der »Unregierbarkeit« leitet sich denn doch zu sehr von der ewigen deutschen Finallage her, die jeden Regierungswechsel mit dem Anbruch des Goldenen Zeitalters verwechselt und, kaum dass die Goldpreise unbezahlbar werden, aus dumpfen Kyffhäusern den Marsch von der »Tendenzwende« ins Dickicht der Gemüter trommelt.

Denn wenn die Grünen gelernt haben werden, dass sie in der parlamentarischen Demokratie Savonarolas sich mit der Rolle des Freaks vom Dienst zufriedengeben müssen, andererseits aber auch engagierte Minderheiten-Parteien (siehe FDP) eine Regierung in vielen wichtigen Fragen entscheidend beeinflussen und motivieren können, dann wird von den Rändern her die Politik in diesem Land eine neue Qualität bekommen und das No-Future-Gegreine der rechten Punk-Politiker noch massivere Kunden einbüßen.

Und dann müssen wir uns natürlich auch wieder um Hans-Dietrich Genscher kümmern. Oder wie finden Sie das, wenn der – bei Redaktionsschluss dieser Ausgabe immer noch amtierende – Vorsitzende unserer viertstärksten Partei, alter und womöglich auch wieder neuer Außenminister und anerkannter Verfasser von Beiträgen für die Zeitschrift *Foreign Affairs* vor Zeitungsleuten in diesem Bonner Krisen-Herbst gesteht: »In meine Narben kann man Salzsäure gießen, das tut gar nicht mehr weh« (SZ vom 25./26. September 1982).

Als ich das las, musste ich das Blatt nun doch sinken lassen. Schmeckte der Kaffee nicht plötzlich nach Blausäure? Ich fand, das wäre das mindeste. Da sucht man nun in den Kulturspalten jahrelang vergeblich nach einem, ja wirklich nur nach *einem* Satz, der diese unsere Zeit uns auf die Gabel spießt wie einen *Naked Lunch*, aber nichts ist, nur déjà gehabt und Eiszeit und *Zeit*-Eis und dann – ganz ohne großen BÄNG! – mitten in der Politik, am Tag vor der Hessenwahl, Hans-Dietrich Genscher in »Mein Theater des Grauens«.

Natürlich könnten jetzt Kritikaster einwenden, dass dieses Bild von der Salzsäure in den Narben nicht ganz stimmt – oder meint Genscher gar, die Säure solle seine Narben wegfressen? Gleichviel – ich sehe das vor mir: der Politiker mit entblößtem Oberkörper auf der riesigen, endzeitlosen Bühne des Staatsschauspiels BRD (Einrichtung:

Helmut Beckett); also: 1 Mülltonne; 1 Schneller Brüter, und gebündeltes Licht der Suchscheinwerfer; und irgendwann erreicht den großen Mimen die Stimme des Souffleurs (Botho Lambsdorff) – und dann gießt er genüsslich die Salzsäure über die schrecklichen rotgrünen Narben auf seinem weißen Leib und spricht ins atemlose Publikum den großen Monolog über die Vision von der Wende und vom Ende mit der unvergesslichen Schlusszeile: »Das tut gar nicht mehr weh … weh …«

Ich hatte, so oft gehe ich nicht ins Theater, ein ziemlich verzweifeltes Wochenende, bis ich am Sonntagabend Zuflucht beim Fernsehen suchte und, siehe!, Willy Brandt erlebte bei seinem zweifellos besten Auftritt seit Jahren, und hier kam endlich auch das große BÄNG! Es hieß aber: »Die hellen Hessen«.

Hier erhob ich mich, ich meinte Glocken zu hören, hessische Glocken, wie früher immer samstagabends vor den Nachrichten aus Hessen. Wenn alles getan ist, dann ziehe ich immer noch den Hut vor unseren Politikern, wo gibt es das noch, in 24 Stunden das ganze »Theater des Grauens« und dann dieses Wort: »Die hellen Hessen!« In der Tat. Wenn das alles längst vergessen ist mit Wende und Ende, wenn die neuen Mehrheiten so begraben sind wie die alten und die neuen Slogans so stinken wie der Handkäs vom vorletzten Jahr, dann bleibt uns Hessen noch lange – länger als alle sauren Wälder und auch die Fische im Main – dieses Wort. Am Sonntag, dem 26. September 1982, hat Hessen endlich wieder Geschichte gemacht, und indem er Geschichte gemacht hat, hat der Hesse in der Düsternis der Krise dieser Republik den hellen Streifen am Horizont gezeigt – das Licht des neuen Tages, den Kondensstreifen des ersten Jumbo über der Startbahn West.

Ja, was Politiker zustande bringen, wenn sie statt 10 nur 1,5 Prozent Miese machen! Die Grünen sollten beizeiten daran denken, im hellen Hessenland und anderswo auch. Das wäre wirklich die Wende.

(*tip* 21/1982)

Spurlos verschwunden

Allein im letzten Jahr wurden in Berlin insgesamt 4786 Vermisstenanzeigen aufgegeben. Zuständig für Personen, die eines Tages mit oder ohne Spur verschwinden, ist die Vermisstenstelle M 11/3 der Kripo. tip-*Autor Jörg Fauser beschreibt die Arbeit der Beamten, die unter Leitung von Kriminaloberrat Veit die Verschwundenen suchen.*

Berlin ist ein fetter Nährboden für Gerüchte, seit die altgediente preußische Skepsis von zugereisten Freaks und Mythomanen aus Gegenden, wo die Phantasie notfalls auch von Latrinenparolen lebt, aufgeweicht worden ist. Dennoch wollte ich nichts davon wissen, als mir vor zwei Jahren ein Familienvater aus Hamburg, der ab und an seine Tochter in Kreuzberg besucht, von Gerüchten erzählte, die besagten, dass im Umkreis der besetzten Häuser Menschen verschwänden – spurlos! »Wer hat Ihnen diesen Bären aufgebunden?« – »Punker.« – »Aha. Und welche Leute sollen da verschwinden?« – »Na ja, Punker.« Ich lächelte vielsagend und wechselte das Thema.

Aber die Gerüchte verstummten nicht, und sie gewannen eine neue Qualität, als es hieß, vor allem seien es jetzt Frauen, die in Berlin verschwänden. Bei allem, was mit Frauen, ich meine, mit Frauen als Frauen, mit der Frau in ihrer Rolle als Opfer des Patriarchats zu tun hat, wird man heute ja hellhörig, Obacht, denkt man da gleich, das kann an die Substanz gehn – und wollte man diesen Gerüchten Glauben schenken, dann ging es auch an die Substanz. Spätestens als BILD damit überkam, avancierte das Gerücht zum Fall, zum bodenlosen Skandal. »50 Frauen verschwinden jährlich in Berlin«, hieß es da am 13. März 1984 auf Seite 1, und der Artikel zitierte dann einen Beamten von der Vermisstenstelle der Kripo mit den Worten: »So viele Frauen wie zurzeit sind noch nie spurlos verschwunden. Es ist erschreckend.«

Das war es auch. Nicht genug damit, dass die Zahl der Vergewaltigungen ständig zunahm und eine Serie von Frauenmorden in den letzten Jahren die Stadt in Atem hielt: jetzt verschwanden Frauen auch in großer Zahl – spurlos! Irgendwie hatte man das Gefühl, dass Frauen nicht einfach so en masse verschwinden dürften. Den einzelnen Mann, der mal eben Zigaretten holen geht und nach sieben Jahren eine Ansichtskarte aus Neuseeland schickt, hatte es immer gegeben, seinen Verlust konnte die Gesellschaft verkraften; niemand hatte je davon gehört, dass in einer bestimmten Stadt zu einer bestimmten Zeit Männer in Serie verschwunden waren. Ich ging in die Kochstraße und ließ mir bei BILD das Dossier »Verschwundene« geben. Es begann wie gehabt: »Seit 3 Jahren weg! Herr Kalauke wollte nur mal schnell Zigaretten holen.« Aber der Trend war eindeutig: »Nach der Faschingsfeier verlor sich ihre Spur« – »Deutsche Mädchen auf Italienreise verschwunden« – »Ich habe Angst um meine Frau« – »Mirjana kam nie an« – »20 Frauen als vermisst gemeldet« – »Dieses hübsche Mädchen ist verschwunden« –

»Da stehst du in der leeren Wohnung, und die Frau ist einfach weg«, denn: »Jedes Jahr verlassen 40 000 Frauen ihre Männer«, und Scheidungsanwalt Mack (Mannheim) wusste auch, warum: »Diese Frauen sind es leid, lange Gespräche mit ihren Männern zu führen. Sie wollen ein neues Leben anfangen, ohne sich rechtfertigen zu müssen.«

Aber wenn BILD glaubte, mich damit beruhigt zu haben, dann hatten sie sich getäuscht. Überhaupt, wer ließ sich schon von BILD beruhigen? Wo so viele Frauen spurlos verschwinden, steht ja wohl mehr zur Disposition als das Scheidungsrecht. Mir fiel auch die Geschichte von dem Mann ein, der mit seiner frisch vermählten Frau in die Flitterwochen fliegt, in die Türkei, und gleich am zweiten Tag in Istanbul schlendern sie durch den Großen Bazar, der Mann geht ein paar Schritte vor seiner Frau, einen Augenblick lang sind sie getrennt, als er sich umsieht, ist sie verschwunden und ist es bis heute geblieben – eine wahre Geschichte. Fängt das jetzt vielleicht auch bei uns an? Mitten in Kreuzberg? Hatten die Punker womöglich recht? Ich bat um einen Termin bei der Vermisstenstelle in der Keithstraße, wo die Referate »Delikte am Menschen« und »Organisierte Kriminalität« untergebracht sind. Kriminaloberrat Veit, Chef von M II (Brandstiftung, Katastrophen, Vermisste, unbekannte Tote, Leichenschauhaus), empfing mich in einem großen, hohen, kühlen Raum. Es hing kein preußischer Adler an der Wand, aber hier war professionelle Skepsis zu Hause. Der Kriminaloberrat, ein schlanker Mittvierziger, sah aus, als grenze schon der Umgang mit einem Brieföffner für ihn an Gewalt. Er hatte, wie ich später erfuhr, vier Jahre eine Mordkommission geleitet.

»Zunächst einmal die Statistik«, sagte Herr Veit und belegte mit Zahlen, dass zumindest in der Quantität das Problem der Vermissten rückläufig ist. Immerhin, ich fand die Zahlen auch jetzt noch erschreckend. Danach wurden 1983 in Westberlin 4786 Vermisstenanzeigen aufgegeben, von denen 1330 von M 11/3 – so die Abkürzung der Vermisstenstelle der Kripo – bearbeitet wurden; M 11/3 erhält Vermisstenanzeigen vermisster Kinder und Jugendlicher sofort, die von Erwachsenen nach zehn Tagen. Das heißt, rein statistisch gesehen wurde einer von 300 Westberlinern im Jahr 1983 als vermisst gemeldet – für ein paar Stunden, ein paar Tage, ein paar Wochen oder länger. Von den 1330 Fällen, die von M 11/3 bearbeitet wurden, betrafen 826 Kinder, 316 Jugendliche und 188 Erwachsene (123 Männer, 65 Frauen). Interessanter noch war die Statistik der offenen Fälle: ein weiblicher Jugendlicher seit 1978 vermisst, zwei erwachsene Männer seit 1979, ein männliches Kind, drei erwachsene Männer und drei erwachsene Frauen seit 1981, ein weibliches Kind, ein männlicher Jugendlicher, ein weiblicher Jugendlicher, acht erwachsene Männer und drei erwachsene Frauen seit 1983. »Aber es gibt kaum einen Fall«, sagte Herr Veit, »den wir nicht irgendwann doch lösen.« Ich erzählte ihm von den Flitterwöchnern in Istanbul. Er lächelte skeptisch. »Davon habe ich noch nichts gehört, und das kann ich mir auch nicht vorstellen. Und wenn es mal bei uns passieren sollte, dann finden wir die.«

Ich war nun doch etwas beruhigt – wer hört auch schon auf Gerüchte? –, aber das Thema hatte mich gefesselt; und die Arbeit dieser Abteilung, die ja in einer merkwürdigen Zwischenzone operiert, »zwischen Baum und Borke«

nannte es der Kriminaloberrat, nämlich einerseits als Kriminalpolizei, das heißt bei der Ermittlung und Aufklärung von Straftaten, andererseits aber – etwa bei entlaufenen Jugendlichen – auch als eine Art Sozialagentur, und die sogar – im Fall vermisster Erwachsener, denen das Grundgesetz ja die Aufenthaltsfreiheit garantiert – in aller Regel so behutsam vorgehen muss, dass es oft so aussieht, als schütze sie den, nach dem sie fahndet. Logisch – die »Täter«, die sie sucht, sind ja keine Kriminellen; Vermisstsein ist keine strafbare Handlung. So delikat also ihre Operationen, so krass sind doch manchmal die Ergebnisse, die sie zeitigen – der unbekannte Tote, der das Opfer eines Verbrechens wurde, fällt ebenso in die Zuständigkeit von M 11/3 wie das vermisste Mädchen, das irgendwann auf dem Babystrich auftaucht; und nur die wenigsten Vermissten können als Opfer eines Abenteuerurlaubs in der Antarktis abgehakt oder – wie eine Berliner Aussteigerin – durch Lektüre des politischen Teils einer Tageszeitung ermittelt werden. Wie das? »Nun, ein Korrespondent erwähnte, dass nach der Invasion Grenadas eine Berlinerin im Bett eines kubanischen ›Bauarbeiters‹ entdeckt wurde«, erzählte Kriminaloberrat Veit. »Wir erinnerten uns an diese Aussteigerin, von der es hieß, sie sei vielleicht in die Karibik abgeschwirrt. Also machten wir mit dem Reporter eine Wahllichtbildvorlage, und er pickte sofort ihr Photo heraus. Akte geschlossen.« Eine von denen, die womöglich noch lange offen geblieben wären; für Vermisstenanzeigen gilt eine Frist von 30 Jahren.

Bei M 11/3 arbeiten zurzeit sieben Beamte, davon eine Frau. Ihr Sachgebiet umfasst drei Schwerpunkte: Vermisste Personen, unbekannte Tote und unbekannte Personen –

Menschen, die in hilflosem Zustand aufgegriffen werden, unter Gedächtnisschwund leiden und sich selbst nicht identifizieren können. Mögliche Hilflosigkeit ist auch eines der Kriterien, nach denen eine Vermisstenanzeige bearbeitet wird; die anderen sind: Verdacht auf Selbsttötung; mögliches Opfer einer Straftat; Unglücksfall. Macht eine Suche nach einem Vermissten die Zusammenarbeit mit Versicherungen, Arbeits- oder Sozialämtern notwendig, dann gestaltet sich das oft sehr schwierig wegen des Datenschutzes; richterliche Beschlüsse zur Freigabe von Daten sind nur dann zu haben, wenn starke Verdachtsmomente wegen einer strafbaren Handlung vorliegen. Andererseits müssen die Beamten von M 11/3 im Fall entlaufener Jugendlicher oft die merkwürdigsten juristischen Hilfskonstruktionen anwenden, um sie wenigstens so lange festhalten zu können, bis die Eltern eintreffen. Als wir das besprachen, fiel prompt das Stichwort *Kinder vom Bahnhof Zoo.* Der Streifen hatte ja großen Erfolg gehabt damals, und aus Niederbayern und Oberschwaben, aus Rheinhessen und Ostfriesland zogen neugierige Teenager nach Berlin und direkt in die Schalterhalle des Bahnhofs, um herauszufinden, wie das nun wäre mit einer geilen Dröhnung. Und wenn dann der Metzgermeister aus Ampfing in der Vermisstenstelle eintraf, war es kein Honiglecken, ihm begreiflich zu machen, dass es keine Handhabe gegeben hatte, um seinen Filius länger festzuhalten. Aber solche Fälle, auch wenn sie sich periodisch häufen, gehören bei M 11/3 zur Routine. Es sind, sagen sie dort, die intensiven Fälle, die den Rahmen sprengen. Auch wenn – statistisch gesehen – weniger als 1 % aller Vermisstenfälle eines Jahres als Mordfall enden: Der Tod ist bei ihrer Arbeit immer im Kalkül. In Luft löst sich niemand auf; höchstens in Erde, Wasser und Rauch. Das macht das Geschäft von M 11/3 so schwierig: Mit den geringsten Befugnissen aller Kripo-Abteilungen ausgestattet, müssen sie bei ihrer Arbeit immer jenen Faktor einkalkulieren, der alle Kompetenzen an sich zieht – den Mord.

Mord war auch im Kalkül bei einem Fall, der in der Keithstraße inzwischen ad acta gelegt worden ist und doch die Beamten, die mit ihm befasst waren, immer noch beschäftigt – und sei es auch nur als Beleg für ihre These, dass die Zahl der Vermissten zwar sinken mag, die Qualität der Fälle aber, die Intensität, mit der sie beackert werden müssen, dramatisch zunimmt. Ich habe nur die Namen, die Daten und einige Ortsnamen geändert. Vermisstsein ist keine strafbare Handlung; aber mit Strafen hat es doch zu tun.

Am Sonntag, dem 28. Mai 1983, wartet auf dem Hamburger Hauptbahnhof Magda Peters, eine Hausfrau aus Bremervörde, auf den D 338, der um 13 Uhr 33 von Berlin / Bahnhof Zoo abgefahren ist. Mit diesem Zug will ihre Adoptivtochter Monika von einem 14-tägigen Berlin-Besuch zurückkommen. Die 18-Jährige war dort Gast ihres Freundes, des ein Jahr älteren Angestellten Klaus Kraczyk, den sie ein Jahr zuvor bei einer Klassenfahrt ihrer Hauswirtschaftsschulklasse kennengelernt hat. Frau Peters hat die Einwilligung für diesen Besuch – noch nie war Monika so lange von zu Hause weg oder gar in einer großen Stadt – gern gegeben, denn sie hat Klaus Kraczyk kennengelernt; im Herbst war der junge Mann in Bremervörde, und seine stille, zurückhaltende Art hat auf die ältere Frau Eindruck gemacht. Die Monika ist ja noch so kindlich und unerfahren; Klaus Kraczyk wirkt dagegen schon reif und vertrauenswürdig. Zu Hause in Bremervörde ist schon alles für Monikas 19. Geburtstag vorbereitet, der morgen gefeiert werden soll. Aber der D 338 verlässt den Hamburger Hauptbahnhof, ohne dass das junge Mädchen ausgestiegen ist. Frau Peters wartet noch den nächsten Zug ab, dann fährt sie nach Hause. Vielleicht hat Monika angerufen? Frau Peters wartet den ganzen Abend. Monika ruft nicht an.

Nach einigen nervenaufreibenden Tagen erstattet Magda Peters bei der Polizei in Bremervörde Vermisstenanzeige, die nach Berlin weitergegeben wird. In der Keithstraße schlagen sofort Alarmglocken an. Noch ist die Erinnerung an die grässlichen Morde an den norwegischen Schülerinnen und der Leichtathletin Viol hellwach, die im Vorjahr Berlin verstörten. (Der Mörder wurde erst im Sommer 1984 gefasst.) Unverzüglich wird eingeleitet, was Kriminalbeamte den 1. Angriff nennen: Personenfahndung zur Aufenthaltsermittlung, intensive Befragungen vor Ort und Absuche der in Frage kommenden Lokalitäten. Klaus Kraczyk wird eingehend befragt. Was er zur Sache vorbringt, klingt beunruhigend. Er und Monika, gibt er zu Protokoll, hätten sich in diesen 14 Tagen auseinandergelebt. Sie habe wohl ein richtiges Nachholbedürfnis gehabt, was die Reize der Großstadt anging; aber jeden Abend Ku'dorf, Disco, Schwof, das sei ihm zu viel geworden. Sie sei dann auch ein paar Mal ohne ihn ausgegangen, ansonsten hätten sie aber auch die üblichen Ausflüge gemacht und einige Zeit bei seinen Eltern auf einem Campingplatz in Kladow verbracht. Schon das Wort Campingplatz lässt die Beamten aufhorchen; Campingplätze und Kleingärten wecken automatisch fatale

Assoziationen. Am fraglichen Sonntag, ihrem Abreisetag, habe Monika nach einem letzten Streit allein zum Bahnhof gewollt und sei auch pünktlich mit ihrem roten Koffer weg, von seiner Wohnung in Charlottenburg ist es ja nicht weit. Ob er sich vorstellen könne, was mit ihr geschehen sei? Der junge Klaus Kraczyk zuckt die Achseln. Das gehe ihn nichts mehr an. Seine Mutter gibt an, sie sei am Sonntagvormittag noch bei ihrem Sohn gewesen, um sich von Monika zu verabschieden. Das junge Mädchen habe sich aber im Bad eingeschlossen gehabt und auf alles Zureden nicht geantwortet. War sie – schießt es den Beamten durch den Kopf – zu diesem Zeitpunkt vielleicht schon tot?

Alle Polizeidienststellen in Berlin und im Bundesgebiet verfügen jetzt über Monikas Daten; sollte sie irgendwo in eine Polizei- oder Grenzkontrolle kommen, würde der Computer sofort einen Ausdruck auswerfen. In dem Altbauhaus in Charlottenburg und in der näheren Umgebung hängt die Polizei Hinweise aus. Polizeiarbeit ist auch Beinarbeit; nicht nur die Hausbewohner und die Gäste des Campingplatzes in Kladow müssen befragt werden, sondern auch Kellner, Kneipenbedienungen, Discobesucher. Und immer wieder als Zeuge Klaus Kraczyk. Kein Zweifel, der Schatten des Verdachts hängt über dem introvertierten jungen Mann, dessen Einlassungen immer unklarer klingen. Er muss aber auch den Eindruck haben, dass er dabei ist, sich in einem gefährlichen Netz zu verstricken; im Haus, an seiner Arbeitsstelle, in seiner ganzen Umgebung stecken die Leute die Köpfe zusammen. Das wird noch schlimmer, als die Polizei die Presse und das Fernsehen einschaltet. »Neues Verbrechen? Dieses hübsche Mädchen verschwunden«, macht BILD die Story auf und nennt auch die Straße in Charlottenburg und zitiert den 20-jährigen Klaus K. mit dem Satz: »Ich habe keine Erklärung für ihr Verschwinden.« Die BZ will von Magda Peters gehört haben: »Meine Tochter ist sehr vertrauensselig. Ihr Freund durfte sie nicht zum Bahnhof bringen. Auch ging sie zweimal ohne ihren Freund zum Tanzen. Ich glaube, dass sie aus Gutmütigkeit mit einem anderen Mann mitgegangen ist, der sie festhält.« Was die BZ nicht erfährt oder jedenfalls nicht mitteilt: Frau Peters ist gegenüber der Kripo davon überzeugt, ihre Adoptivtochter, dieses liebe, vertrauensselige, tierliebe Ding, habe noch keinen Geschlechtsverkehr gehabt. Dafür teilt die BZ – wie auch das Fernsehen – die Kleidung mit, die Monika am Sonntag, an dem sie verschwand, trug (aber wie viele Mädchen laufen in diesen Tagen mit blauen Jeans, heller Bluse und roter Umhängetasche herum?). Außerdem werden in allen Berliner Bezirken Handzettel mit dem Bild des Mädchens und näheren Personenangaben verteilt. Das bringt auch sofort Hinweise aus der Bevölkerung.

In einer Disco im Wedding will man die Vermisste gesehen haben, im Europa-Center in der Begleitung junger Türken, mit Zuhältern in einschlägigen Bars. Allen Hinweisen muss akribisch nachgegangen werden. Die Fahndungstrupps anderer Kommissariate, die den Kiez in der Potsdamer Straße überwachen, beobachten nächtelang die Trocadero Bar, wo man Monika mit farbigen Luden gesehen haben will. Resultat aller Hinweise: negativ. Die Berliner Revierförstereien sind eingeschaltet worden (im Grunewald waren die Leichen der beiden Mädchen aus Norwegen gefunden worden). Ihre Fingerabdrücke, ihr Zahnschema, ihre

Blutgruppe sind überall bekannt, wo unbekannte Leichen zu identifizieren sind. Aber aller Aufwand führt zu keinem greifbaren Ergebnis. Auch aus den Briefen, die Monika an Klaus Kraczyk geschrieben hat und die bei M 11/3 genau gelesen werden, ergibt sich kein Anhaltspunkt auf den möglichen Verbleib des Mädchens. Eine Stelle allerdings ist den Beamten sofort aufgefallen und im Gedächtnis geblieben, das Mädchen schrieb: »Ich will endlich raus aus dem Goldenen Käfig.« Goldener Käfig – das behütete Leben in der Kleinstadt, die ältliche Adoptivmutter, die Hauswirtschaftsschule, die ganze so leicht vorhersehbare Zukunft? Die erfahrenen Beamten von M 11/3 können sich ausmalen, welchen Gefahren sich jemand aussetzen kann, wenn er gar nichts kennt außer diesem behüteten Leben – und nun aus ihm ausbrechen will. Sie haben die meisten Resultate schon gesehen.

In diesen Tagen fragt die Reichsbahn, Hausherr am Bahnhof Zoo, bei Magda Peters an, was mit einem Koffer geschehen solle, der in einem unverschlossenen Schließfach entdeckt worden ist, am Aufkleber die Adresse in Bremervörde. Ja, es ist Monikas roter Koffer. Nach vier Wochen der erste konkrete Anhaltspunkt. Aber wofür? Recherchen bei der Reichsbahn führen nicht weiter, gegenüber Westberliner Dienststellen ist man dort stets äußerst zugeknöpft. In der Keithstraße wird ein Kriegsrat einberufen. Lageanalyse. Hat Monika den Koffer selbst in das Schließfach gestellt – um eine falsche Spur zu legen? Oder hat Klaus Kraczyk das getan – nachdem er Monika umgebracht hat? Falls das Mädchen tot ist – deutet die Situation auf einen Beziehungstäter (also jemand, der es gekannt hat) oder auf einen Unbekannten? Die Lage ist jetzt so gespannt, dass man sich schon darauf einrichtet, eine Einsatzgenehmigung für die Leichensuchhunde zu beantragen. Aber man zögert. So wie die Dinge stehen, könnte man vielleicht einen richterlichen Beschluss bekommen. Andererseits läuft man schon jetzt Gefahr, bestimmte Grundrechte von Klaus Kraczyk in Mitleidenschaft zu ziehen. Bei M 11/3 arbeitet kein Schimanski, für einen *Tatort* fällt bei dieser Arbeit kein dickes Ei ab. Aber in der Haut des jungen Mannes, dessen Freundin weg ist, möchte in diesen Wochen bestimmt niemand stecken.

Die neue Wendung, die der Fall Monika Peters zu nehmen scheint, als sich bei der Polizei in Zeven (Niedersachsen) ein Berufstaucher meldet, der angibt, die Vermisste zusammen mit einem jungen Mann um die fragliche Zeit als Anhalter von Berlin aus nach Walsrode mitgenommen zu haben, führt auch nicht weiter. Der Mann ist am 27. Mai gefahren. Da war Monika nachweislich noch in Berlin. Es vergehen noch zwei volle Monate, bis endlich der Bann bricht.

Auf der Hamburger Davidswache sprechen an einem Tag Ende August 1983 ein paar junge Leute aus Bremervörde vor, ehemalige Klassenkameraden der vermissten Monika Peters. Der Grund: Sie wollen Monika – in Begleitung mehrerer junger Türken – auf dem Dom, dem Vergnügungspark der Hansestadt, gesehen haben. Monika habe ihnen auch zugewinkt, aber die Türken hätten einen eher bedrohlichen Eindruck gemacht, so dass sie sich ihrer ehemaligen Klassenkameradin nicht genähert hätten. In Berlin löst die sofortige Mitteilung der Kripo Hamburg keineswegs Euphorie aus. Manche meinen zwar, damit sei der Fall ausgestanden; andere bleiben skeptisch. Eine einwandfreie Identifizierung ist die Aussage der jungen Leute natürlich nicht. Immerhin: Es scheint, als führten die Spuren im Fall Peters von Berlin weg. Das bestätigt sich in den nächsten Wochen. Mal will jemand Monika Peters in einem Buchladen in der Hamburger Innenstadt gesehen haben, mal in einem Geschäft in Eppendorf oder in einer Kneipe in St. Pauli. Aber noch immer hat Frau Peters in Bremervörde kein Wort von ihrer Adoptivtochter gehört. Endlich, im Dezember 1983, sieben Monate nach ihrem spurlosen Verschwinden, macht die Hamburger Kripo Monika Peters ausfindig. Bei der Überprüfung des Personals einer Bar in St. Pauli fällt ihr Name aus dem Computer raus: Monika Peters – Personenfahndung zur Aufenthaltsermittlung. Die Suche ist zu Ende. Monika Peters ist gefunden. Als Bardame in St. Pauli.

Monika Peters ist volljährig, in der Bundesrepublik gibt es zwar eine Meldepflicht, Verstöße werden jedoch nicht mehr als Ordnungsstrafe geahndet. Immerhin lässt sich die Bardame auf eine kurze Einlassung ein. Monika Peters gibt an, sie habe ihren Koffer in Berlin ins Schließfach gestellt, weil er ihr beim Trampen hinderlich gewesen sei. Von Berlin aus sei sie nach Spanien getrampt, wo sie mehrere Monate geblieben sei. Dann sei sie nach Hamburg, wo sie bei Freunden untergekommen sei. Den Job als Bardame habe sie auf eine Anzeige hinbekommen, sie mache das jetzt seit drei Monaten. Dass irgendjemand sie vermisse, habe sie sich noch nicht klargemacht. Weitere Angaben über die Motive, die eine 18-jährige Hauswirtschaftsschülerin aus Bremervörde dazu veranlasst haben, nach einem Urlaub bei ihrem Freund in Berlin zu verschwinden und dann als Bardame in St. Pauli anzufangen, als sei vorher nie etwas anderes gewesen, vermochte Monika Peters nicht zu machen. Die Beamten von M II/3 haben sich bei Klaus Kraczyk entschuldigt. Ob sich Monika Peters bei irgendwem entschuldigt hat, ist nicht bekannt. Ist die Suche wirklich zu Ende? Vielleicht für die Mannschaft des M II/3. Bestimmt nicht für Monika Peters.

Ob das nun die neue Qualität bei den Vermissten sei, wollte ich noch wissen. Solche Fälle hat es doch immer gegeben, die Lust am Abenteuer, am Verschwinden, das wahre Leben suchen, die große Freiheit, nun also auch bei Mädchen: Nimm mich mit, Kapitän, auf die Reise? Die Umstände, erfuhr ich, die sind neu. Das langsame, aber unübersehbare Abbröckeln von Familie, Verwandtschaft, Ehe, Bindungen überhaupt. In vielen Fällen ist es fast unmöglich, Auskünfte zu erhalten. Man will nichts sagen. Ein Kind verschwindet, die Eltern geben möglichst gar nichts zu. Zur Polizei gehn? Da bleibt was hängen. Der Sohn verschwunden, die Tochter? Werden schon wissen, warum. Die Frau verschwunden, der Mann? Ein Wunder, dass das so lange hielt. Männer wissen nichts von ihren Frauen, Verwandte nichts von Verwandten, Eltern nichts von ihren Kindern. Man verschwindet einfach, warum auch nicht? Die Grenzen sind offen. Es ist, als gebe es überhaupt keine Grenzen mehr – in jeder Beziehung. Eine Postkarte schreiben, wozu denn? Nichts vom alten Leben im neuen. Dass da Eltern, Eheleute, Freunde zurückbleiben voller Scham und Schaden – Pech gehabt. Dass da ein riesiger Fahndungsapparat angeworfen wird, müde Beamte sich die Nächte um die Ohren schlagen – deren Bier. Und immer wieder bringen die BILD-Reporter das Elend noch mal in Serie: »Spurlos verschwunden – die verlorenen Berliner«.

Am Ende wird man sagen müssen, dass all die Mühe von M II/3, all die Überstunden, die Bein- und Kopfarbeit, das schwierige Puzzle des Suchens, auch zu dem Preis gehört, den wir alle zahlen für unsere Freizügigkeit, unsere Mobilität, unsere Dienstleistungsgesellschaft, die die Solidarität durch den Service ersetzt hat. Einer der Beamten schilderte, wie sie in den Bombennächten von Berlin nach der Entwarnung gleich rausliefen, um nachzusehen, ob das Haus noch stand, wo die Tante wohnte, der Laden, wo der Schwager arbeitete. Damals zerfiel ein Staat, aber Familien überlebten. Heute lässt sich an der Arbeit unserer Vermisstenstellen ablesen, wie die Familien zerfallen, nach und nach, an ihre Stelle tritt der Computerterminal. Ist der Staat dann nicht sinnlos? Es ist nicht mehr der Mann, der eben mal Zigaretten holen geht und nach sieben Jahren eine Ansichtskarte aus Neuseeland schickt, oder die Frau, die keine Lust mehr hat, mit ihrem Mann zu reden, und am Morgen ist nur noch ihr Nachthemd da, es ist auch längst nicht mehr der junge Mensch, der aus dem Käfig, dem goldenen oder dem aus rostfreiem Stacheldraht, entfliehen will – wenn man die Fakten lange genug auf sich wirken lässt, sieht es so aus, als habe eine ganze Gesellschaft ihren Koffer im Bahnhof Zoo stehen lassen und sich davongemacht, und da steht der Koffer nun, bis die Männer und Frauen von M II/3 kommen und ihn auswerten. Ein Gerücht? Möglich. Aber mit Gerüchten fing es ja auch im Garten Eden an.

(*tip* 19/1984)

Nachwort von Werner Mathes

Bevor ich Jörg Fauser im Frühsommer 1979 zum ersten Mal traf, hatten wir schon ein paarmal miteinander telefoniert und uns geschrieben. Damals war gerade sein Gedichtband *Trotzki, Goethe und das Glück* herausgekommen, und im Herbst sollte zudem die Erzählung *Alles wird gut* erscheinen. Im Berliner Stadtmagazin *tip,* das ich zu dieser Zeit als Chefredakteur verantwortete, waren bereits Bücher von ihm besprochen worden, seine Marlon-Brando-Biographie *Der versilberte Rebell* etwa oder die Essay-Sammlung *Der Strand der Städte.* Aus diesem Band klebte auch ein Satz über meinem Schreibtisch: »Leben ist nichts, wenn es nicht Rebellion ist.« Ich schätzte Fausers Arbeiten sehr, hatte fast alles von ihm gelesen, was bis dato veröffentlicht war. Und mir gefielen die Aperçus, mit denen er immer wieder seinen Beruf beschrieb. »Ich bin kein netter Mensch, sondern Schriftsteller«, formulierte er einmal, »einer der Dunkelmänner also, die beim ältesten Verfassungsschutz der Welt angestellt sind – beim Verfassungsschutz für Sprache und Zweifel.«

Aber am Flughafen Tegel kam einer an, der nicht aussah wie ein rebellischer Dunkelmann. Fauser schwitzte, war verlegen, er trug einen Anzug mit grauenhafter Strickkrawatte, und überm Arm hing ein heller Trenchcoat. Wir hatten ihn nach Berlin eingeladen, weil ich ihn unbedingt als Autor für den *tip* gewinnen wollte. Ich war damals 25, er zehn Jahre älter. Wir fuhren an diesem Abend zunächst in die Redaktion, die ich ihm zeigen wollte. Er war beeindruckt, zeigte sich interessiert, stellte Fragen. Der *tip*, damals Deutschlands größtes Stadtmagazin, erschien zweiwöchentlich mit Programm-Kalender und riesigem Kleinanzeigenteil in einer heute unvorstellbaren Auflage von 100 000 Exemplaren. Ihm sagte vor allem auch der Standort zu: Potsdamer Straße 96, Nähe Landwehrkanal, in dem 1919 die Leiche Rosa Luxemburgs getrieben hatte. Im Parterre des Hauses tranken wir dann im Quartier Latin unser erstes Bier. Redeten über Literatur und Journalismus, über Facts und Fiction, über Gott und die Welt. Und schon bald war klar, dass er für uns schreiben würde.

Sein erstes Stück konnten wir bereits ein paar Wochen später veröffentlichen, eine Hommage an den Schriftsteller-Kollegen Hans Frick. Schon die ersten Sätze hatten diesen radikal subjektiven und leidenschaftlichen Ton, den er auch später immer wieder anschlug: »Als ich jung war, wollte ich Schriftsteller werden. Schriftsteller erklärten das Leben, Schriftsteller gaben ihm einen Sinn, Schriftsteller, Dichter waren meine Helden, Helden in einer bedrohlichen, bedrohten Welt. Sie erstritten Freiheit und Gerechtigkeit, sie schilderten die Leiden der Menschen, aber auch ihre Überwindung durch Tapferkeit und Liebe, und sie führten ein exemplarisches Leben, waren Vorbilder.« Zum Schluss konstatierte er: »Schriftsteller wie Hans Frick machen mir immer wieder klar, dass es keinen Unterschied zwischen dem Schreiben und dem Leben gibt, wenn das Leben, sofern es würdig ist, zum Schreiben führt, und das Schreiben, sofern es wahrhaftig ist, zum Leben.«

Wir hielten jetzt engen Kontakt, telefonierten oft, besprachen immer häufiger auch Privates. Als er im Oktober 1979 anfing, an einem neuen Roman zu arbeiten, klagte er zum Beispiel über Anlaufprobleme – die habe er sonst nur selten. Deshalb hatte er nichts dagegen, dass sein damaliger Rogner & Bernhard-Verleger Thomas Landshoff den Erscheinungstermin auf Anfang 1981 verschoben hatte. Er vertraute mir offenbar, und auch ich konnte mich auf ihn verlassen. Seine Manuskripte, säuberlich getippt auf einer mechanischen Schreibmaschine, kamen stets pünktlich und im verabredeten Umfang an. Redigieren musste ich fast nie, seine Texte gingen so gut wie immer ungefiltert in Druck – da saß in der Regel jeder Satz, jedes Komma, jeder Punkt.

Im November trafen wir uns wieder, diesmal in München. Dort lebte Jörg Fauser an der Hiltensperger Straße in einer winzigen Souterrainwohnung. Bevor er den Roman begann, hatte er die 20-Quadratmeter-Buchte ausgemistet, den Schreibtisch frisch gestrichen und sich einen neuen Bürostuhl zugelegt. Beim Essen in einem Gasthaus um die Ecke schlug er dann vor, für den *tip* eine Kolumne zu schreiben. Ihm schwebte ein Format vor, in dem er literarisch reportieren wollte, wie es in der Welt draußen zugeht. Denn er glaubte, wie er einmal schrieb, »dass Schriftsteller und Reporter (vor allem dann, wenn die Trennungslinien zwischen ihnen endgültig verschwunden sind) die Historiker unseres Zeitalters sind«. Die Kolumne sollte unregelmäßig und unter Pseudonym erscheinen. Ich war sofort einverstanden.

Als ihm seine Eltern eine negative Besprechung von *Alles wird gut* zugeschickt hatten, schrieb er ihnen am 6. Dezember zurück: »Dieser Kritiker wird sich, wie manch anderer, sicher über mein nächstes Buch wundern.« Und: »Ansonsten fällt es mir manchmal auch schwer angesichts der schamlosen Zustände, die Contenance zu behalten, aber ich habe ja jetzt die ›Kolumne‹, um mich etwas abzureagieren (obwohl ich sie nicht zu einer Mülltonne verkommen lassen will). Leider ist mir noch kein Titel und kein zündendes Pseudonym eingefallen. Ich denke mitunter an Hieronymus, das ist aber wieder ein bißchen geschwollen.«[1] Er entschied sich schließlich für Caliban, den Unhold aus William Shakespeares Drama *Der Sturm*. Shakespeare hatte Fauser schon als Jugendlicher gelesen.

In *tip* 2/1980 hatte *Calibans Kolumne* dann ihr Debüt. Unter dem Titel *Blick in die Zukunft* berichtete er von seinen Besuchen bei einem Astrologen und einer Wahrsagerin – die sagte ihm voraus, nachdem er die Karten gemischt und sie sie aufgedeckt hatte: »Sie haben ein ganz schön chaotisches Leben. Und demnächst kommt ein großer Bruch ...« Womit sie wohl recht hatte. Denn der Bruch bahnte sich in diesem Jahr an.

Im Januar ist er auf Malta, einem der Schauplätze seines Romans *Der Schneemann*, und schon bald darauf wird eine weitere *Caliban*-Kolumne gedruckt: *Menschen auf Malta*. Ein paar Wochen danach die nächste – für *Durch Deutschland* hat er wieder mögliche *Schneemann*-Handlungsorte

1 Diese und andere Briefzitate aus *»Ich habe eine Mordswut« – Briefe an die Eltern 1956–1987* (Ausgewählt und herausgegeben von Wolfgang Rüger & Maria Fauser), Paria Verlag, Frankfurt/Main.

aufgesucht. Im selben Heft findet sich *Das leise lächelnde Nein*, eine Geschichte über den italienischen Schriftsteller Pitigrilli und dessen Roman *Kokain*, den er ebenfalls für den *Schneemann* gelesen hat. Die Monate Mai und Juni verbringt er weitgehend in Kißlegg im Allgäu, wo er die Endfassung des Romans tippt. Trotzdem schaut er sich am 14. Mai als Caliban in der Münchener Olympiahalle noch den Kampf der Mittelgewichtler Georg »Schorsch« Steinherr und Kevin Finnegan um die Europameisterschaft an (*Box-Abend*). Jörg Fauser arbeitet wie besessen, schreibt über einen alten Bekannten aus Frankfurt, den manischen Autodieb Peter Kuper, der seine Lebensgeschichte dem März-Verleger Jörg Schröder für das Buch *Hamlet* erzählt hat (*Hamlet oder The Frankfort State of Mind*). Und läutet das Jahr aus mit Papst Johannes Paul II. – das Brimborium um dessen Deutschland-Reise hat Caliban allerdings auf dem Fernsehschirm vom Krankenbett aus verfolgen müssen (*Der hohe Besuch*).

In seiner Schreibklause in Kißlegg, die ihm ein mit der Verlegerfamilie Landshoff befreundeter Galerist zur Verfügung stellte, hatte ich Jörg »Joe« Fauser nach Fertigstellung des *Schneemanns* getroffen. Wir vom *tip* wollten nämlich Auszüge daraus bis zum Erscheinungstermin vorabdrucken. Er machte einen guten Eindruck, schien gelöst und ausgeglichen. Offenbar war er jetzt sehr zufrieden mit seinem ersten Kriminalroman. Thomas Landshoff holte uns aus dem Allgäu ab, und in München besprachen wir das Projekt. Landshoff und seine Frau Antje Ellermann-Landshoff fanden es gut und waren einverstanden. Im Herbst ließen wir Fauser dann wieder nach Berlin kommen – und offerierten ihm ein Angebot, das er stolz und geschmeichelt zur Kenntnis nahm.

Denn *tip*-Verleger Klaus Stemmler hatte vor, zur Frankfurter Buchmesse 1981 einen *literaturtip* herauszubringen, ein hochwertiges Magazin, in das er ordentlich zu investieren bereit war. Konzipiert und redigiert werden sollte es von Fauser und mir. Fauser stellte er in Aussicht, ihn dafür von Januar 1981 an mit einer festen Monatspauschale an die Redaktion zu binden, wo er für die Literatur im *tip* zuständig sein sollte. Das hatte ich vorgeschlagen, damit er Erfahrungen sammeln und Kontakte knüpfen konnte. Die Aussicht, in einer funktionierenden Redaktion arbeiten und sogar eine literarische Sonderausgabe mitgestalten zu können, war überaus verlockend für ihn – zumal er dadurch auch finanziell unabhängig würde, ohne seine schriftstellerischen Ambitionen vernachlässigen zu müssen.

Am Abend saßen wir zu zweit in meinem Kreuzberger Stammlokal Hasenburg und besprachen uns, überlegten, wie dieser *literaturtip* aussehen könnte, dachten über Fausers möglichen Umzug nach. Wir landeten schließlich wieder auf der Potsdamer Straße, kehrten im Bierhimmel ein und tranken weiter im Nevada – davor hockte wie fast jede Nacht die Einbeinige auf dem Stromkasten und wartete auf Freier. Irgendwann war klar, dass er den Schnitt machen und nach Berlin kommen wollte.

Anfang Januar 1981 fuhr ich mit einem Kollegen im vw-Bus nach München, wo wir Joe Fausers spärliches Mobiliar aus der bereits gekündigten Wohnung einpackten und nach Berlin brachten. In Bonn regierte noch ein sozialdemokratischer Bundeskanzler namens Helmut Schmidt, und in Berlin stand der Senat des Regierenden Bürgermeisters Dietrich Stobbe unter Druck, weil er mit einer Landesbürgschaft für den Immobilienspekulanten Garski 115 Millionen DM verloren hatte. Zu dieser Zeit waren fast 200 Häuser besetzt worden, die abgerissen werden und Neubauten weichen sollten. Über »dieses völlig desolate Berlin« schrieb Fauser seinen Eltern, »ein Zentrum von Spekulation u Schiebungen aller Art u der Mauer u den Türken u dem kalten sibirischen Wind (…) Wirklich, auch wenn ich erst mal gar nicht zum Schreiben komme, ich hätte nichts Besseres tun als jetzt hierherkommen können.«

In den ersten vier *tip*-Ausgaben dieses Jahres druckten wir längere Auszüge aus dem *Schneemann* ab, der dann schließlich in den Buchläden lag. Der Roman gefalle überall, teilte der Verfasser seinen Eltern mit, »heute bekam ich einen Brief von einer Bekannten von vor 10 Jahren in Frankfurt, lebt jetzt in Berlin u las die Fortsetzungen im Tip. Überhaupt hat der Tip hier in Berlin mit seiner Riesenauflage eine ziemlich gewaltige Position, das merkt man besonders bei den Film- u Theaterleuten. Ein Verriß im Tip ist für die hier eine Katastrophe, nur zu vergleichen mit weiland Kerr o. ä.« Fauser blühte auf, berichtete über ein Catch-Turnier *(Ballett der bösen Buben)* und als Caliban über eine spektakuläre Sitzung des Abgeordnetenhauses *(Pappnasen)*, schrieb Rezensionen und Essays, empfing Kollegen und Buchkritiker, vergab Aufträge. Er ließ sich beibringen, wie Headlines, Vorspänne oder Bildunterschriften formuliert werden mussten, damit sie neugierig machten, er wollte lernen, nahm Tipps und Ratschläge an und hin und wieder auch kritische Einwände. Er wolle sich jetzt erst mal für den Journalismus fit machen, schrieb er den Eltern, »und der TIP ist da genau das Richtige, zumindest, solange der Mathes auch dortbleibt.«

Und er lief sich warm für den *literaturtip,* für den wir bereits ein Konzept ausgearbeitet hatten. Im März erschien der *tip* mit einem 20-seitigen Literatur-Journal, das er mehr oder weniger allein zusammengestellt und redigiert hatte. »Zur Sache, Dichter!« stand auf dem Titel, der eine laszive Blondine mit offener Brust zeigte – eine Illustration von Klaus Vogelgesang, damals einer der führenden Kritischen Realisten. Fauser hatte dafür launige *Grüße von der Potse,* seiner geliebten Potsdamer Straße, beigesteuert, nachdem der Kanzler in Bonn auf die Idee gekommen war, geistige Führung auch von den Autoren einzufordern.

Und dann fingen wir an, Autoren für den *literaturtip* zu suchen, trafen uns mit Schriftstellern wie Peter Schneider, Thomas Brasch oder Einar Schleef, der nach dem fünften Bier kaum noch stotterte, reisten nach München, wo wir mit Heinz van Nouhuys, dem Verleger der Magazine *Lui* und *TransAtlantik,* ein Interview führten über die Reibung zwischen Literatur und Journalismus, fuhren nach Lüchow-Dannenberg, um darüber auch mit *Stern*-Mann Kai Hermann zu sprechen, der mit Horst Rieck den Bestseller *Wir Kinder vom Bahnhof Zoo* geschrieben hatte und als Reporter Vorbild für Nicolas Borns Roman *Die Fälschung* war. Mit Hermann und einigen Dannenberger Feuerwehrmännern versackten wir anschließend in einem Landpuff, und als die letzte Runde ausgegeben wurde, war Fauser plötzlich verschwunden. Erst am nächsten Vormittag tauchte er mit zerbrochener Brille wieder in der Pension auf, die wir gebucht hatten.

Solche »Ausflüge« machte er häufig. Wurde die Hasenburg nachts geschlossen, zog er meist allein weiter und tauchte erst viele Stunden später auf, völlig heruntergekommen, ohne einen Pfennig Geld in der Tasche. Einmal las ich ihn auf dem Weg zur Arbeit unter dem Bülowbogen an der Potse auf, wo er seine Brille verloren hatte und nicht mehr nach Hause fand. Diese gefürchteten Extratouren trieben ihn auch noch weiter nach draußen, an die Ränder der eingemauerten Halbstadt, wo ihn garantiert niemand kannte und es den Huren egal war, wem sie das Geld aus der Tasche zogen. Dann rief er manchmal an und wollte abgeholt werden, in Reinickendorf oder in Marienfelde.

Wenn er aber arbeitete, war Alkohol tabu. Akribisch hielt er Verabredungen ein und lieferte stets termingerecht seine Manuskripte ab. Denn er hasste Nachlässigkeit und Dilettantismus. »Wenn ich mich fürs Schreiben entschieden habe«, sagt er einmal, »muss ich das professionell machen – oder ich kann den Stift gleich wegschmeißen.« Kam es mal vor, dass ein Autor, den er verpflichtet hatte, zu spät oder Undruckbares abgab, war er nicht zornig, sondern enttäuscht. Schludereien nahm er übel, weil er sie nicht entschuldigen konnte. Auch auf eine gepflegte Garderobe legte er größten Wert. Ob er mit Verlagen verhandelte oder Lesungen machte: immer nur im Anzug mit Schlips und sauberem Schuhwerk. Als ihn einmal der Alternativ-Autor Peter Mosler in der Redaktion ohne Socken besuchte, rümpfte Fauser die Nase – ein Schriftsteller lief so nicht herum, basta.

Irgendwann nahm er Kontakt zu Frank Wissenbach auf, den er im Jahr zuvor als amtierenden deutschen Mittelgewichtsmeister in einem der Vorkämpfe in der Münchener

Olympiahalle gesehen hatte. Wissenbach betrieb nahe des Platzes der Luftbrücke ein kleines Boxstudio, in dem er sich fit hielt und auch Trainingsstunden gab. Zweimal in der Woche trainierten wir dann bei ihm, Gymnastik, Kondition, Aufbau, hauten den Sandsack und die Schatten, das ganze Programm. Und wenn Frankie uns mit schweren Metallmanschetten um Hand- und Fußgelenke über den benachbarten Kreuzberg jagte, verfluchten wir ihn. Hinterher durften wir noch zwei, drei Runden lang schweißnass im Ring aufeinander eindreschen. Auch das stand Fauser verbissen durch, obwohl er durch seine extreme Kurzsichtigkeit kaum Wirkungstreffer erzielen konnte. Über den Profi Wissenbach und die Geier und Hyänen im Boxgeschäft schrieb er das *tip*-Stück *Sauberer Lorbeer*.

Ein Boxer zierte dann auch den Titel des *literaturtip*, der, 120 Seiten stark, pünktlich zur Buchmesse ausgeliefert wurde. Der amerikanische Mittelgewichtler Rubin »Hurricane« Carter war 1966 wegen dreifachen Mordes zu lebenslanger Haft verurteilt worden – an seiner Schuld zweifelte nicht nur der Schriftsteller Nelson Algren, der einen Roman über den Fall Carter geschrieben hatte. Die Drucklegung seines Werks, das 1981 gleichzeitig auch auf Deutsch herauskam, erlebte er nicht mehr – schon im Mai war er gestorben. Hier half uns Carl Weissner, Fausers langjähriger Freund und Berater, und den Nachruf auf Algren hatte Wolf Wondratschek beigesteuert, sein früherer Sparringspartner aus München. In Frankfurt präsentierten wir das Heft an einem eigenen kleinen Messestand mit der großflächigen Titelillustration des österreichischen Malers Gottfried Helnwein. Fauser, der für den *literaturtip* auf der Westberliner

Rennbahn Mariendorf und auf der Rennbahn Hoppegarten in Ostberlin, der damaligen Hauptstadt der DDR, auf Pferde gewettet hatte, war ein gefragter Gesprächspartner und unser Stand beliebter Anlaufpunkt für Autoren und Journalisten.

In diesen turbulenten Tagen stellte er mich auch seinen Eltern vor, Mutter Maria, eine ehemalige Schauspielerin und Radiosprecherin, und Vater Arthur, ein Maler. Erst zwei Wochen zuvor hatte er ihnen aus seiner neuen Berliner Wohnung geschrieben, »mit Blick auf die alte Kirche und die neuen Appartements gegenüber, deren Läden mit dicken Sperrholzplatten vernagelt sind, auf denen Parolen stehen wie ›Deutschland muß sterben, damit wir leben können‹ ... die einzigen, die noch nicht vernagelt haben, sind die Libanesen, die die Pizzeria gepachtet haben, in der ich oft esse«. Dort traf er sich auch mit den Leuten der Bavaria, die den *Schneemann* verfilmen wollten und schließlich auch den Zuschlag bekamen. Mich hatte er als seinen Berater vorgestellt – das mache Eindruck, meinte er.

Ich wohnte zu dieser Zeit an der Goebenstraße, einer Querstraße zur Potsdamer, im Seitenflügel eines alten vierstöckigen Mietshauses. Und weil im Vorderhaus in der gleichen Etage eine Wohnung frei wurde, zog dort Joe Fauser ein, der zunächst bei einer befreundeten Schauspielerin untergekommen war. Zum ersten Mal konnte er sich auf 100 Quadratmetern ausbreiten, ein Luxus, den er allerdings nicht nutzte. Sein spärliches Mobiliar kaufte er bei Ikea oder beim Trödler Schimalla im Kellerladen, auf zerschlissenen Teppichen hatte er im großen Zimmer eine Tischtennisplatte aufgebaut, und im Arbeitszimmer gab es einen verschnörkelten Schreibtisch mit Stuhl und einen Ohrensessel. Das war, abgesehen von ein paar Bücherregalen und einer Matratze, alles, was er sich an Einrichtung leistete. Ich besuchte ihn häufig im Vorderhaus, wo er Pfeife rauchend im Sessel saß oder wir Tischtennis spielten. Da war er gut, besser als ich, schnell und präzise. Als wir einmal versuchten, einen kleinen Teil der Wand von meiner Wohnung zu seiner zu durchbrechen, blieb ein riesiger Bohrer im viel zu dicken und viel zu festen Gemäuer stecken. Wir mussten ihn absägen, und vermutlich steckt der Rest noch heute drin.

Das Haus in der Goebenstraße war nur etwas über einen Kilometer von der Redaktion entfernt, die Strecke spazierten wir nicht selten gemeinsam, hin oder zurück in einer Viertelstunde. An der Ecke Potsdamer-/Bülowstraße waren damals Blumen abgelegt und Kerzen aufgestellt worden, die an den Tod des 18-jährigen Klaus-Jürgen Rattay erinnerten. Der war hier am 22. September 1981 während einer aus dem Ruder gelaufenen Demonstration von einem Bus der Berliner Verkehrsgesellschaft überfahren worden. An diesem Tag hatte der neue CDU-Innenminister Lummer nach der Räumung von acht besetzten Häusern eine Pressekonferenz in dem zuvor geräumten Haus Bülowstraße 89 gegeben. Gegen diese Provokation demonstrierten ein paar hundert Hausbesetzer, die von der Polizei mit Schlagstöcken abgedrängt wurden in Richtung Potsdamer Straße.

Dort erfasste der Bus dann Rattay und schleifte ihn unter dem linken Vorderrad mit, bis der Fahrer von der Menge gestoppt wurde und wieder zurücksetzte. Am Abend nahm auch der erschütterte Fauser mit Kollegen am Schweigemarsch teil – bis zu 15 000 Menschen trauerten an der

Straßenkreuzung, die die Polizei mit einem Wasserwerfer gesäubert hatte. Danach kam es, immer wieder, zu Demonstrationen und den schlimmsten Straßenschlachten seit langer Zeit, mit brennenden Barrikaden und Tränengas-Schwaden, gegen die wir uns mit feuchten Tüchern im Gesicht schützen mussten.

Gewiss war Jörg Fauser auch ein politischer Kopf. Er verfolgte aufmerksam, wie Anfang 1981 der Regierende Bürgermeister Stobbe mit seinem gesamten Senat zurücktrat und der spätere SPD-Parteichef Hans-Jochen Vogel für wenige Monate sein Interimsnachfolger wurde, bis der nach vorgezogenen Neuwahlen vom Christdemokraten Richard von Weizsäcker abgelöst wurde. Damals zog ins Abgeordnetenhaus auch die Alternative Liste ein, die die Aufgaben eines Landesverbands der Grünen wahrnahm. Bei den beiden Libanesen gegenüber, wo wir zwei- oder dreimal in der Woche zu Abend aßen, mokierte er sich über die Friedensbewegung genauso wie über Helmut Kohl, der 1982 Bundeskanzler wurde. Fauser hatte immer Lust am Disput, mischte sich ein und kommentierte im *tip*. Einmal schlug er vor, einen Offenen Brief an den Schriftsteller Peter Rühmkorf zu schreiben, auf dessen Initiative mehr als 400 Kollegen zum Boykott der Blätter des Springer-Konzerns aufgerufen hatten. Ausgenommen werden sollte lediglich der zu Springer gehörende Ullstein Verlag – nach diesem Hinweis griff die Springer-Spitze wohl massiv in das Programm von Ullstein ein.

Zu diesem Zeitpunkt kannte Fauser sicherlich schon Ullstein-Chef Viktor Niemann, der ihm, so denke ich, einen Wechsel in seinen Verlag angeboten hatte. Das wusste ich damals aber noch nicht. Er behielt ohnehin vieles für sich, aus welchen Gründen auch immer. So informierte er mich nicht, dass er zusammen mit Heinz van Nouhuys vom Springer-Vorstand eingeladen worden war, der sich für den Markt der Stadtmagazine interessierte und angeblich eine Beteiligung am *tip* erwog. Genauso wenig weihte er mich ein, dass er bereits 1982 mit Nouhuys über eine Anstellung als Redakteur bei *TransAtlantik* verhandelt hatte. Auch seine Teilnahme am Wettbewerb um den Ingeborg-Bachmann-Preis in Klagenfurt, wo er fürchterlich abgekanzelt worden war, hatte er nicht angekündigt, weder mir noch Carl Weissner. Selbst über seine Liebschaften – in seiner Berliner Zeit müssen es einige gewesen sein – sprach er so gut wie nie. Vielleicht war es sein hessischer Dickschädel, der ihn so verfahren ließ, vielleicht auch eine gewisse Egozentrik, zu der er durchaus fähig war.

Im Frühjahr 1982 geht Joe Fauser auf Tour quer durch Deutschland – mit dem Hamburger Rockmusiker Achim Reichel, für den er schon länger Songtexte dichtet. Und im Sommer reist er auf die griechische Insel Paros, wo er nicht nur seine letzte *Caliban*-Kolumne schreibt, sondern auch die ersten Kapitel seines neuen Romans *Rohstoff*. Auch in diesem Jahr ist er ungemein produktiv, sitzt jetzt häufiger ungestört in seiner »Intensivstation Incommunicado« an der Goebenstraße statt in der Redaktion und traktiert seine Schreibmaschine wie üblich, den linken Zeigefinger fast nur auf der Umschalttaste, während er mit dem rechten hochkonzentriert die Buchstaben aufs Papier hämmert. Außerdem kommt ein weiteres Buch in den Handel, *Mann und Maus*, mit seinen gesammelten Erzählungen aus sieben Jahren.

Weil er als Caliban Zipfel fremder Welten erhaschen, fressen und wiederkäuen wollte, ohne sich eine Meinung darüber zu machen, schlug Fauser nun vor, in einem neuen Format zu kolumnieren. Er wollte polemischer, bissiger, aber auch ironischer werden, sich mal zum Tagesgeschehen äußern, mal zu grundsätzlichen Fragen, was ihn gerade umtrieb und bewegte, was ihm gerade gefiel. Und er hatte nichts dagegen, dass die Kolumne regelmäßig alle 14 Tage erscheinen sollte, eine Seite mit festem Platz im Heft und immer gleicher Zeilenzahl. Im Januar 1983 wurde *Wie es euch gefällt* – wieder lässt er Shakespeare grüßen – zum ersten Mal veröffentlicht. Er freute sich, jetzt ein eigenes und unverwechselbares Forum zu haben, litt aber auch, weil er sich zwingen musste, in festen zeitlichen Abständen und auf Zeile genau zu schreiben. Er beschränkte sich in diesem Jahr bis auf wenige Ausnahmen auf *Wie es euch gefällt*, zumal er noch den Roman *Rohstoff* fertigstellen musste.

Wir sahen uns jetzt seltener. Er hatte in Hannover seine spätere Frau Gabriele kennengelernt, pendelte deshalb ständig zwischen Berlin und Hannover und zog aus der Goebenstraße aus. Mietete sich ein kleines Apartment im 13. Stock eines Hochhauses an der Krummen Straße, gegenüber der Deutschen Oper. Und war nun häufiger mit einem neuen Freund zusammen, dem Krimi-Afficionado Martin Compart, den er Ullstein-Verleger Niemann als Lektor empfohlen hatte. Compart betreute dann bei Ullstein neben den »Gelben Krimis« auch die Reihe »Populäre Kultur«, in der er unter dem Titel *Blues für Blondinen* Fauser-Essays veröffentlichte, die meisten davon aus dem *tip*. Ebenfalls bei Ullstein kam *Rohstoff* heraus, sein autobiographisch gefärbtes Meisterwerk.

Wenn wir uns jetzt trafen – in der Redaktion, bei mir, bei ihm an der Oper oder bei den beiden Libanesen –, hatte ich immer mehr den Eindruck, dass ihm die Arbeit für den *tip* nicht mehr behagte. Möglich, dass ihn die Routine zu langweilen begann, möglich auch, dass ihm der Erfolg zu Kopf gestiegen war. Irgendwann sprach ich ihn darauf an. Joe, sagte ich, wenn du nicht mehr willst, musst du einen klaren Schlussstrich ziehen. Er winkte ab und widersprach. Im April 1984 kam es dann zu jenem Vorfall, der zum Ende von *Wie es euch gefällt* führte. Einer der *tip*-Filmkritiker hatte in einem Verriss des französischen Polizei-Thrillers *La Balance – Der Verrat* den Film als rassistisches Machwerk bezeichnet, woraufhin sich auch Fauser den Krimi im Kino ansah. Er gefiel ihm und wollte das in seiner Kolumne in der darauffolgenden Ausgabe begründen. *Wie es euch gefällt* war schon gesetzt und gelayoutet, als *tip*-Herausgeber Stemmler intervenierte und einen Abdruck verhinderte.

»Nun bin ich fast geneigt«, teilte Fauser seinen Eltern mit, »diesen – an sich lächerlichen – Vorfall als Anlaß zu nehmen, mich von der Zeitschrift zu trennen, zumindest nicht mehr so viel für sie zu machen. (…) Schade, aber nur wegen meiner Freundschaft mit Mathes kann ich ja nicht ewig für das Heft weitermachen und mir dann auch noch auf der Nase herumtanzen lassen.« Und so hielt er es auch: Im folgenden *tip* erschien *Die letzte Kolumne*. Er schrieb, er sei dem *tip* stärker verbunden gewesen, »als ich mir das vorgestellt hatte, für den Schriftsteller erhob sich plötzlich die Gelegenheit, alle zwei Wochen, wenn ich das wollte, Stellung zu beziehen – und es schien, in der Ära von Ende und Wende, die richtige Zeit, um Stellung zu beziehen«. Fauser verabschiedete sich von seinen *Wie es euch gefällt*-Lesern mit der Begründung, wieder mehr Zeit für die Schriftstellerei zu brauchen. »Weder haben Herausgeber und / oder Redaktion dieser Zeitschrift mir den Bockschein entzogen, noch könnte es je so weit kommen, dass mir nichts mehr einfiele (…).« Eine Anspielung auf *La Balance* mochte er sich dabei allerdings nicht verkneifen.

Wir druckten bis zum Herbst 1984 noch genau drei Fauser-Stücke im *tip* – dann war Schluss. Für die Reportage *Spurlos verschwunden* hatte er sich in der Vermisstenstelle des Berliner Landeskriminalamts ausführlich informieren lassen, wie ein solches Dezernat arbeitet und mit welchen Fällen es befasst ist. Der Fall einer verschwundenen jungen Frau interessierte ihn besonders: Die 18-Jährige war als vermisst gemeldet worden, erst nach sieben Monaten konnte sie bei der Überprüfung des Personals einer Bar in Hamburg-St. Pauli als die Gesuchte identifiziert werden. Bei dieser Recherche kam ihm die Idee zum Roman *Das Schlangenmaul.*

Am *Schlangenmaul* arbeitete er dann schon in Hannover, wo er bei Gabriele und ihren beiden Söhnen Georg und Roland eingezogen war. Gabi und Joe heirateten am 9. Juli 1985, eine Woche vor seinem 41. Geburtstag, da waren seine Buben, wie er die beiden Stiefsöhne liebevoll nannte, 13 und 11 Jahre alt. Ich wohnte damals bereits in Hamburg, weil auch ich beim *tip* aufgehört und im März beim *Stern* angefangen hatte. Zur Hochzeit in Hannover war ich als Trauzeuge geladen, und ich hatte ein Geschenk dabei, das seine Frau mindestens seltsam fand, im Gegensatz zu ihm und seinen Buben: eine Luftpistole mit Munition. Als die Familie kurz darauf nach München zog und er bei *TransAtlantik* anheuerte, leistete er sich eine 160-Quadratmeter-Wohnung im feinen Stadtteil Bogenhausen und brachte den Jungs bei, wie die Pistole geladen und aufgepumpt werden musste. Sie schossen dann gern im langen Flur auf eine Dart-Scheibe, hinter der sich die Bleikrampen in die Wand bohrten.

Nur zwei Jahre später war er tot.

Werner Mathes war von 1977 bis 1985 Chefredakteur des Berliner Stadtmagazins tip *und arbeitete danach bis 2017 in verschiedenen Positionen für den* Stern *in Hamburg und Berlin.*

Nachwort von Ambros Waibel

Wenn ich versuche, mich in die Zeitumstände zu versetzen, unter denen die hier versammelten journalistischen Arbeiten Jörg Fausers entstanden sind, dann muss ich an eine Mail denken, die ich vor einigen Monaten der Berliner Verwaltung habe zukommen lassen. Es ging darin um eine kleine Grünanlage mit Spielplatz, in deren Nähe ich wohne, die seit Monaten unbeleuchtet und vermüllt ist und in der nachts ziemlich viele Ratten unterwegs sind. Die Reaktion der Berliner Verwaltung ließ gar nicht so lange auf sich warten. Zwei Tage später traf ich im begrünten Hinterhof meines Wohnhauses eine städtische, sehr nette Fachkraft, die mir erklärte, sie werde die Besitzer auffordern, einen Kammerjäger zu bestellen, die Ratten kämen offensichtlich von hier. Gut, sagte ich, wenn's hilft, nichts dagegen. Aber die Ratten seien überall in der Gegend. Der Müll, nicht zuletzt der der weiland unter dem Motto »arm aber sexy« angelockten Touristen, werde nicht abgeholt, der Spielplatz sei voller Scherben, die Beleuchtung funktioniere nicht – was ist damit? Da zuckte die Dame professionell die Schultern. Eine Woche später bekam ich eine Antwort auf meine Mail: Das mit den Lampen sei ein »technisches Problem«, Punkt, »Mit freundlichen Grüßen«.

Es ist solch öffentlich-rechtliche Arroganz, die in Fausers Berliner Temperament der beginnenden 1980er Jahre – seinem unvollendeten Jahrzehnt – eine durchaus neoliberal gefärbte, polemische, rechts-anarchistische, wie sein Freund und Kollege Karl Günther Hufnagel einmal sagte, Ader anschwellen ließ. Es war auch der Zorn darüber, dass an den Schaltstellen der BRD ab den mittleren 1970er Jahren ja nicht mehr nur Heinz Erhardtsche Witzfiguren oder eben gleich alte Nazis hockten; oh nein: Die Revolutionäre von gerade gestern hatten ja den reformistischen Marsch durch die Institutionen angetreten und saßen nun auf den für Fauser nicht ganz unwichtigen Kulturbeamtenstellen, sie bekamen und verteilten reichlich Geld, sie schickten wie heute Rechnungen an Hausbesitzer und ließen die öffentlichen Einrichtungen nebendran verkommen, wegen: »technisches Problem«.

Es ist dieser Horror vor dem nur 15 Autominuten von Fausers Westberliner Wohnsitz im Osten dräuenden Verarschungsstaat, der alles für sich beschlagnahmt, aber sich um nichts kümmert, der Fauser einen Bogen nach dem anderen in die Maschine spannen und durchaus pathetisch »in die Harfe greifen« ließ, wie sein Freund und Kollege Werner Mathes es erinnert. »Die Rechten das Business, die Linken die Kultur«, heißt es in *Rohstoff,* »wer da durch den Rost fiel, blieb für immer unten« das war die bis-1989-Lage, die Fauser vorfand.

Was soll einer tun, dem »Kultur« – Literatur, Journalismus – nicht Mittel zum Zweck ist, sondern sinnstiftende Überlebensnotwendigkeit; und der davon auch noch Brot und Bier bezahlen will? Fauser spricht in diesen Berliner Kolumnen »für alle Kultur-Proletarier, die, wie ich, das machen müssen, was wir machen, weil man uns sonst nichts machen lässt«. Er wollte aber nicht im Unten-Kitsch verharren, er wollte rein, er musste, wie später der von ihm porträtierte Gerhard Schröder am Zaun des Kanzleramts, rütteln und draufhauen und auch mal pöbeln. Er zögerte nicht, die dissidente Trommel in eigener Sache zu schlagen – »Bangemachen gilt nicht« ist schließlich sowas wie das Berliner Stadtmotto.

In diesem Zusammenhang mag die Frage legitim sein: Fauser – links oder rechts? Ernsthaft erwogen wird diese Frage, seit überhaupt Fauser um seinen 60. Geburtstag 2004 herum langsam Eingang fand in den offiziellen deutschen Literaturdiskurs. Doch heute, mit einer völkischen, die Menschenwürde täglich eklig antastenden Partei im Deutschen Bundestag, steht sie in einem beunruhigenderen Kontext. Wäre Fauser heute vielleicht eine Art Matthias Matussek? Die rechte Wochenpostille *Junge Freiheit* reklamierte jedenfalls schon im Juli 2009 Fauser fürs eigene Umfeld, als einen, der die »Gutmenschentotalität« zutiefst verachtet habe. Das Blatt bezieht sich auf die im vorliegenden Band abgedruckten *tip*-Kolumne *Clint Eastwood ist Hamlet,* wo vom »Feminismus und anderen Gesinnungsdiktaturen« die Rede ist.

Ich habe kein Interesse, jemanden der rechts, links oder sonstwas ist, in eine Mitte zu zerren, wo ohnehin immer schon zu viele hindrängeln. Kein Zweifel besteht, dass es mit etwa Ernst Jünger rechte Schriftsteller gegeben hat, für die Fauser sich interessierte; oder mit Knut Hamsun einen waschechten Nazi, dessen Einfluss sich bis in einzelne seiner Formulierungen nachweisen lässt (aber die Germanistik hat ja anderes zu tun). Mit weit größerer Belegdichte, mit der man Fauser einen Rechten nennen mag, muss man ihn dann allerdings auch »Anarcho-Monarchist« (Fausers Eigendefinition in seiner Joseph-Roth-Phase) heißen, einen Liberalen bis Neoliberalen, den ersten Antideutschen Linken und ja, durchaus auch einen Feministen, mindestens insofern als jeder intelligente und nicht verrohte Mann Feminist ist. Fauser war ein »kräftiger« (Hufnagel) Mensch und extremer Künstler in ständiger Entwicklung, mindestens so süchtig nach neuen Einflüssen wie nach dem regelmäßigen Eintauchen ins Nada des Rausches. Fauser war nicht unser – und wird es nie sein: »Fauser hatte Stil, im Leben und in seiner Literatur. Fauser hatte den Mythos. Er war der Champ« (Ulf Miehe, Freund und Schriftsteller).

Der Unterschied etwa zu Matussek ist eben nicht zuletzt der: Fauser verwandelte seine Abhängigkeiten und persönlichen Fatalitäten in ein Werk, das bleiben wird. Was Matussek – und all die anderen älteren Herren, denen schon zu Lebzeiten die Welt abhanden gekommen ist – geschrieben hat und schreibt, wird spätestens nach seinem Tod niemanden mehr interessieren; vielleicht mit Ausnahme der wirklich sehr schönen Kurzkritik, die er für den *Spiegel* 2004 über die bislang einzige Jörg-Fauser-Biographie *Rebell im Cola Hinterland* von Matthias Penzel und mir verfasste. Fauser, der seinen antifaschistischen Eltern am 9. November

1976 in einem Brief schrieb, »merkwürdig, aber in meiner Zeitung fand sich kein Hinweis darauf, daß vor 38 Jahren die Kristallnacht war« – dieser Fauser hätte sich mit den die Greuel der Nazis relativierenden AfD-Leuten und ihren nazistischen Schlägern im Hintergrund nie und nimmer eingelassen.

Aber Widersprüchliches, auch Abstoßendes bleibt natürlich: Mein derzeitiges Plädoyer wäre deswegen, Fausers Journalismus – etwas aus der Mode gekommen, gewiss – erstmal werkimmanent zu lesen und produktiv zu machen. Der Feminismus à la Alice Schwarzer, den er attackiert, hat mit dem à la Margarete Stokowski nur bedingt etwas zu tun. Es ist eine fremde, von heute aus gesehen fast schon stickig-präneoliberale Welt, die in Fausers brillanten journalistischen Texten uns als stilistisch frischeste Gegenwart anspringt. Ein Sumpf aber auch, ein am Tropf hängendes Subventionsgebilde, »das völlig desolate Berlin«, wie Fauser seinen Eltern schrieb, »nur noch eine Stadt für Rentner & Literaten«, deren Innenstadthälfte von SPD und CDU vereint unter Spekulationsbeton gelegt wurde, wogegen sich dann wiederum die Hausbesetzerszene, die sogenannte »Rebellion der Heinzelmännchen« (Wolfgang Pohrt), erhob. Da war es gut hinzuschauen und unvermeidbar, unabhängig zu bleiben. Fauser war eben viel näher an den globalen Problemen, wenn er die aufgeputschte Häuserkampfstimmung in Berlin-Schöneberg in Beziehung setzt zur Härte von Konflikten in der großen Welt: »die einzigen, die noch nicht vernagelt haben, sind die Libanesen, die die Pizzeria gepachtet haben, in der ich oft esse: da müßte dann schon geschossen werden« (Brief an die Eltern).

Härte. Realität. Erstnehmen der Konfliktlage: Nehmen wir doch den Skandalsatz des Skandaltextes dieser Ausgabe mal im Ganzen. Es geht in der Kolumne *Clint Eastwood ist Hamlet* um, klar, Clint Eastwood und die Finanzierung eines Söldnertrupps zur Befreiung von US-Soldaten in Laos: »In den Wochenendbeilagen und Feuilletons westdeutscher Blätter würde man solche Geschichten vergeblich suchen, und das ist auch kein Wunder – was in ihnen aufbereitet wird, das ist die sterile Kopf- und Zopfwelt einer von Feminismus und ähnlichen Gesinnungsdiktaturen genormten Kultur, aus der längst alles getilgt wurde, was Männern einmal Spaß gemacht hat. Abenteuer, Leidenschaft, Exzeß, Sünde, Todessehnsucht, Killerinstinkt, Gier, Haß, Rausch – in der kleinen gezähmten Welt des institutionalisierten westdeutschen Kulturbetriebs müßten solche archaischen Formen menschlichen Verhaltens so heillos wirken wie ein Barrakudaschwarm in einem Forellenteich«.

Bitte – nehmen wir die »Männer« versuchsweise mal raus: Und setzen »Menschen«, nein – weil es 2019 ist – setzen wir gleich »Frauen« ein: »Abenteuer, Leidenschaft, Exzeß, Sünde, Todessehnsucht, Killerinstinkt, Gier, Haß, Rausch« – glaubt wirklich irgendwer, dass Kunst, dass aber auch ›nur‹ volles, verwirklichtes Leben ohne diese Attribute denkbar ist, erstrebenswert wäre?

Brauchen Frauen etwa nicht gerade »Killerinstinkt«, um die berüchtigte Gläserne Decke zu durchstoßen? Hatten Dichterinnen wie Sylvia Plath, Ingrid Jonker und Ingeborg Bachmann etwa nichts zu tun mit Todessehnsucht? Suchten sie nicht den Exzess, das Abenteuer, die Leidenschaft? Dürfen erfolgreiche Frauen immer noch nicht hassen, nicht gierig sein, sich nicht dem Rausch hingeben – und zwar möglichst alles gleichzeitig? Es wäre eine Sünde wider das Leben, auf all das zu verzichten. Denn es sind allgemeinmenschliche Bedürfnisse, Fähigkeiten und Eigenschaften, die Fauser in der erschöpften, alimentierten, westdeutschen vor-89-Kultur den Bach runtergehen sah. Und die wir, wenn wir der Stärkung bedürfen, uns aus seinen Texten holen können.

»*La mia indipendenza, che è la mia forza, implica la solitudine, che è la mia debolezza.* Meine Unabhängigkeit, die meine Stärke ist, bedingt die Einsamkeit, die meine Schwäche ist«, hat Pier Paolo Pasolini seine Position beschrieben. Auch er ein Unvollendeter, ein Dissident innerhalb der Linken und auch und gerade gegen die Linke, einer, der wie Fauser die Freunde in ihren harmlosen Bohemekneipen sitzen ließ, um das wahrere Leben zu suchen; und einer nicht zuletzt, dessen Todesumstände bis heute ungeklärt sind. Jörg Fauser starb nicht links und nicht rechts, sondern besoffen und allein, zu Fuß auf einer Autobahn laufend.

Ambros Waibel, geboren 1968 in München, ist Journalist in Berlin.

Zusammen mit Matthias Penzel schrieb er die Biographie Rebell im Cola-Hinterland – Jörg Fauser, *Edition Tiamat, 2004.*

Textnachweis

Folgende Kolumnen erschienen erstmals in Buchform in den Ausgaben im Rogner & Bernhard Verlag von 1990 und 1994:

Blick in die Zukunft (tip 2 / 1980, »Calibans Kolumne«)

Menschen auf Malta (tip 4 / 1980, »Calibans Kolumne«)

Durch Deutschland, (tip 9 / 1980, »Calibans Kolumne«)

Ballett der bösen Buben (tip 3 / 1981

Vom Anfang und vom Ende (tip 11 / 1981)

Griechischer Stein, (tip 18 / 1982, »Calibans Kolumne«)

Die geistige Erneuerung (tip 5 / 1983, »Wie es euch gefällt«)

Clint Eastwood ist Hamlet (tip 6 / 1983, »Wie es euch gefällt«)

Träume der Sensiblen (tip 9 / 1983, »Wie es euch gefällt«)

Im lauen Bad der Sätze (tip 14 / 1983, »Wie es euch gefällt«)

Öffentlich-rechtlicher Schweiß (tip 16 / 1983, »Wie es euch gefällt«)

Von Kampf und Krampf (tip 17 / 1983, »Wie es euch gefällt«)

Spaziergänger für den Frieden (tip 20 / 1983, »Wie es euch gefällt«)

Ein Mann für diese Welt (tip 21 / 1983)

Die Wüste lebt (tip 21 / 1983, »Wie es euch gefällt«)

Der Mann, der Marcel Proust nicht kannte (tip 21 / 1983)
Erkenne die Lage (tip 22 / 1983, »Wie es euch gefällt«)
Wer wird Franzini? (tip 24 / 1983, »Wie es euch gefällt«)
Die neuen Prüden (tip 27 / 1983, »Wie es euch gefällt«)
Achtzig Prozent (tip 2 / 1984, »Wie es euch gefällt«)
Die Nation dreht durch (tip 3 / 1984 »Wie es euch gefällt«)
Die nützlichen Idioten (tip 4 / 1984, »Wie es euch gefällt«)
Terror für den Staatsanwalt (tip 6 / 1984, »Wie es euch gefällt«)
Emmas Rache (tip 8 / 1984, »Wie es euch gefällt«, als »Der Geist von Oggersheim trägt jetzt auch Grün« in: *Weltwoche*, 10. 5. 1984)
Spurlos verschwunden (tip 19 / 1984)

Die folgenden Texte erschienen erstmals in Buchform im Band *Der Strand der Städte* im Alexander Verlag von 2009:
Box-Abend (tip 12 / 1980, »Calibans Kolumne«)
Hamlet oder The Frankfort State of Mind (tip 18 / 1980)
Der hohe Besuch (tip 25 / 1980, »Calibans Kolumne«)
Pappnasen (tip 3 / 1981, »Calibans Kolumne«)
Grüße von der Potse (tip 6 / 1981)
Vegetarier-Boykott gegen Schlachter-Innung? (tip 9 / 1981)
Berliner Lehrstück (tip 10 / 1981)
Die Nacht, als ich ein Spion war (tip 10 / 1981)
Die Händler der vier Jahreszeiten (tip 15 / 1981)
Spanien 1936 – Das Chaos und die Macht (tip 15 / 1981)
Sauberer Lorbeer (tip 6 / 1982)
Ökopax in Hosenfeld (tip 13 / 1982 unter dem Pseudonym Jockel Butzbach)

Mit Sakko, Schlips und guter Laune (tip 16/1982 »Calibans Kolumne«)

Die hellen Hessen (tip 21/1982)

Der unanständige Deutsche (tip 3/1983, »Wie es euch gefällt«)

Einer der es aushielt (tip 4/1983, »Wie es euch gefällt«)

Seltsame Welt (tip 7/1983, »Wie es euch gefällt«)

Der Fragebogen (tip 8/1983, »Wie es euch gefällt«)

Kein Visum für Laos (tip 10/1983, »Wie es euch gefällt«)

Hitler, wer sonst? (tip 11/1983, »Wie es euch gefällt«)

Lob der Maschine (tip 12/1983, »Wie es euch gefällt«)

Zeichen der Wende (tip 13/1983, »Wie es euch gefällt«)

Sommer in der Stadt (tip 15/1983, »Wie es euch gefällt«)

Blut und Busen (tip 18/1983, »Wie es euch gefällt«)

Sekt ist Schwund (tip 19/1983, »Wie es euch gefällt«)

Berlin ist in Europa (tip 23/1983, »Wie es euch gefällt«)

Mit Hecheln und Harren (tip 25/1983, »Wie es euch gefällt«)

»Let it Bleed« (tip 26/1983, »Wie es euch gefällt«)

Der Preis der Zimmerlinden (tip 1/1984, »Wie es euch gefällt«)

Blick in den Spiegel (tip 5/1984, »Wie es euch gefällt«)

Die letzte Kolumne (tip 10/84, »Wie es euch gefällt«)

Bitte beachten Sie
auch die folgenden Seiten

Jörg Fauser
im Diogenes Verlag

Start der großen Neuedition
zum 75. Geburtstag des Autors

Neues Material und Wiederentdeckungen
Exklusive Zusammenstellungen
und neue Begleittexte
von Helene Hegemann, Franz Dobler,
Dirk Stermann und vielen mehr

Jörg Fauser wurde 1944 bei Frankfurt am Main geboren. Nach Abitur und abgebrochenem Studium lebte er längere Zeit in Istanbul und London. Er arbeitete u. a. als Aushilfsangestellter, Flughafenarbeiter, Nachtwächter. Ab 1974 widmete er sich hauptberuflich dem Schreiben. Seine Romane, Gedichte, Reportagen und Erzählungen sind eine Ausnahmeerscheinung in der deutschen Literatur. Jörg Fauser verunglückte 1987 in der Nacht nach seinem Geburtstag tödlich bei München auf der Autobahn.

»Ich wollte einfach nur schreiben. Ich stellte mir vor, dass man eine normale Existenz hat und nebenher halt ein paar unsterbliche Sachen absondert.«
Jörg Fauser in ›Autor-Scooter‹, 1984

»Integer, glaubwürdig und stets auf der Höhe seines Handwerks, war Jörg Fauser immer zwei künstlerischen Maximen treu: ›Jede gut erzählte Geschichte ist ein Thriller‹ und ›Gute Unterhaltung hat etwas mit Haltung zu tun‹.« *D. B. Blettenberg*

»Es ist großartig, dass Diogenes dieses Projekt in Angriff nimmt. Fauser bleibt, das wusste ich immer.«
Michael Köhlmeier

»Den Fauser finde ich genial.« *Lars Eidinger*

»Ich liebe Fauser.« *Ronja von Rönne*

Rohstoff

Roman. Mit Nachworten von Michael Köhlmeier und Matthias Penzel

Harry Gelbs Rohstoff sind Opium in einem schäbigen Verschlag auf einem Dach in Istanbul und LSD in einer Kommune in Berlin. Es sind Heroin in einer Göttinger Mansarde und unzählige Biere und Schnäpse in Frankfurts Kneipen. Vor allem aber ist sein Rohstoff das Schreiben – rasant, brutal ehrlich und witzig erzählt Fausers Alter Ego von einer gefährlichen wie gefährdeten Jugend und von einem Mann, der weder als Nachtwächter noch als Flughafen-Packer vergisst, was er sein will: Schriftsteller. *Rohstoff* – das ist Jörg Fausers autobiographischster Roman, das ist seine Geschichte. Und gleichzeitig doch auch die Geschichte einer ganzen Generation und der Bundesrepublik Deutschland nach dem Kalten Krieg und vor dem Mauerfall.

»Einer der besten deutschen Romane überhaupt.«
Benjamin von Stuckrad-Barre

Auch als Diogenes Hörbuch erschienen, gelesen von Lars Eidinger

Das Schlangenmaul

Roman. Mit einem Nachwort von Friedrich Ani

»Bergungsexperte für außergewöhnliche Fälle« nennt sich Heinz Harder, arbeitsloser und abgebrannter Illustriertenschreiber, in der geschalteten Anzeige. Seine erste Klientin ist reich und schön: Nora Schäfer-Scheunemann aus Hannover sucht ihre achtzehnjährige Tochter. Die Suche nach ihr führt den »Journalisten, Detektiv und Ritter« ins West-Berlin der 80er Jahre, wo er nicht nur auf windige Geschäftsmänner trifft, die unter anderem in illegalen Clubs ihre dubiosen Politik- wie Finanzmachenschaften aushecken, sondern auch auf eine mysteriöse Schlangen-Sekte.

Für Harder, der sich zudem auch noch mit Künstlern und seiner Exfrau herumschlagen muss, wird es immer gefährlicher.

»Mit *Das Schlangenmaul* kam Fauser dem amerikanischen Krimi so nahe, wie das einem Deutschen nur möglich ist.« *Michael Althen*

Auch als Diogenes Hörbuch erschienen, gelesen von Charly Hübner

Rohstoff Elements

Mit einem Nachwort von Jürgen Ploog

Schon in Fausers frühen Gedichten und experimentellen Prosatexten kann von Pose und Erfindung keine Rede sein. Da lebt jemand das, was er schreibt, was er als Text hinausbrüllt oder flüstert. Zu spüren sind auch Fausers erste Helden Kerouac und Burroughs, die ihn vielleicht nach Tophane, vielleicht in die Sucht, vielleicht auch zum Schreiben getrieben und gebracht haben. In diesen Texten, die von Beat bis Cut-up reichen, geht Fauser aufs Ganze. In dieser neu zusammengestellten Auswahl mit einem Nachwort von Jürgen Ploog zeigt er sich brutal, direkt und überaus klug. In diesen Reflektionen findet sich der vielschichtige Hunger einer ganzen Generation. Dies ist der Band, um ihn neu zu entdecken.

»Nicht jeder Autor taugt dafür, dass man sich noch einmal und mit zeitlichem Abstand seine Texte vornimmt. Bei Fauser lohnt es sich.« *Jürgen Ploog*

Caliban Berlin

Kolumnen 1980–1984

Mit Nachworten von Ambros Waibel und Werner Mathes

Box-Abende, ein Papstbesuch, die Demokratie, der Kulturbetrieb und der ganze wunderbare Zeitgeist –

der vorliegende Band versammelt 55 entlarvende Kolumnen, die der unkorrumpier-, aber nicht unbeeindruckbare Fauser unter anderem unter dem Namen *Caliban* für das Berliner Magazin *tip* geschrieben hat.

»Wenn man für Zeitschriften arbeitet, hat man für eine gewisse Zeitspanne Geld und kann den eigenen Schmus machen, wenn man das trennen will.«
Jörg Fauser

»In den journalistischen Arbeiten kann man den ganzen Fauser-Kosmos wiederfinden.«
Frankfurter Allgemeine Sonntagszeitung

Ich habe große Städte gesehen

Die Gedichte

Mit einem Vorwort von Björn Kuhligk

»Uns ist vorgehalten worden, wir hätten das Gedicht aus seinen hehren Gefilden auf die Müllkippe gezerrt. Nach diesem Weltbild besteht unser Publikum aus ungewaschenen Rüpeln ohne Bildung, aus Haschern, Huren, Junkies ... In Wirklichkeit setzte sich unser Publikum natürlich – wie das unserer Kritiker – aus kontaktscheuen Stenotypistinnen, aus Deutschlehrerinnen mit zwei Siamkatzen, aus ebenso vielen Pfarramtskandidaten wie Zollinspektoren zusammen. Und hier und da ein Schwerverbrecher; das kommt davon, wenn man die Leute lesen lernen lässt.«
(Jörg Fauser im *tip* 22 / 1980)

»Ich habe das Buch vor langer Zeit in einem Berliner Antiquariat erstanden. Es kostete mich 30 Mark, und obwohl ich das Geld damals nicht überhatte, war es mir das wert.« *Björn Kuhligk*

Weitere Bände in Vorbereitung

Raymond Chandler im Diogenes Verlag

Der große Schlaf
Roman. Aus dem Amerikanischen von Gunar Ortlepp
Auch als Diogenes Hörbuch erschienen, gelesen von Christian Brückner

Lebwohl, mein Liebling
Roman. Deutsch von Wulf Teichmann

Das hohe Fenster
Roman. Deutsch von Urs Widmer

Die Tote im See
Roman. Deutsch von Hellmuth Karasek

Die kleine Schwester
Roman. Deutsch von Walter E. Richartz

Der lange Abschied
Roman. Deutsch von Hans Wollschläger
Auch als Diogenes Hörbuch erschienen, gelesen von Gert Heidenreich

Playback
Roman. Deutsch von Wulf Teichmann

Außerdem liegen vor:

Mord im Regen
Frühe Stories. Mit einem Vorwort von Philip Durham. Deutsch von Hans Wollschläger

Erpresser schießen nicht
und andere Detektivstories. Mit einem Vorwort des Verfassers. Deutsch von Hans Wollschläger
Daraus die Story *Nevada-Gas* auch als Diogenes Hörbuch erschienen, gelesen von Günter Lamprecht

Der König in Gelb
und andere Detektivstories. Deutsch von Hans Wollschläger
Daraus die Story *Spanisches Blut* auch als Diogenes Hörbuch erschienen, gelesen von Günter Lamprecht

Gefahr ist mein Geschäft
und andere Detektivstories. Deutsch von Hans Wollschläger
Daraus die Story *Gefahr ist mein Geschäft* auch als Diogenes Hörbuch erschienen, gelesen von Günter Lamprecht

Notizbücher
Drei Geschichten und Parodien, Aufsätze, Skizzen und Notizen aus dem Nachlass. Mit Zeichnungen von Edward Gorey, einer Erinnerung von John Houseman und einem Vorwort von Patricia Highsmith. Deutsch von Wulf Teichmann und Hans Wollschläger (vormals: *Englischer Sommer*)

Die simple Kunst des Mordes
Briefe, Essays, Notizen, eine Geschichte und ein Romanfragment. Herausgegeben von Dorothy Gardiner und Kathrine Sorley Walker. Deutsch von Hans Wollschläger

Meistererzählungen
Deutsch von Hans Wollschläger

Frank MacShane
Raymond Chandler
Eine Biographie. Deutsch von Christa Hotz, Alfred Probst und Wulf Teichmann

Zierfische
Eine Detektivstory
Diogenes E-Hörbuch, gelesen von Günter Lamprecht

Joseph Roth
im Diogenes Verlag

»Die schönsten Bücher Roths zeichnen sich durch eine sonderbare Mischung aus Naivität und Skepsis aus, aus östlicher Phantasie und westlicher Paradoxie, aus christlicher Demut und jüdischem Zweifel. Er gehört zu den großen deutschen Stilisten in der ersten Hälfte des zwanzigsten Jahrhunderts. Seine Prosa verblüfft noch heute durch Anschaulichkeit und Exaktheit der Darstellung. Roth war ein elementarer, ein oft impulsiver Geschichtenerzähler.« *Marcel Reich-Ranicki*

»Er war ein Poet im ursprünglichen Sinne des Wortes, der Schöpfer eines Alls. Kaum ein Gesamtwerk ist von größerem Charme.« *Ludwig Marcuse*

»Roth konnte Stimmungen und Erfahrungen, die gewöhnlich nur in Musiken auszudrücken sind, in Sprache übersetzen. Etwas Ähnliches wie ein Schubert der Prosa ist er auf diese Art geworden.«
André Heller / Frankfurter Allgemeine Zeitung

Das Spinnennetz
Roman
Auch als Diogenes Hörbuch erschienen, gelesen von Ulrich Matthes

Hotel Savoy
Roman
Auch als Diogenes Hörbuch erschienen, gelesen von Hans Korte

Die Flucht ohne Ende
Ein Bericht. Roman
Auch als Diogenes Hörbuch erschienen, gelesen von Martin Wuttke

Hiob
Roman eines einfachen Mannes
Auch als Diogenes Hörbuch erschienen, gelesen von Peter Matić

Radetzkymarsch
Roman
Auch als Diogenes Hörbuch erschienen, gelesen von Michael Heltau

Tarabas
Ein Gast auf dieser Erde. Roman
Auch als Diogenes Hörbuch erschienen, gelesen von Joseph Lorenz

Beichte eines Mörders, erzählt in einer Nacht
Roman
Auch als Diogenes Hörbuch erschienen, gelesen von Wolfram Berger

Das falsche Gewicht
Die Geschichte eines Eichmeisters. Roman
Auch als Diogenes Hörbuch erschienen, gelesen von Joseph Lorenz